高尔夫全景丛书

高尔夫概论

韩烈保　著

科 学 出 版 社

北 京

内 容 简 介

自1984年中国第一个高尔夫球场诞生以来，我国高尔夫行业一直在曲折中发展，其根源在于高尔夫行业缺乏相关的基础研究，无法用科学的研究成果解释或者解决高尔夫行业发展中遇到的各种问题。本书用简明扼要、通俗易懂、重点突出的文字，从土地、环境、发展规划、经济、旅游等角度，将作者10多年的研究成果进行归纳总结，让读者了解中国高尔夫行业发展遇到的问题的本质，客观理解和认识高尔夫。

本书适合高尔夫研究人员或者高等院校高尔夫相关专业师生阅读，也可供高尔夫政府主管部门领导、高尔夫从业人员或者高尔夫运动爱好者阅读学习。

图书在版编目（CIP）数据

高尔夫概论/韩烈保著. —北京：科学出版社，2011

（高尔夫全景丛书）

ISBN 978-7-03-031243-3

Ⅰ.①高… Ⅱ.①韩… Ⅲ.①高尔夫球运动-概论 Ⅳ.①G849.3

中国版本图书馆CIP数据核字(2011)第100944号

责任编辑：赵静荣/责任校对：包志虹

责任印制：赵 博/封面设计：上海番茄文化传播有限公司

科学出版社 出版

北京东黄城根北街16号

邮政编码：100717

http://www.sciencep.com

北京华宇信诺印刷有限公司印刷

科学出版社发行 各地新华书店经销

*

2011年6月第 一 版 开本：787×1092 1/16

2025年6月第十一次印刷 印张：10 7/8

字数：208 000

定价：68.00元

（如有印装质量问题，我社负责调换）

丛 书 序

自 1984 年广东中山温泉高尔夫球会开业以来，中国高尔夫产业得到了飞速的发展。截至 2010 年年底，以 18 洞球场为单元的球场将近 600 个，从业者数十万，打球者近百万，行业年产值上千亿元人民币。随着我国改革开放的进一步深入，人民生活水平的持续提高，国家方针政策的进一步开放、灵活、科学，以及人们对高尔夫运动的进一步认识和参与，上述各项数据将会快速增长，高尔夫产业必将在不久的将来成为我国的阳光支柱产业。

高尔夫产业多年来在我国一直发展迅速，但产业环境较为恶劣，较少得到社会和政府相关部门的支持和关注，有关高尔夫的科研和教育相对落后。除少数几个大学设有高尔夫专门机构，开展为数不多的实验研究之外，全国几乎没有对中国的高尔夫产业开展过系统的调查和研究，成果屈指可数。相对于科研，我国高尔夫教育的发展相对要好。从受教育层次上讲，有博士、硕士、本科、专科、中专和职业教育；从专业上讲有球场的规划、设计、建造，草坪管理，高尔夫经营管理、球技等。各种受教育的在校生达数万人。如此众多的从业者和受教育者，迫切需要系统的专业著作供他们学习和参考。

作为一个在中国草坪界学习和工作 20 多年，并在高尔夫行业从业多年的工作者，尤其是一个在高校从事高尔夫教育和科研工作的教师，很长时间以来我一直有愿望组织编写一套有关高尔夫各个领域的著作。由于时间、精力、水平、资料、知识等诸方面的原因，迟迟没能下笔。2004 年，即主持完成全国高等农业统编教材《草坪科学》（共 11 部）之后，我终于有时间和精力坐下来认真地思考《高尔夫全景》这套书。由于高尔夫行业在我国起步晚、发展快、政策特殊、科研成果少、从业者水平参差不齐，这套书编写起来遇到前所未有的困难。好在这是国内高尔夫界第一次编写出版的丛书，书中不足我们还会在未来修订中给予纠正。

这套丛书共 3 部，包括《高尔夫球场植物选择与配置》、《高尔夫俱乐部经营与管理》、《高尔夫概论》。万分荣幸的是，每本书我都邀请到了相关领域的知名专家参与编写，书中多数内容也是这些专家的亲身体会和经历，所以其可读性非常强。当然，由于时间比较仓促，加之我在高尔夫领域的专业知识还不十分完善，且文献资料有限，丛书中不足之处在所难免，敬请各位读者批评指正，希望能够在以后再版时修订。

韩烈保

2011 年 5 月

于北京林业大学

目　录　Contents

第一章

绪　　论

高尔夫运动是指球手站在宽阔的绿茵草坪上，使用长短不一的球杆，从一系列发球台上把一个个小球依次击打入洞的一种富有挑战性的户外运动。高尔夫是英文“golf”一词的音译，由绿色（green）、氧气（oxygen）、阳光（light）和步履（foot）的第一个字母组成。高尔夫球运动是一项极具魅力、当今世界最受欢迎、发展最快的户外运动项目。随着我国经济的发展和改革开放的不断深入，目前我国参加高尔夫运动的人数和高尔夫球场越来越多，高尔夫产业也得以飞速发展。

第一节

高尔夫运动的起源

由于高尔夫运动的起源并没有准确的时间和大致的年代，围绕高尔夫的起源产生了许多古老而神秘的传说。为了证明自己是高尔夫的发源国，各国高尔夫学者都纷纷拿出各自的历史证据。有关高尔夫的起源，众说纷纭，其说不一。根据历史记载和资料，概括起来有五种说法，即其起源于五个国家，分别为荷兰、中国、古罗马、日本和苏格兰。

荷兰人认为，高尔夫运动起源于荷兰，后来由荷兰商人将此项运动传到苏格兰，高尔夫在苏格兰得到进一步的完善和发展，才演变成为现代高尔夫运动。荷兰的学者和历史学家称，大约 14 世纪中叶到 16 世纪，荷兰流行一种叫做“考尔文”（kolven）的冰面上打球游戏，球杆和球的形状、击球方法以及用语等都和高尔夫非常相似。据说，有一幅 14 世纪的荷兰古画，画面上有三人都手执小球，另一个人持棒击球，有人认为这就是最早的荷兰高尔夫球运动。但由于考尔文游戏不是击球入洞，而是以是否击中立柱来决出胜负，所以大多数学者认为荷兰不是高尔夫的发源地。

据历史记载，中国早在唐朝就出现了一种叫做“捶丸”的游戏。顾名思义，捶者击也，丸者球也，并且还是击球入窝。“捶丸”是由唐代的“步打球”演变而来，北宋时又称“步击”。宋元之际，“捶丸”游戏流行于我国北方民间，据说宋徽宗特别喜欢这项游戏。另外，元朝时期，有人著有“丸经”一书，书中对“捶丸”的游戏规则、比赛场地、技术、战术、用具等均有详细记录。中国的历史学家根据以上史料推断现代高尔夫起源于中国，在元朝蒙古人入侵欧洲时带入欧洲而流行开来。但是有人研究有关“捶丸”的绘画发现这种游戏打球者均单手击球，这与现代高尔夫双手握杆有较大区别，因而不能断定我国是高尔夫的发源地。

有人认为高尔夫起源于古罗马的一种叫做“帕哥尼卡”（paganica）的游戏，这种游戏中人以弯曲的球杆击打小球，与高尔夫运动有一些相似之处。有些学者认为此游戏是高尔夫的祖师爷。日本人根据挖掘出的飞鸟时代壁画中飞鸟人手持球杆的画面以及宫廷中进行的球戏，也声称日本是高尔夫运动的发源地。

目前大多数人一致认为苏格兰是高尔夫运动的发源地，英国人把这一观点写入了《大不列颠百科全书》。尽管大家对高尔夫的起源各持己见，但是现代高尔夫运动的确具有浓郁的苏格兰味道。首先，从历史文献看，最早有关高尔夫的记载出现在 1457 年。

由于士兵狂热地迷恋高尔夫运动而影响了训练，当时的苏格兰国王詹姆斯二世命令议会颁布法令禁止高尔夫运动。据记载，欧洲文艺复兴时期苏格兰高尔夫运动得到了上至贵族，下到百姓的狂热喜爱。1641 年当国王查尔斯一世被告知爱尔兰人造反的消息时，他正在高尔夫球场上打球。其次，高尔夫运动的名称也是来源于苏格兰的方言 gouf，为“击、打”之意。而且现今建造高尔夫的坪床结构均仿照苏格兰特有的海边沙地结构铺设，既要求排水良好、能生长优质的草坪，又要求有一定的起伏造型和沟壑。最后，最早的高尔夫运动规则也是由世界最早成立的俱乐部——苏格兰“绅士高尔夫球社”制定的。由此可见，虽然有关高尔夫运动的起源说法各异，但综合来看，基本上可认为高尔夫运动起源于苏格兰。

高尔夫运动的起源仍是个谜，迄今为止仍然没有发现足够的证据。一种理论认为，苏格兰东海岸的渔民发明了这项运动，他们在下船回家的路上打球消遣。年轻的渔民在沙坑之间起伏的草地上走着，捡起一根弯曲的木棍，瞄准小圆石一击，有什么比这更自然呢？如果他向前击石，人的竞争本能会要求他再击一次，看是否能击得更远。如果圆石滚入绵羊抵御寒流的沙坑，他就会从这个沙坑打，他从岸边打到村子，每次都在同一点结束，可能是靠近当地小旅馆的地方。

第二节

高尔夫运动的传播与发展

1750～1850 年高尔夫运动在英国广泛传播。这一时期成立了许多至今仍然非常著名的高尔夫俱乐部，并且涌现了一些著名的高尔夫先驱球手。这一时期还出现了许多高尔夫球杆和高尔夫球制造者，他们为高尔夫运动的传播提供了可能。

16 世纪初期，高尔夫运动开始向苏格兰内地发展，可能是被苏格兰国王的孙子，国王詹姆斯四世带入内地的。这位苏格兰国王曾试图禁止这项运动，詹姆斯四世即位时也试图禁止高尔夫运动，但最终他却迷上了这项运动。皇家的影响对高尔夫球运动在全国普及，并最终推向国外起到了推波助澜的作用。最早的高尔夫中心都与皇室以及两个苏格兰社会有影响的支柱（教育和教会）有着密切的联系。圣安德鲁斯是苏格兰最古老的学术中心和强大的教会所在地。苏格兰的首都爱丁堡是最高法庭所在地，高尔夫由于受到皇家的庇护在首都周围蓬勃发展起来。

18 世纪中期，高尔夫运动经历了一个高尔夫俱乐部热衷于举办高尔夫比赛的时期。这一时期的高尔夫俱乐部完全致力于俱乐部高尔夫比赛以及比赛规则的制定。有确凿证据显示，最早的高尔夫俱乐部是 1744 年成立的“绅士高尔夫球社”（现名爱丁堡高尔夫俱乐部）。虽然皇家布莱克赫斯（Royal Blackheath）和皇家伯吉斯（Royal Burgess）声称他们比绅士高尔夫球社成立更早，但到目前为止还没有确凿的证据证明。1754 年圣安德鲁斯球社成立（1834 年威廉四世授予其皇家古老称号），并用“绅士高尔夫球社”的规则举办高尔夫比赛。1759 年圣安德鲁斯球社首次举行了高尔夫比杆赛。

18 世纪中期高尔夫运动在苏格兰东海岸发展开来，爱丁堡、阿伯丁相继有高尔夫俱乐部成立，而圣安德鲁斯成为高尔夫运动的传播中心。始于 18 世纪 70 年代的英国工业革命不仅是一场技术革命，也是一次深刻的社会变革，它使英国社会发生了巨大的变化。工业革命使得英国的中产阶级有了更多剩余时间和收入，这些中产阶级为了显示自己的高贵地位也效仿皇家贵族的生活方式纷纷前往苏格兰度假。在苏格兰他们有机会参与高尔夫运动并且完全沉溺于高尔夫运动中，当度假结束时他们把高尔夫运动带回了英格兰。

高尔夫在英国广泛传播除了高尔夫运动本身的魅力外，还有两个主要因素：古塔波胶球的出现和铁路运输的兴起。18 世纪人们用以羽毛作芯、皮革作外科缝制的羽毛高尔夫球代替早期的圆形木球，这种球可以飞行距离很远，一些指标甚至可以和现今高尔夫球相媲美。但是这种球有许多缺点：球使用一段时间后飞行能力会降低，沾水后容易开裂，球常常在飞行中破裂；羽毛高尔夫球主要靠手工制作，不仅工艺难度大，也易危害制球者身体健康；羽毛高尔夫球正品率低、费时费力，最熟练的手工者一天也只能做 4 只羽毛高尔夫球；这种球价格昂贵，每只球需 3～4 先令，比一根球杆的价格还高。1848 年，第一只用马来树胶制作的高尔夫球被推向了市场。这种马来树胶球由圣安德鲁斯大学帕特森（Patterson）博士的两个儿子发明，他们用新加坡运来的包装箱中的马来树胶制作高尔夫球，经多次试验后成功。古塔波胶球（gutta ball）耐磨性好，比羽毛制球便宜，外壳利用模具加工制造，飞行特性更好。这种球的出现极大地推动了高尔夫运动在英国的普及，在推向市场后不到两年的时间里就取代了羽毛制球，占领了高尔夫市场。古塔波胶球一直到 1898 年缠绞丝芯球出现后才被取代。

高尔夫球得以在英国传播的另一重要因素是火车的发明和铁路运输的兴起。1850 年圣安德鲁斯修建了铁路，使得各地高尔夫球爱好者能到安德鲁斯打球并在英格兰和苏格兰的沿海胜地修建高尔夫球场。由于铁路的兴起，人们可以更加方便地乘坐火车到新的球场打球。19 世纪后期，英国许多郡县都修建了铁路，不仅林克斯（Links）球场能够吸引更多外来访客，内陆的球场也能为高尔夫爱好者提供打球的场所。

这一时期最著名的高尔夫球手是亚伦·罗伯森（Allan Robertson）和老汤姆·莫利斯（Old Tom Morris）。亚伦·罗伯森年轻时在一些小林克斯球场打球，在他成为羽毛高尔夫球制造者后，经常在工作结束后的夜里到高尔夫球场打球。作为一位年轻的打球者，他被大家公认为是当时最出类拔萃、最有威望的高尔夫球手。他是当时著名的高尔夫球和球杆制造者，在巅峰时期，亚伦.罗伯森一年可制造 2500 个球。老汤姆·莫利斯比亚伦.罗伯森小 6 岁，少年时期在圣安德鲁斯球场打球，19 岁时给亚伦·罗伯森当制造高尔夫球学徒。他和亚伦·罗伯森搭档被誉为常胜将军。他们最著名的胜利是 1849 年在三场比赛中战胜邓恩兄弟获得 400 英镑巨额奖金。古塔波胶球的出现使他们发生了分歧，亚伦·罗伯森担心古塔波胶球会影响他的生意，而老汤姆·莫利斯则坚持认为应该用古塔波胶球代替落后的羽毛高尔夫球。1851 年老汤姆·莫利斯离开圣安德鲁斯和亚伦·罗伯森，到普瑞斯特威克（Prestwick）做了一名草坪管理者。

19 世纪后期是大不列颠帝国鼎盛时期，高尔夫运动随着英国国王的足迹在世界各地迅速传播，在英国以外的许多地方成立了高尔夫俱乐部，在美国发展最为迅速。早期的高尔夫传播者主要是苏格兰人，他们到世界各地旅游经商并在当地建造高尔夫球场。

这一时期是高尔夫运动飞速发展和兴建高尔夫球场的繁荣时代。

最早在美国发展高尔夫运动是约翰·里德（John Reid）和罗伯特·洛克哈特（Robert Lockhart），他们少年时一同就读于距圣安德鲁斯不远的法夫郡登弗姆林学校并成为好朋友。里德被认为是美国高尔夫之父，罗伯特对美国高尔夫的发展也作了突出贡献。罗伯特常到苏格兰做亚麻生意，并从苏格兰带回许多体育运动器材。最早他从苏格兰带回的是网球拍和网球，但是他的朋友对此似乎不感兴趣。1887 年的夏天，罗伯特到苏格兰购买亚麻，一次偶然的机会逛到老汤姆·莫利斯的高尔夫商店并订购了 6 根高尔夫球杆和 2 打古塔波胶球。罗伯特托人把这些高尔夫球和球杆带回美国，并把这些高尔夫球和球杆送给在美国居住多年的里德。里德用这 6 根高尔夫球杆和 2 打古塔波胶球教会了他的朋友打高尔夫球，并和他们进行了一系列对抗赛。1888 年 11 月，里德在纽约建造了美国第一个高尔夫球场，并以高尔夫的故乡圣安德鲁斯命名，也就是现在的纽约圣·安德鲁斯高尔夫俱乐部。以圣安德鲁斯命名的目的是希望它能像苏格兰圣安德鲁斯一样把高尔夫运动在美国广泛传播，后来高尔夫运动在美国飞速发展证明了这一点。1892 年该俱乐部迁往新泽西州，坐落在哈得森河边的一个果园里。从此美国出现了高尔夫运动的发展热潮，到 1900 年，美国已有 1000 余个高尔夫俱乐部。

1894 年美国高尔夫球协会成立，它和圣安德鲁斯高尔夫俱乐部一道成为现代高尔夫运动发展的领导者。1895 年美国高尔夫球协会在罗德岛新港口高尔夫乡村俱乐部举行了第一届美国公开赛和美国业余锦标赛，开创了美国高尔夫运动发展的新时代。

加拿大也受到了苏格兰高尔夫运动的熏陶。1873 年加拿大第一个高尔夫俱乐部在蒙特利尔成立，后来改名为皇家蒙特利尔高尔夫俱乐部。1875 年另一家俱乐部皇家魁北克高尔夫俱乐部成立，这两家俱乐部于 1876 年举行了加拿大第一次高尔夫球比赛。高尔夫运动在加拿大的发展速度比美国缓慢得多，也许是因为加拿大北部人口相对较少，或是因为气候比较寒冷，一年中适宜打球的时间较短。但是加拿大对北美洲高尔夫运动的发展影响还是较大的，今天加拿大已有 1800 余个高尔夫球场。

苏格兰人不仅把高尔夫运动带到了大西洋彼岸，随着英国的扩张也把高尔夫带到了其他洲。事实上在英国以外的国家成立最早的高尔夫俱乐部是印度的皇家邦加罗尔高尔夫俱乐部（Royal Bangalore，1820 年成立）、皇家加尔各答高尔夫俱乐部（Royal Calcutta，1829 年成立）、皇家孟买高尔夫俱乐部（Royal Bombay，1842 年成立），这些俱乐部都是在印度的苏格兰商人成立的。皇家加尔各答俱乐部 1892 年举行了印度及远东业余高尔夫锦标赛，那时该俱乐部不仅是印度人的俱乐部，而且是锡兰（现在的斯里兰卡）、新加坡以及缅甸高尔夫球迷打球的场所。1948 年前英国人仍然统治着印度业余高尔夫球锦标赛，后来随着本土高尔夫球手的成长，英国人对印度高尔夫的影响逐渐减弱。目前印度大约有 200 余个球场。

高尔夫运动传播到大洋洲的时间稍晚于印度，最早的高尔夫俱乐部是新西兰 1867 年成立的皇家克赖斯特彻奇俱乐部。高尔夫运动在澳大利亚的起源不太清楚，有人认为 1870 年左右在阿德莱德就已有人打高尔夫球，但是皇家阿德莱德俱乐部直到 1892 年才成立。澳大利亚最早的俱乐部还有 1891 年成立的皇家墨尔本俱乐部和 1893 年成立的皇家悉尼高尔夫俱乐部。

此外，世界各地在19世纪末期都开始开展高尔夫运动。多年来产生了多位高尔夫巨星的南非的高尔夫运动始于1885年，皇家好望角俱乐部被认为是南非最早的俱乐部。1844年毛里求斯也成立了毛里求斯俱乐部，从此高尔夫运动在非洲传播开来。

在欧洲大陆，19世纪晚期高尔夫运动也得到了较快的发展。1856年英国旅游者在法国西南部成立的De Pau俱乐部是欧洲大陆最早的高尔夫俱乐部。比利时最早的皇家安特卫普俱乐部成立于1888年。有人认为荷兰是高尔夫运动的发源地，而且17～19世纪荷兰与苏格兰商业交往也比较密切，然而荷兰第一家高尔夫俱乐部到1896年才成立。

19世纪高尔夫运动的发展与草坪养护技术的提高关系密切。1830年英格兰人爱德文·布丁发明了第一台剪草机，结束了高尔夫球场靠羊群剪草的历史，开创了草坪管理的新纪元。但这一技术的推广速度非常缓慢，直到20世纪初期美国才结束使用绵羊控制草坪高度的历史。

小汤姆·莫利斯（Young Tom Morris）是这一时期最著名的高尔夫球手。他13岁就随父亲老汤姆·莫利斯到苏格兰佩斯的北印区球场参赛，16岁时便获得了第一个联赛冠军并在英国公开赛中获得第四名的好成绩，拥有4个英国公开赛冠军头衔。1875年小汤姆·莫利斯的妻子去世，这给他带来了巨大的悲伤，从此他再也没有到过高尔夫球场，几个月后便死去，年仅21岁。

20世纪高尔夫运动的发展迎来了新纪元，改良的高尔夫球杆和高尔夫球不断涌现、比赛规则以及比赛制度的建立与完善、各种国际大赛的开展和高尔夫草坪养护水平的提高都极大地推动了高尔夫运动的发展，为高尔夫运动的职业化和现代高尔夫的诞生提供了基础。

1898年Haskell球问世，这是一种在胶芯上缠绕拉伸的橡胶丝，外面再用巴拉塔树胶覆盖的高尔夫球。之所以说发明Haskell球具有划时代的意义，就在于弹性卓越的胶丝制成的高尔夫球压缩硬度增大，因而大大提高了高尔夫球的回弹率和初速度。Haskell球的问世使所有高尔夫球员的击球距离似乎一夜之间大涨20码①。1902年槽面铁杆的发明、1905年凹型花纹球的出现也大大推动了高尔夫运动的发展。

直到19世纪末期，高尔夫运动一直是一种业余运动，所有高尔夫比赛均是业余比赛。在高尔夫运动的早期发展过程中，从事高尔夫职业的人都是高尔夫球杆、高尔夫球、高尔夫球包的制造者或者贩卖这些器材的商人。即使在英国工业革命后期，高尔夫职业者也得不到社会的尊重。事实上，高尔夫职业者主要是为俱乐部的会员提供服务，虽然他们偶尔也参加或组织高尔夫比赛。而现代职业高尔夫球手与传统的高尔夫职业者有着本质的区别：他们到世界各地参加高尔夫比赛，以获得的奖金作为主要收入。19世纪90年代高尔夫三巨头崛起，这种职业高尔夫球手才出现，开创了高尔夫职业化的先河。

英国职业高尔夫球手哈利·瓦登（Harry Wardon）、约翰·亨利·泰勒（J. H. Taylor）和詹姆斯·布瑞德（James Braid）统治了20世纪前20年的高尔夫比赛，被称为高尔夫三巨头。他们包揽了1894年到1914年的16次英国公开赛冠军，成为高尔夫

① 1码＝0.914 4m

运动发展史上的超级巨星。他们培养了大批高尔夫球迷，他们设计并兴建了大量的球场，为高尔夫运动的发展作出了不可磨灭的贡献。哈利·瓦登给高尔夫设计带来了新的艺术风格；泰勒取得了5次英国公开赛冠军，培养了大批的职业高尔夫球手，并为1901年成立第一个职业高尔夫球协会作出了贡献。

英国的高尔夫三巨头虽然统治了20世纪早期的高尔夫球坛，但是由于美国在短短的10年间兴建了上千个高尔夫球场，并且请了数以百计的苏格兰职业高尔夫球手教授高尔夫打球技巧，美国职业高尔夫发展十分迅速。1911年约翰·麦克德尔墨托（Joho Mcdermott）赢得第一个美国公开赛冠军。美国职业高尔夫史无前例的突破是1913年弗朗西斯·温梅（France Quimet）战胜苏格兰好手哈利·瓦登和泰得·瑞（Ted Ray）获得冠军，这极大地鼓舞了美国球迷打高尔夫的热情，推动了高尔夫运动在美国的发展。

1916年1月16日，35位人士包括华特·哈根（Walter Hagen）召开了美国职业高尔夫球协会（USPGA）的起草会议。整个PGA锦标赛的构想来自百货业巨人罗德蔓·沃纳梅克（Rodman Wanamaker）。会议期间，沃纳梅克提出认为有必要成立一个组织来负责一场年度性的纯职业球员比赛，并愿捐出2500美元作为奖金的一部分。第一届PGA锦标赛于1916年举行，英国出生的球员詹姆斯·巴恩斯（James Barnes）取得冠军。美国职业高尔夫球协会的成立标志着美国乃至世界高尔夫运动已经全面进入职业化阶段，并为高尔夫职业化的进一步发展奠定了基础。

20世纪高尔夫运动职业化的进程离不开草坪研究和草坪管理取得的长足进步。1904年美国人福瑞德·泰勒（Fred Taylor）经过多年研究推出了第一个推杆果岭的建造方法，还发表了大量有关草坪建植和管理的文章，其中一篇在1914年第一次记载了草坪褐斑病。1920年11月，第一个草坪管理顾问机构——美国高尔夫球协会果岭部（Green Section）成立。该机构将美国各个高尔夫球场的草坪管理先进经验进行汇总、发布，并资助草坪管理的相关研究。该机构增进了球场间的交流与合作，使高尔夫管理水平得到极大提高。

这一时期最著名的职业高尔夫球手有华特·哈根、巴比·琼斯（Bobby Jones）和英国人亨利·卡登（Henry Cotton）。哈根在高尔夫球场上独领风骚，并且彻底改变了职业高尔夫球手的社会地位，他是第一位从球场上获取奖金超过100万美元的球手。巴比·琼斯是美国历史上最受欢迎的高尔夫运动家，28岁时宣布退出高尔夫竞技舞台，并设计建造了奥古斯塔高尔夫球场，该球场1934年即成为美国名人赛永久性的比赛场地。英国人亨利·卡登是该时期唯一能和美国球手竞争的英国职业球员。

高尔夫职业化的另一明显特征是诞生了许多著名女子职业高尔夫球手。英国女子职业高尔夫球手乔艾思·威瑟蕊（Joyce Wethered）和美国人各勒兰·科利特（Glenna Collett）是其中的佼佼者。

1939年第二次世界大战爆发，各参战国把所有的橡胶和金属资源都用于战争，并且把大量适龄人员招入军队参战，更严重的是战争破坏了大量的高尔夫球场。世界高尔夫运动发展陷入了低谷。

第二次世界大战结束后，世界各国经济、科技的快速发展在很大程度上推动了高尔夫运动的快速发展。战后高尔夫运动在美国、欧洲、南非及日本广泛传播，并迅速向全世界蔓延，参加高尔夫运动的人越来越多。由于第二次世界大战后日本及亚洲四小龙经济的飞速发展，20 世纪后期高尔夫运动的发展重心逐渐由美国转向亚洲。这一时期新的高尔夫球和球杆不断涌现，高尔夫球场管理水平越来越高，高尔夫运动成功的商业运作使高尔夫进入了前所未有的发展阶段。

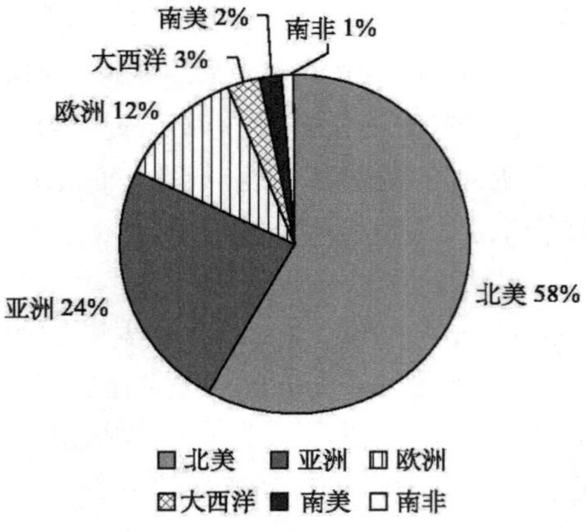

图 1-1　世界高尔夫球场分布

20 世纪 60 和 80 年代，世界上出现了两次新建高尔夫球场的繁荣时代，这是历史上继 19 世纪 60 年代后的第二次兴建高尔夫球场的繁荣时期。新的高尔夫球场集中在美国、日本、德国等经济发展较快的国家。第二次世界大战后由于美国是战胜国，而且基本没有本土作战，经济并未受到严重破坏，所以美国成为战后职业高尔夫运动恢复和发展最快的国家之一。1945 年到 1970 年，不仅高尔夫球场数翻了一番，其职业高尔夫比赛的奖金也急剧增加。美国高尔夫基金会的研究表明 2005 年美国高尔夫经济产值已达 760 亿美元，年增长率为 4%。2007 年全球共有 32 000 余个高尔夫球场，分布在 7 大洲 119 个国家（图 1-1）。

20 世纪 60 年代底至 70 年代高尔夫球坛涌现了新的三大高尔夫高手：阿诺德・帕尔默（Arnold Palmer）、杰克・尼克劳斯（Jack Nicklaus）和南非人盖瑞・普莱耶（Gray Player）。阿诺德・帕尔默的父亲也是职业高尔夫球手，他从小就与父亲一起比赛。他的崛起正好与电视这一大众传媒的兴起相吻合，从而对高尔夫运动的推广起到了推波助澜的作用。杰克・尼克劳斯 10 岁开始打球，19 岁便获得美国业余锦标赛冠军并入选当年沃克杯参赛阵容，1988 年当选为“世纪高尔夫高手”。与其辉煌的运动生涯相媲美的是他在球场设计方面的杰出表现。盖瑞・普莱耶是历史上唯一同时获得 PGA 巡回赛和常青赛冠军的选手。他的成功之道归于其持之以恒的决心、乐观的态度和合理的饮食。20 世纪 80 年代后出现了尼克・弗度（Nick Faldo）、泰格・伍兹（Tiger Woods）以及女子高尔夫球手凯西・惠特沃思（Kathy Whitworth）、劳拉・戴维斯（Laura Davies）等著名球手。其中泰格・伍兹数年世界排名第一，1994 年成为美国最年轻的业余锦标赛冠军，21 岁成为最年轻的名人赛冠军。近年来他的影响越来越大，使高尔夫运动超越了种族、文化、国家以及性别等界限，对传统高尔夫球形象产生了巨大的震撼和冲击。

第二次世界大战后高尔夫运动的发展与高尔夫技术的改进、高尔夫器材制造业的进步以及各种传媒的发展息息相关。电视的出现不仅造就了阿诺德・帕尔默等国际巨星，而且全方位地改变了职业高尔夫运动。不但高尔夫电视转播培养了大批球迷，推动了高尔夫的普及，而且电视广告成功地使职业高尔夫赛事实现商业化运转。电视的出现是高尔夫比赛形式由比洞赛转变为比杆赛的重要原因。1958 年美国职业高尔夫球锦标赛成为最后一个放弃比洞赛的大满贯赛事，电视使职业高尔夫运动由人与人的对抗演变为人与球场的对抗。此外，各种高尔夫专业杂志以及网络的出现也为高尔夫职业化和高尔夫文化的发展作出了贡献。

除了球的演变以外，20 世纪后期球杆的材料、质地、型号等方面的推陈出新有效地促进了高尔夫技术改革和高尔夫用具的发展。现代高尔夫球杆都增加了高尔夫技艺，再加上钛金属的运用，使球杆的重量合理分布，并为不同球手制造不同的球杆。高尔夫运动的发展是不会停滞的，随着科技的发展和新材料的不断涌现，以及人类思维的进步，高尔夫运动的发展会越来越快，高尔夫球场上的竞争也会越来越精彩激烈。

第三节

中国高尔夫运动的发展

1889 年，皇家香港俱乐部成立。1896 年，中国上海高尔夫俱乐部成立，标志着这项当时已有几百年历史的运动进入了中国内地，但是中国现代高尔夫运动却始于 1984 年中山温泉高尔夫俱乐部的成立。

自 1984 年中国第一家高尔夫俱乐部成立以来，随着改革开放的不断深入，古老的高尔夫运动在中国迈开了发展的新步伐。1985 年，中国高尔夫协会在北京成立，使这项运动走上了有组织发展的道路。自 1986 年起，中国高尔夫协会举办每年一度的“中国男子业余高尔夫球锦标赛”，1988 年后又开始举办一年一度的“中国女子业余高尔夫球公开赛”。此后，中国高尔夫球队伍不断扩大，运动水平逐渐提高。1986 年在汉城亚运会上，中国高尔夫球选手第一次在国际比赛中亮相；1990 年的北京亚运会上，中国队获得高尔夫球男、女团体两项第四；1991 年，肖成汉获香港男子公开赛冠军；1992 年，黄丽霞获菲律宾女子公开赛冠军；1994 年，程军再次获得香港男子公开赛冠军；1994 年的广岛亚运会上，张连伟夺得男子个人亚军，女子团体获得铜牌，中国高尔夫选手在崛起。1996 年，张连伟和程军代表中国队打进高尔夫世界杯总决赛前 20 名，直接获得下一届世界杯的总决赛资格，被认为是起步仅 20 几年的中国高尔夫取得的巨大突破。1998 年 1 月，职业选手张连伟获得“亚洲最佳高尔夫球手”称号，这是我国选手取得的最高荣誉。2003 年 2 月张连伟在新加坡大师赛上战胜众多世界高手获得冠军，这是我国球手第一次在国际赛事上获得冠军。2004 年张连伟得到了参加美国大师赛的邀请，破例征战享有盛名的奥古斯塔国立高尔夫球会，这也是中国高尔夫历史上的第一次。深圳观澜湖高尔夫球会签下 2007～2018 年连续举办 12 届高尔夫世界杯的协议后，吸引了全世界的目光。在这 12 年中，欧米茄观澜湖高尔夫世界杯将会为当地经济以及中国的体育产业发挥巨大的促进作用。

为了普及高尔夫运动，北京成立了北京高尔夫运动学校，深圳大学成立了高尔夫学院，北京林业大学开设了高尔夫球场草坪管理专业，为我国高尔夫运动的发展和高尔夫草坪的管理培养了后备力量，使更多的人能参与这项古老、高雅的阳光运动。

近年国内的高尔夫会展规模、次数、厂家档次、参展的展位数量、展品种类和数量都发生了巨大的变化。高尔夫出版物和教材的发行量也在不断扩大，国外著名教材和期刊都开始陆续有了中文版，充分展现了高尔夫产业在中国发展的繁荣景象。

高尔夫用品的生产也在国内有序发展着，球车、服装、球具都开始在国内有自己的品牌，国外的名牌产品也纷纷在国内寻找生产加工厂家和委任经销商，开设分销设施，目前世界的名品器具在国内都可买到，中国和日本是当今世界名品球具生产加工的最大基地。

短短20几年来，中国已建成高尔夫球场近500个，发展高尔夫爱好者近百万人。随着我国经济、社会和科技的发展，我国高尔夫运动也稳步向前发展，呈现业余、职业共同发展的局面。高尔夫运动近年来在国内的发展对社会、经济、环境乃至精神文明建设起到了积极的推动作用。许多球场、会馆设计风格各异，提升了地区品位和知名度，美化了环境，把原来的荒山、野岭、垃圾场、河滩地变成了一道道亮丽的绿色风景线，充分展示着国家欣欣向荣的面貌。

高尔夫运动是改革开放的产物。近年来国内高尔夫球场打球人数迅速增加，每年平均增长15%左右，而一些地方打球人数增长的速度更快，如广州、深圳、上海、北京等大城市高尔夫球员年均增长25%左右。据统计，海南省2001年接待高尔夫旅游团达15万人次。预计未来10年内，随着人们认识的提高和观念的转变，高尔夫的平民化消费将逐步实现，高尔夫运动会成为继保龄、网球之后的休闲体育的另一种消费热点，为拉动内需发挥更大的作用。

随着改革开放的深入和国民经济的快速发展，中国高尔夫运动必将以更快的速度发展。20世纪的历史表明，美国人只是先走了一步，日本、欧洲和大洋洲部分国家正以不同模式步其后尘，亚洲亦会在21世纪出现高尔夫球运动的大发展。中国是世界高尔夫运动最具发展潜力的国家，必将为高尔夫运动的发展注入新的活力。

第四节

高尔夫俱乐部的组成与职责

一、高尔夫球场经营管理类型

按照不同的分类标准，可将高尔夫球场分为不同的类型，按照经营管理类项，可大致将高尔夫球场分为以下几个类型。

1. 大众化私有球场

大众化私有球场是一种面向大众开放的球场，通常为个人、合伙者或者公司投资建造，是一种以盈利为目的的球场，运营目的是收回投资并获取利润。这种球场主要由投资者决定球场发展策略，管理较严格，收费也比较高。世界各国大部分球场属于这种球场，我国目前除深圳龙岗大众高尔夫球场外基本上其他所有球场都是这种类型的球场。

2. 公众球场

这种球场由政府投资并负责经营，主要目的是为居民或一般百姓提供打球场所。这种球场收费比较合理，一般球手都能承受，但球场管理水平不高，服务也不如大众私有球场。深圳龙岗高尔夫球场就是我国第一个也是唯一的公众球场。

3. 私人高尔夫球场

私人高尔夫球场是一种较少使用的球场，非营利性，主要满足少数成员或家族的需要。成员拥有财产利益或所有权，可在私营企业中投资，以租赁形式为成员使用。这种类型的球场有的也采用会员制，但其会员数量有限，只有在有会员退出或去世后其他人才能通过申请并得到所有成员同意后拥有俱乐部会籍。目前我国还没有这种类型的球场。

4. 其他类型

除以上 3 种球场外，还有一些特殊类型的球场，这些球场不对外营业，是由国家投资给一部分人专用的球场，如军用高尔夫球场、总统球场、大学球场等。这些球场十分少见。

二、高尔夫俱乐部组成与职责

因为高尔夫俱乐部的规模、服务对象、运营目不同，所以各个俱乐部的部门设置也不尽相同。常见的组织机构如图 1-2 所示。没有哪一个组织机构能满足所有高尔夫俱乐部运营的需要，所以要根据俱乐部的实际要求来调整组织机构。每一个机构和组织应该有一个明确的有益于俱乐部总体运营目标的固定目标。

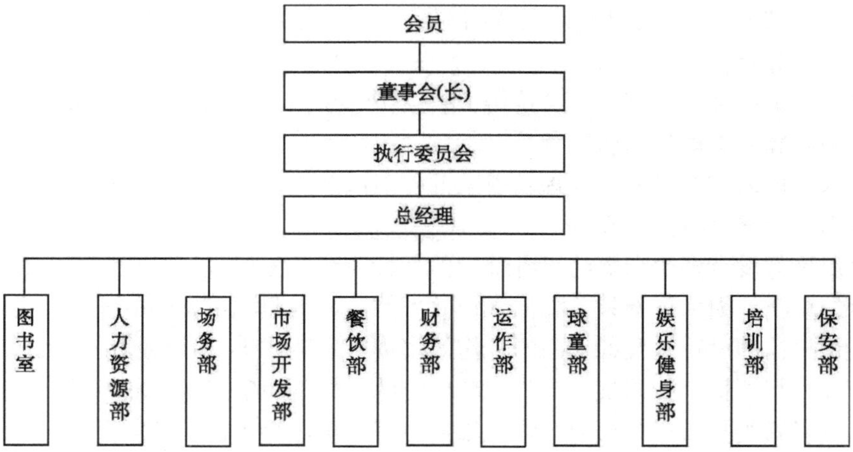

图 1-2　球场组织机构图

图书室：主要负责俱乐部图书、报纸、期刊的订阅和收藏；图书管理；图书、期刊外借管理；读者服务以及资料分类收藏；会刊的编辑与出版发行等。

人力资源部：主要负责俱乐部人力资源规划；人力资源的工作分析与评价；招聘与录用；人力资源的培训与发展；俱乐部内部沟通等。

场务部：负责球场改造、草坪和其他植物的养护管理；高尔夫赛事组织与管理；球场设备采购与维修；高尔夫球车的租赁与维修；球场基础设施新建与养护。

市场开发部：负责俱乐部开发策略的制定；会员会费收取；会籍销售和转名；会员档案资料管理；会员权利与义务；会员活动组织与管理；姐妹球场确定；俱乐部广告策划；高尔夫市场动态研究分析。

餐饮部：俱乐部酒店、酒吧、茶座及咖啡屋的管理；餐饮及副食商品销售；酒店服务原则及项目制定；俱乐部菜谱菜系风格确定；俱乐部职工食宿等。

财务部：俱乐部固定资产管理；职工薪金、奖金发放；俱乐部财务制度的制定与监督；俱乐部计算机财务系统维护；俱乐部账务查询；俱乐部营业额、利润和税收统计等。

运作部：前台管理是运作部工作的核心。首先要提的是有关预定的工作。预订的准确和合理是保证运作部工作顺利的重要前提，整个球会的工作都会围绕预约来安排。前台可每周制定最新预约表，提前一周把每天的人数进行统计并以内部资料的形式下发到球会各部门，可使各部门提前做好各项工作准备、安排，提高服务质量。例如，某天有大型比赛，草坪部就会提前修剪果岭、换旗杆，增加球场挑战性，餐饮部也可以提前备餐。

球童部：负责球童管理与培训、球童服务管理、掌握球童的基础资料等有关球童的工作。负责球童后勤工作安排。例如，提前让球童准备雨衣、球包和雨套，保证部门的着装统一，通知食堂留餐，合理安排球童班次，记录员工考勤，安排空闲员工进行其他工作等。

娱乐健身部：主要负责网球场、游泳馆、保龄球馆和其他体育运动场馆和设施的运营、维护和服务管理等。

培训部：球手及会员高尔夫球技培训；会员球技指导；职业教练的选录；球场高尔夫赛事组织；高尔夫球具商店运营等。

保安部：俱乐部财产安全管理；俱乐部保卫以及俱乐部进出人员检查；停车场会员停车位管理以及突发事件处理等。

无论俱乐部设有多少个部门，各部门的目标应当互相促进，互相协调，尽量减少责任和目标的重叠，因为重叠只会降低工作效率并容易引起职员之间的冲突。此外，俱乐部要对组织机构的设置以及各部门的工作效率进行定期评价，并根据高尔夫俱乐部运营的总体目标进行调整。如果某一部门或者单位的目标不明确或工作效率低，就应该终止其运行，或者修改其目标或权力界限，以便更好地满足整体运营的需要。

第五节

高尔夫主要研究领域和研究机构

高尔夫产业规模大，产业链齐全，因此凡是与高尔夫行业发展有关的相关领域都有研究机构或者研究者进行研究。概括起来，高尔夫产业的最重要的研究领域包括高尔夫经济、高尔夫赛事组织、高尔夫球场规划设计与建造、高尔夫器具生产销售、高尔夫球场草坪养护管理以及高尔夫产业发展政策等方面。

在这些研究领域中，美国和欧洲各国的大学或研究机构处于最前沿，美国高尔夫球协会、世界高尔夫发展基金会以及欧洲高尔夫球协会等组织资助的研究居多。

一、美国高尔夫球协会

1894年12月22日，美国高尔夫协会（USGA）正式成立，它是美国和墨西哥两个国家的最高高尔夫管理机构。USGA是由高尔夫爱好者经营管理，服务于高尔夫爱好者的非营利组织。USGA每年举办13场国内锦标赛，参与制定并解释《高尔夫规则》，负责高尔夫球具的测试认证，为球场的草坪养护和管理、高尔夫球场设计建造、高尔夫差点系统以及高尔夫相关研究提供资金援助，推动高尔夫运动的发展。USGA的工作源自“一切为了高尔夫”的初衷（for the good of the game）。

为了提高高尔夫球场的运动条件和增强高尔夫运动的娱乐性，自1983年以来，美国高尔夫球协会为400个研究项目提供了约3700万美元的资助。这些研究项目包括球场建造、草坪综合养护管理方案、高尔夫球场与环境、土地可持续利用、野生动植物等。其中2006～2010年美国高尔夫球协会资助了草坪综合养护管理、草坪草新品种选育、球场建造，以及高尔夫与环境等研究94项，资助金额为526万美元。

自1963年以来，美国高尔夫球协会将其资助的研究成果或者高尔夫球场相关领域的最新研究刊登在其主办的杂志 *Green Section Record* 上。这本双月刊杂志被业界认为是高尔夫球场管理的最权威的杂志和信息获取平台，内容涉及最新高尔夫相关研究信息、高尔夫球场草坪管理以及高尔夫球场环境问题等。

二、世界高尔夫基金会和美国高尔夫基金会

世界高尔夫基金会（World Golf Foundation）成立于2000年，是一个旨在“推广高尔夫运动及其传统价值”的非营利性组织。主要通过“教球台（The First Tee）”完成对青少年的培养。The First Tee是一个非营利性的青少年高尔夫培训机构，总部在美国，在新西兰、澳大利亚、爱尔兰、加拿大、新加坡、日本等国家都有分部。此外，世界高尔夫基金会还致力于世界高尔夫经济的研究。

美国高尔夫基金会（National Golf Foundation）成立于1963年，是美国高尔夫经济的研究和分析的资助机构，是美国高尔夫经济发展的引领者。其主要提供或者资助高尔夫经济、高尔夫市场营销以及高尔夫赛事组织等相关的信息和研究。

世界高尔夫基金会和美国高尔夫基金会资助的研究表明，2000年美国的高尔夫产业总产值已经达到620亿美元，美国高尔夫产业已成为美国经济发展的新增长点；2005年美国高尔夫经济产值达760亿美元，年增长率为4%。

在研究的基础上，美国高尔夫基金会制定了2020年高尔夫产业发展的三大远景目标：到2020年，打球人数由现在的3500万增加到5500万，每年增加100万；打球场次由现在的5.18亿轮次增加到10亿轮次，年增加2500万轮次；到2020年，高尔夫在美国的风靡程度达到橄榄球的水平。

三、R&A 基金会

R&A 基金会是 2004 年新成立的一个慈善机构，是圣·安德鲁斯皇家古老高尔夫俱乐部的黄金铁三角机构之一。其主旨是在推动自身球场和本国高尔夫运动发展的同时，通过自身的影响力和经济能力和专门机构的管理，推动全世界高尔夫运动的发展和进步，为需要帮助的机构提供资金和专业技术上的支持。

R&A 计划从 2004～2010 年的经营利润中提取 92.5 万美元，以球场草坪养护研究基金、高尔夫运动发展赠与基金等方式投入高尔夫运动。每年，圣安德鲁斯委员会都会投入 300 万英镑作为国际发展预算，其中，200 万英镑赠送给发展项目，100 万英镑作为无息贷款，并把这些资金妥善分配给各个需要的团体，包括各国的高尔夫球协会以及其他一些相关的社团组织。2004 年，R&A 基金会用于发展高尔夫运动的资金总额达到了 660 万美元。

GOLF

第二章

高尔夫球场与土地

高尔夫练习场、高尔夫球场是高尔夫运动开展的主要场所，是高尔夫运动的载体。建造一个 18 洞高尔夫球场至少需要 800～1000 亩土地，还要求建造球场不能破坏当地的自然景观和生态系统。公众担心建造高尔夫球场会占用农业用地（耕地、林地、草地、农田水利用地、养殖水面等），影响国家粮食安全战略的实施。一般情况下，高尔夫球场多建在荒山荒坡、盐碱地、沼泽地、河流水面、湖泊水面、苇地、滩涂等利用价值低的地块上，但是少数高尔夫球场在其建造过程中违法违规使用土地、借建造球场之名圈占土地以及球场内部用地结构混乱等现象的存在，使高尔夫球场建设成为媒体和公众关注的焦点。在人口密度小的国家，媒体和公众主要关注新建高尔夫球场是否破坏土地资源的可持续利用和现有自然景观；而在人口密度大的国家，高尔夫球场是否占用土地或影响农业生产往往也是媒体和公众关心的问题。由此看来，由于建造高尔夫球场需要的土地面积比其他运动要大，在人口密度大的国家土地是限制高尔夫运动发展的重要因素。

从 1984 年我国第一家高尔夫球场开业至今，我国的高尔夫产业已发展成为初具规模的朝阳产业。截至 2009 年，国内正式开业的球场总数已有 500 余个，最近 5 年内每年平均新增 50 个。中国高尔夫产业的发展对于绿化城市环境、改善城市投资环境、吸引外来资金、扩大对外交流、活跃地区经济都起到了积极的推动作用。

任何产业的发展都会遇到问题和挑战。中国高尔夫产业的发展中出现的一些问题，如高尔夫投资局部过热、高尔夫球场建设选址与占地面积无标准、球场内部用地结构混乱，以及球场违法违规的土地使用行为等，在一定程度上扰乱了土地市场秩序。为了整顿土地市场，政府对高尔夫球场的建设下发了暂停政策，但这并不意味着要就此禁止高尔夫在中国的发展，而是要求高尔夫管理部门和高尔夫行业找出一条能使高尔夫用地与土地市场相协调发展的道路。如何解决我国高尔夫球场用地与土地市场管理之间的矛盾，使保护土地和高尔夫发展协调发展，是高尔夫行业继续发展迫切需要解决的几个关键问题之一。

为此，国土资源部在 2005 年就高尔夫球场用地专门立项，由国土资源部中国土地矿产法律事务中心委托北京林业大学高尔夫教育与研究中心承担此项研究，希望通过对目前我国高尔夫球场用地存在的问题进行客观、科学、公正的评估，分析目前我国高尔夫球场用地状况和存在的问题，为政府制定未来我国高尔夫球场用地政策提供理论基础和科学依据。

第一节

新建高尔夫球场的用地矛盾

我国人多地少，耕地资源稀缺，在不到世界耕地总量 10% 的耕地上，承载了世界约 22% 的人口，人多地少矛盾极为尖锐和突出。更为严峻的是，有限的耕地资源还在大量减少。1996～2003 年，全国耕地从 19.51 亿亩减少到 18.51 亿亩，净减少 1 亿亩。现在，我国人均耕地面积仅 1.43 亩，不到世界平均水平的一半。耕地后备资源也严重不足，其中60%以上分布在水源缺乏或者水土流失、沙化、盐碱化严重的地区，通过开发补充耕地的潜力十分有限。目前我国耕地资源短缺的矛盾，已经影响到经济的可持续发展。在今后一个相当长的时期内，我国人口将继续增加，人地矛盾将更加突出。土地是民生之本、发展之基，对于中国这样一个发展中的人口大国来说，土地问题始终是现代化进程中一个带有全局性、战略性的重大问题。

为确保国家粮食安全，必须严格土地管理。国以民为本，民以食为天。中国是一个有十几亿人口的大国，一旦粮食安全出问题，后果不堪设想。保证国家粮食安全，最根本的是保护耕地。今后，随着人口增长和生活水平的提高，我国粮食需求将继续增加。提高粮食供给能力，保持粮食供求平衡，任务相当艰巨。粮食生产的基础是土地。我国现在耕地复种指数已经很高，很多地区水土条件不匹配，仅靠提高单产难以弥补因耕地减少损失的粮食生产能力。如果不严格土地管理，坚决遏止耕地快速减少的趋势，粮食安全的基础就会严重削弱。

而随着经济的发展，工业化、城市化进程加快，不可避免地要占用一些土地。近年来乱占滥用耕地、严重浪费土地的问题，已经到了令人触目惊心的地步。一些地方并不具备条件，却不经批准，盲目兴建开发区。到2004年8月，全国清理出各类开发区（园区）6866个，规划面积3.86万km^2，超过全国现有城镇建设用地总面积。一些城市建设盲目铺摊子，建宽马路、大广场，大量占用城郊良田。不少企业盲目圈占耕地，搞“花园式”厂区，厂房该建多层的却建单层，占地过多，有的企业甚至圈占上千亩土地新建园区。一些地方为了满足投资商提出的多占土地的不合理要求，压低地价，甚至以“零地价”招商。这些问题导致耕地越占越多，土地利用效率越来越低。有的地方近几年来建设用地成倍增长，占地增长速度大大高于经济增长速度。有的地方在几年之内就用完除基本农田以外的全部耕地，面临无地可用的局面。照这样下去，工业化、城镇化进程将难以为继。只有管好用好土地，才能提高土地资源对经济社会发展的保障能力，既保证粮食安全，又保证工业化、城镇化所必需的土地供给，顺利推进现代化进程。

因为高尔夫球场比其他任何一项运动单个场地占地面积都大很多，同时高尔夫产业自发展以来，社会关注和舆论颇多，所以也出现了少数球场在建造过程中违反规定非法征占农民集体土地、擅自占用耕地、借建高尔夫球场之名圈地搞房地产开发等问题，高尔夫球场的用地问题成为“滥占土地”的典型问题。

1993年，福建省人民政府曾发布《福建省人民政府办公厅关于加强外商投资高尔夫球场项目审批工作的通知》，主要针对引进外资、筹建高尔夫项目进行了严格的用地控制。然而，在接下来的10年间，各地高尔夫球场的发展仍然十分迅速，有些投资商更借筹建高尔夫球场之名，大规模圈占土地，甚至农用地。

为了加强土地整治工作，2003年国土资源部执法监察局确定了今后土地执法监察的三大重点，并下发了《深入开展土地市场治理整顿工作实施方案》，联手国家发展和改革委员会、财政部、农业部、建设部、监察部、审计署共同整顿土地市场，并实行“三个暂停”严格治理土地市场。2004年1月1日国务院办公厅1号文件——《关于暂停新建高尔夫球场的通知》，我国高尔夫球场建设将暂缓立项和审批，旨在合理利用和保护土地资源，遏制高尔夫球场的盲目建设。全国各地相继展开对高尔夫球场的清查。

2004年2月26日，北京市国土资源和房屋管理局召开新闻发布会，对4起违法用地案的查处情况进行了通报。这4起土地违法案是：房山区长沟镇坟王庄村违规征用耕地案；昌平区阳坊镇工业小区非法占用耕地案；北京东方大学城非法占地建设高尔夫球场案；海淀区上庄乡干部违法批地建设天涯名流别墅案。

2004年4月广东省发展改革委员会会同广东省国土资源厅等八个部门，根据国务院和广东省政府的指示，对广东已建、在建高尔夫球场项目进行清理检查。在清理检查高尔夫球场的过程中，发现的主要问题有四个：部分项目未经合法审批；球场用地手续不合法；环境保护审批手续不完备，大部分高尔夫球场项目没有严格执行环境影响评价制度和环保“三同时”制度，项目未经环保部门审批就施工，未办理项目竣工环境保护验收就正式投入营业；大部分项目未办理球场内建筑物的《建设用地规划许可证》、《建设工程规划许可证》及《建设工程施工许可证》。

2006年12月国土资源部发布实施“《限制用地项目目录（2006年本）》和《禁止用地项目目录（2006年本）》的通知（国土资发〔2006〕296号）”，将高尔夫项目列为禁止用地项目，各级国土资源管理部门和投资管理部门一律不得办理相关手续。

总结全国各地高尔夫球场用地的清查结果，国内高尔夫球场用地问题集中表现在：①立项审批部门多样；②地方政府越级审批用地；③没有统一的用地审批系统，土地管理部门不是唯一的用地审批单位；④违法违规出让土地。高尔夫球场审批中存在的问题主要包括：①“非合理”用地的球场数量较多；②不同程度上占用耕地，极少数亦涉及基本农田；③农用地转建设用地手续不齐全；④球场用地结构不合理，盲目攀比规模；⑤球场选址欠科学。

第二节

中国（内地）高尔夫球场用地的历史

一、古代高尔夫球场用地

据历史记载，中国历史上曾有与高尔夫球运动相类似的球戏，分别为：

(1) 战国时代的“窝球”运动，当时只有三个球洞，球是木质的。

(2) 唐朝出现持球杆徒步打球的游戏“步打球”，“步打球”起源于唐代十分盛行的马球，是一种跑步挥杖击球的游戏。随后“步打球”又分化为两种，一种类似于马球，参加者手持曲棍，击打小球入门为胜，是今天曲棍球的前身。还有一种是击球入洞，一般分队或单人对抗比赛，场地不限，后发展为宋代的“捶丸”。

(3) 元代《丸经》一书记载，“捶丸”最早出现在宋徽宗时期，曾盛于宋元明。明代，捶丸在民间比较流行，而在宫廷当中还是一项高雅的运动，现存故宫博物院的《明宣宗行乐图》，就表现了明宣宗进行捶丸的画面，这个场面包括地形、地貌，还有球的形式、击球的动作，与西方现代高尔夫球运动有很大的相类之处，证明了中国古代的捶丸与西方高尔夫球有着一定的渊源。

这些资料表明，中国历史上的“捶丸”与当今世界的高尔夫球运动有着一定的关联。“捶丸”的运动用地条件虽没有什么记载，但我们可以根据《丸经》、《明宣宗行乐图》等一些图文推断出当时此类运动不仅是王公贵族的游戏还盛行于民间。地位高贵的王公贵族为了方便戏球，多把“捶丸”的场所（即球场）建在皇宫或王室府邸内部，由于环境条件所限，可推断球场的面积较小；而民间的百姓可能没有修建球场的条件，因而没有固定的戏球场所，可能在一些较为空旷的地方展开运动。

二、近代高尔夫球场用地

20 世纪初，英人通商将高尔夫带入中国大陆上海虹口、南京、青岛及湖北汉口，曾译为“勾福”，1927 年改称“高尔夫”沿用迄今。目前，我国各方学者对我国近代高尔夫历史的研究甚少，对于新中国成立前的高尔夫发展历史几乎没有专门研究机构进行调查研究。北京林业大学高尔夫教育与研究中心对近代中国高尔夫历史（1840 年第一次鸦片战争以后）进行研究，展开了详细的调查，我国近代高尔夫球场主要在上海和丹东两地。

1. 上海

据史载，上海在新中国成立前已有较具规模的高尔夫球场。经过一系列的调查和考证，研究人员发现旧上海的高尔夫球场与租界密切相关。新中国成立前上海租界地区高尔夫球运动开展较广泛，先后建成了 4 片较大型高尔夫球场（表 2-1）。

表 2-1　新中国成立前上海的四所高尔夫球场

球场名称	今所在地	洞数/个	建造时间/年	面积/亩
跑马厅内高尔夫球场	人民公园、人民广场一带	9	1862	300
虹口公园高尔夫球场	鲁迅公园	9	1905	237.3（公园总体）
虹桥高尔夫俱乐部	上海市动物园	18	1916	417
万国体育场内高尔夫球场	江湾镇东	18	1927	—

资料来源：查阅整理上海市档案馆历史档案

这四个高尔夫球场已具备正规球场的洞数，与今日众多球场相比，其占地面积并不大，9 洞面积在 300 亩以内，18 洞的球场也不到 500 亩。18 洞的虹桥高尔夫俱乐部和万国体育场内高尔夫球场建于租界之外，因土地充裕，建设规模也相应扩大。而 9 洞的跑马厅内高尔夫球场和虹口公园高尔夫球场均建在租界之内，主要是因租界面积有限，不能进行大规模的球场建设。由于租界内的土地条件有限，而外国殖民者、贵族又极其痴迷于这项运动，在已有球场无法满足他们打球欲望的情况下，20 世纪 30 年代的上海租界内又不断出现许多微型高尔夫球场。这些微型的高尔夫球场占地面积很小，或是由游泳池改建或是建在一些其他体育场所的周边。

同时在逸园等处出现过微型高尔夫球场，并且微型、迷你球场风靡。逸园微型高尔夫球场建于民国 17 年（1928 年），占地 78 亩，位于亚尔倍路（陕西南路）、辣斐德路（复兴中路），由法国人步维贤等集资建造，因主要经营跑狗赌博，故称大跑狗场。逸园在跑狗用的跑道内侧，设有足球场一片。跑道南、北两侧建有看台，可容观众 2 万人。此外还建有大楼 1 幢，内设舞厅、酒吧等，外场建有微型高尔夫球场一片，新中国成立后改建为文化广场。上海档案馆内档案多次记载申请和审批迷你高尔夫球场事宜 （图 2-1）。

档号： U2-3-4025 题目： Secretariat, S.M.C. Miniature Golf Courses: Applications for Liscences(1930-1931) 记载：“ wee golf ”（微型高尔夫）的出现，提倡发展微型、迷你高尔夫场地以满足打球需要。	
档号： U2-3-596 题目： Secretariat, S.M.C. Hongkew Recreation Ground: Golf 记载：多个酒店对迷你高尔夫球场的建造申请，还包括公共游泳浴场、车库等改造成迷你高尔夫的申请。其中公共浴场改造成高尔夫球场的申请被驳回，不予审批。	

图 2-1　上海档案馆内申请和审批迷你高尔夫球场档案资料

资料来源：查阅整理上海市档案馆历史档案

这些资料可以充分体现出近代上海高尔夫球场用地的情况：

（1）18 洞以下的高尔夫球场面积在 500 亩之内，较当今球场的占地面积少；

（2）迷你、微型高尔夫球场的风靡可满足用地紧张的租界内高涨的打球需求；

（3）球场发展多元，不局限于 18 洞球场。

由此表明，新中国成立前上海高尔夫球场的用地都遵循了高尔夫球场本身要因地制宜建设的理念，球场面积的大小并不是建造球场的硬性条件，这一点很值得我们现在借鉴。

2. 丹东

辽宁省丹东市在新中国成立前修建的锦江山西面的高尔夫球场在丹东市真性区山上街宾馆路沿线，现在丹东中央党校对面的整座小山和山下平地处都是以前的高尔夫球场和其他运动娱乐场地，现已成为大片的老居民区。当时的高尔夫球场占地 500～600 亩，拥有 9 个洞，建有二层楼会所，修建时间为 1906～1921 年，由英国人建造，日本人修缮，在高尔夫球场周边还建有垒球场、跑马场、跑狗场、跳伞场等运动场所，整个地区是当时殖民者们休闲活动的场所。

调查表明新中国成立前已具规模的丹东高尔夫球场及其周边的垒球场 、跑马场、跑狗场、跳伞场等运动场所共同组成的一个大型的休闲娱乐场所满足了当时日本军阀 、满洲贵族的娱乐需求。这样的大型娱乐场所的占地也是根据当时当地的充裕条件而安排的 ，规划合理，娱乐项目丰富。这种含有高尔夫的综合休闲娱乐场所的理念一直沿用至今 。

高尔夫球运动与中国的历史渊源使我们看到近代历史上高尔夫球场的用地特点——因地制宜，不盲目扩大球场规模——与今日高尔夫大多数盲目追求大规模占地形成鲜明对比，因而作为现代人更应借鉴近代史上科学的高尔夫球场用地方式和高尔夫球运动多元化发展的理念。

第三节

中国（内地）高尔夫球场用地现状

据国土资源部2004年初步统计，如表2-2所示，2004年全国已建、在建和拟建的高尔夫球场多达283个，遍及26个省（区、市），占地面积31 273.79hm^2（即46.9万亩），是国土面积（内地地区947.44万km^2）的0.033‰；其中全国已建、在建球场207家，占地24 559.78公顷（36.8万亩），是国土面积的0.026‰。按每一球场占用土地118.65hm^2（拟建的高尔夫球场总用地面积是已建和在建项目的用地平均值，详见表2-3注释）计算，2004年全国已开业球场182家用地面积总量是21 593.62hm^2，占国土面积的0.0223‰。

表2-2　2004年高尔夫球场建设情况汇总表

项目	高尔夫球场			
	个数	比例/%	面积/hm^2	比例/%
建成	141	49.82	16 456.13	52.62
在建	66	23.32	8 103.677	25.91
拟建	76	26.86	6 713.987	21.47
合计	283		31 273.79	

资料来源：2004年国土资源部清查全国高尔夫数据

表2-3　高尔夫球场用地面积统计表（2004年）

项目	球场数/个	未填报用地面积球场数/个	平均占地/(hm^2/个)	总面积/hm^2
建成球场	141	0	116.71	16 456.1
在建球场	66	1	122.78	8 103.68
小计	207	1	—	24 559.78
拟建球场	76	—	—	9 017.13

注：拟建高尔夫球场总用地面积按已建和在建项目的用地平均值118.65与球场数的乘积得出

资料来源：2004年国土资源部清查全国高尔夫数据

一、高尔夫球场的分布

根据国土资源部2004年对全国高尔夫球场的清查结果（表2-4），华南、华东和华北等三个地区高尔夫球场规模最大，即广东及其周边地区（主要包括广东和福建等）、上海及其周边地区（主要包括上海、浙江和江苏等）、北京地区（主要包括北京、天津和河北等）。其次是西南地区，主要是云南、海南两大旅游省。接下来的是华中、东北和西北地区。国土资源部调查结果表明，截至2004年全国没有高尔夫球场的省（自治区）有5个，分别是黑龙江、西藏、青海、甘肃、宁夏。

表 2-4　全国（内地）高尔夫球场和练习场区域分布表

地区	高尔夫球场			
	个数	比例/%	面积 hm^2	比例/%
华南地区	95	33.57	10 928.2	34.94
华北地区	67	23.67	8 333.05	26.65
华东地区	71	25.09	7 253.23	23.19
西南地区	31	10.95	2 893.6	9.25
华中地区	9	3.18	855.68	2.74
东北地区	6	2.12	520.56	1.66
西北地区	4	1.41	489.47	1.57
合计	283	100.00	31 273.79	100.00

数据来源：2004 年国土资源部对全国高尔夫球场的清查结果

我国（内地）高尔夫球场的发展与经济水平密切相关。据 Info 公司调查，截至 2003 年 9 月中国高尔夫已建和在建球场达到 179 个，共有球洞 3921 个，练习场数量超过 400 个。广东、上海和北京作为中国高尔夫球运动最普及和发展最成熟的三个地区，其高尔夫人口占全国高尔夫人口的比例接近 60%，三地球场数量是全国球场数量的 52.5%。三地高尔夫产业在一定程度上可以反映中国高尔夫总体的发展水平。汪姜维、王晓耕、马晶等人的研究表明，我国高尔夫产业始终与区域经济同步发展，各省市的 GDP 增长和实际利用外资情况，与当地高尔夫球洞多少的关联程度分别高达 55% 和 89%。同时他们认为，高尔夫球运动是入世后我国应该重点培育的产业领域之一。

为弄清目前全国高尔夫球场数量与分布的具体影响因子，本书借鉴前人研究成果，考虑 GDP 增长、实际利用外资，并结合经济、土地等实际原因，以 2004 年全国（内地）31 个省（自治区、直辖市）经济状况和高尔夫球场用地状况为基础，初步拟选出 15 个指标（表 2-5），对前 14 个进行 R 型的系统聚类分析（图 2-2）。

表 2-5　各研究指标编号列表

项目	X_1	X_2	X_3	X_4	X_5
变量名称	GDP/亿元	第三产业比重/%	第三产业实现增加值/亿元	人均 gdp/元 *2004 年均用常住人口计算	实际利用外资/(亿美元/万人)
项目	X_6	X_7	X_8	X_9	X_{10}
变量名称	实际利用外资/亿美元	城市居民人均可支配收入/元	常住人口（半年以上)/万人	人口密度/(万人/平方公里)	球场个数
项目	X_{11}	X_{12}	X_{13}	X_{14}	Y
变量名称	球场所占比例/%	球场占地面积/hm^2	占用面积比例/%	行政面积/hm^2	球场用地占所在省份的比例/%

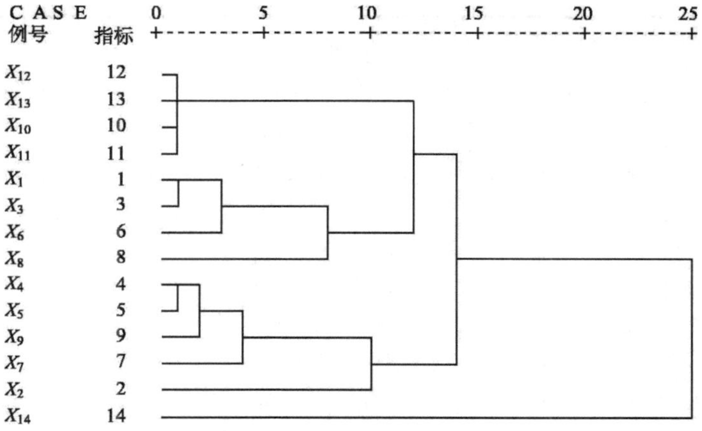

图 2-2　14 个指标的聚类分析图

由聚类结果可以看出这 14 个指标可分成 6 类：第一类包含 4 个指标，分别是 X_{10}、X_{11}、X_{12}、X_{13}；第二类包含 3 个指标，分别是 X_1、X_3、X_6；第三类只有 1 个指标，是 X_8；第四类包含 4 个指标，分别是 X_4、X_5、X_9、X_7；第五类包含 1 个指标，是 X_2；第六类也只包含 1 个指标，是 X_{14}。在已聚合的各类指标中，通过相关分析，挑出一个有代表性的指标作为典型指标。

第一类：选取指标 X_{12} 即球场占地面积作为第一类的典型指标。

第二类：选取 X_2 即第三产业比重作为该类的典型指标。

第四类：选取 X_4 即人均 GDP 为此类指标的典型指标。

综上，通过对 14 个指标进行系统聚类分析，挑选出代表各类的典型指标 6 个，分别是：X_2 即第三产业比重，X_3 即第三产业实现增加值，X_4 即人均 GDP，X_8 即常住人口，X_{12} 即球场占地面积，X_{14} 即行政面积。

表 2-6　2004 年全国各省市自治区经济与高尔夫发展状况各项指标表

地区	球场用地占所在省份的比例/%	第三产业比重/%	第三产业实现增加值/千亿元	人均 GDP/万元	常住人口/千万人	球场占地面积/万 km²	行政面积/万 km²
北京	2.76E－1	60.000 467	2.57	2.869 498 2	1.492 7	0.004 637 15	1.68
天津	1.55E－1	43.297 475	1.269 43	2.864 087 1	1.023 67	0.001 748 26	1.13
河北	8.73E－3	31.268 884	2.763 2	1.297 874 1	6.808 75	0.001 658 38	19
山西	1.20E－4	32.175 256	0.978 9	0.912 244 7	3.335 07	0.000 018 66	15.6
内蒙古自治区	2.46E－4	32.208 858	0.873 53	1.137 450 5	2.384 35	0.000 270 6	110
辽宁	2.50E－3	41.088 655	2.823 9	1.629 760 5	4.217	0.000 364 76	14.57
吉林	8.33E－4	34.410 674	1.017 94	1.092 194 9	2.708 5	0.000 155 8	18.7
黑龙江	0.00E＋0	29.415 425	1.559 9	1.389 383 8	3.816 8	0	46.9
上海	1.83E－1	47.855 178	3.565 34	5.508 965 6	1.352 39	0.001 132 36	0.62

续表

地区	球场用地占所在省份的比例/%	第三产业比重/%	第三产业实现增加值/千亿元	人均 GDP/万元	常住人口/千万人	球场占地面积/万 km^2	行政面积/万 km^2
江苏	1.55E−2	34.982 981	5.426 7	2.087 103 9	7.432 5	0.001 593 6	10.26
浙江	1.29E−2	38.975 362	4.382	2.382 208 5	4.719 57	0.001 309 6	10.18
安徽	9.35E−4	35.541 38	1.710 5	0.772 752 1	6.228	0.000 130 02	13.9
福建	1.27E−2	38.408 826	2.324 94	1.724 050 1	3.511	0.001 523 93	12
江西	1.88E−3	33.996 579	1.188 5	0.816 127 7	4.283 57	0.000 312 8	16.66
山东	3.48E−3	32.199 32	4.987 9	1.687 440 1	9.18	0.000 532 69	15.3
河南	0.00E+0	30.087 725	2.652 26	0.907 182 3	9.717	0	16.7
湖北	3.01E−3	36.480 141	2.305 72	1.050 594 2	6.016 1	0.000 564 06	18.74
湖南	1.54E−3	39.948 256	2.242	0.837 938 4	6.697 7	0.000 322 99	21
广东	4.32E−2	36.807 661	5.903 75	1.931 599 3	8.303 72	0.008 037 2	18.6
广西壮族自治区	5.44E−3	36.759 736	1.220 46	0.679 095 9	4.889	0.001 250 92	23
海南	6.06E−2	38.177 745	0.301 65	0.966 117 7	0.817 83	0.002 061 67	3.4
重庆	1.01E−2	39.500 036	1.052 83	0.961 894 3	2.770 98	0.000 829 33	8.2
四川	7.12E−4	37.702 868	2.471 8	0.751 438 5	8.724 6	0.000 347 23	48.8
贵州	1.15E−3	34.118 349	0.543 13	0.407 792 6	3.903 7	0.000 196 26	17
云南	4.53E−3	35.173 747	1.040 96	0.670 293 5	4.415 2	0.001 786 05	39.4
西藏	0.00E+0	52.283 256	0.110 6	0.772 946 5	0.273 68	0	122
陕西	1.05E−3	37.166 856	1.071 71	0.778 233 3	3.705 2	0.000 215 67	20.5
甘肃	0.00E+0	33.314 517	0.519 35	0.595 288 6	2.618 78	0	45
青海	0.00E+0	38.833 659	0.180 86	0.864 704 8	0.538 6	0	72
宁夏回族自治区	0.00E+0	33.847 491	0.155 8	0.783 209 4	0.587 71	0	6.6
新疆维吾尔自治区	1.71E−4	33.878 599	0.745 38	1.120 747 2	1.963 11	0.000 273 8	160

根据 2004 年全国各省市自治区经济与高尔夫发展状况（表 2-6），将上述 6 个指标与球场用地占所在省份的比例结合进行多元线性回归分析，得出结论：真正推动中国高尔夫发展的客观动力是经济水平，各省市自治区的第三产业占全部产业的比重、人均 GDP、第三产业增加值和常住人口等决定了各省市自治区高尔夫球场的发展水平。

二、高尔夫球场用地规模

根据球场用地状况，以球场用地占本省市自治区面积为指标，可将全国大陆地区 31 个省（自治区、直辖市）占地用量分为四级（表 2-7）。

表 2-7　2004 年高尔夫球场和练习场省际分布表

地区	球场个数	占总体球场数量的比例	球场占地面积/hm^2	占总高尔夫球场用地面积的比例/%	行政面积/万 hm^2	球场用地占所在省份的比例/%
北京	36	0.127 20	4 637.15	14.83	1.68	2.76E−1
上海	11	0.038 90	1 132.36	3.62	0.62	1.83E−1
天津	14	0.049 50	1 748.26	5.59	1.13	1.55E−1
海南	20	0.070 70	2 061.67	6.59	3.4	6.06E−2
广东	66	0.233 20	8 037.2	25.70	18.6	4.32E−2
江苏	14	0.049 50	1 593.6	5.10	10.26	1.55E−2
浙江	20	0.070 70	1 309.6	4.19	10.18	1.29E−2
福建	11	0.038 90	1 523.93	4.87	12	1.27E−2
重庆	9	0.031 80	829.33	2.65	8.2	1.01E−2
河北	14	0.049 50	1 658.38	5.30	19	8.73E−3
广西壮族自治区	11	0.038 90	1 250.92	4.00	23	5.44E−3
云南	20	0.070 70	1 786.05	5.71	39.4	4.53E−3
山东	6	0.021 20	532.69	1.70	15.3	3.48E−3
湖北	7	0.024 70	564.06	1.80	18.74	3.01E−3
辽宁	4	0.014 10	364.76	1.17	14.57	2.50E−3
江西	2	0.007 10	312.8	1.00	16.66	1.88E−3
湖南	3	0.010 60	322.99	1.03	21	1.54E−3
贵州	1	0.003 50	196.26	0.63	17	1.15E−3
陕西	3	0.010 60	215.67	0.69	20.5	1.05E−3
安徽	2	0.007 10	130.02	0.42	13.9	9.35E−4
吉林	2	0.007 10	155.8	0.50	18.7	8.33E−4
四川	3	0.010 60	347.23	1.11	48.8	7.12E−4
内蒙古自治区	2	0.007 10	270.6	0.87	110	2.46E−4
新疆维吾尔自治区	1	0.003 50	273.8	0.88	160	1.71E−4
山西	1	0.003 50	18.66	0.06	15.6	1.20E−4
黑龙江	0	0.000 00	0	0.00	46.9	0.00E+0
河南	0	0.000 00	0	0.00	16.7	0.00E+0
西藏	0	0.000 00	0	0.00	122	0.00E+0
甘肃	0	0.000 00	0	0.00	45	0.00E+0
青海	0	0.000 00	0	0.00	72	0.00E+0
宁夏回族自治区	0	0.000 00	0	0.00	6.6	0.00E+0
总计	283	100	31 273.79	100	947.44	

一级，密集。球场用地占本省市面积的千分之一以上者，包括北京、上海、天津 3 个直辖市，其高尔夫球场用地占本省市行政面积的比率分别为 2.76‰，1.83‰，1.55‰。与美国 1.61‰、韩国 1.37‰的高尔夫球场总体用地占国土面积比率的水平相当，且此 3 个城市用地水平均超过韩国，北京、上海超过美国和韩国这两个高尔夫球运动流行国家的总体用地水平。

二级，较密。球场用地占本省市面积的万分之一以上的，包括海南、广东、江苏、浙江、福建、重庆。

三级，中等。球场用地占本省市面积的十万分之一以上的，包括河北、广西壮族自治区、云南、山东、湖北、辽宁、江西、湖南、贵州、陕西。

四级，较少。球场用地占本省市面积的百万分之一以上的，包括安徽、吉林、四川、内蒙古自治区、河南、新疆维吾尔自治区、山西。

五级，暂无球场用地。球场用地占本省市面积的千万分之一以上者，包括黑龙江、西藏、甘肃、青海、宁夏回族自治区。

三、我国高尔夫球场用地类型

根据我国《土地管理法》第 4 条，我国土地按用途分为三大类，即农用地、建设用地和未利用地。未利用地可理解为在目前国民经济各部门中尚未能直接利用和难以开发利用的土地，包括荒草地、盐碱地、沼泽地、沙地、裸土地、裸岩石砾地、河流水面、湖泊水面、苇地、滩涂、冰川及永久积雪地等。在我们的调查过程中，高尔夫球场涉及的未利用土地类型主要有：荒草地、盐碱地、沼泽地、沙地、裸土地、裸岩石砾地、河流水面、湖泊水面、苇地、滩涂，以及垃圾填埋场等。以上土地对高尔夫球场而言不仅能追求多变的风格和崇尚自然的宗旨，并且具有改善环境、保持水土的作用。2004 年在北京林业大学高尔夫教育与研究中心对近 100 家高尔夫球场的调查中，高尔夫球场中荒山荒坡（调查中发现“荒山荒坡”是荒草地、沙地、裸土地、裸岩石砾地的综合表现形式）、盐碱地、沼泽地、河流水面、湖泊水面、苇地、滩涂，以及垃圾填埋场等未利用地面积占球场用地面积的比率为 42.46%。

调查表明，大部分球场为 18 洞，球场总面积在 80hm^2 左右，也有一部分球场和房产捆绑经营，增加 40～60hm^2 土地进行房地产建设。其中涉及原有绿地（包括公园、植物园、绿化隔离带等）改建的球场占调查球场数量的 14.29%；涉及海滩、河滩地改建的球场占调查球场数量的 24.29%；涉及林地、园地改建的球场占调查球场数量的 11.43%；涉及鱼塘改建的球场占调查球场数量的 8.57%；涉及垃圾场改建的球场占调查球场数量的 5.71%；涉及其他荒废土地改建的球场占调查球场数量的 41.43%；涉及耕地（包括盐碱耕地）面积大于球场面积 50% 的球场占调查球场数量的 8.57%。当然，也存在极少数球场非法建占城市道路、城市饮用水源地、农田用地等场所。国内高尔夫球场在用地上确实存在一定程度的盲目性、不规范性、混乱性和缺乏科学性。

四、高尔夫球场用地存在的问题

1. “非合理”用地的球场数量较多

由表 2-8 可知，2004 年全国已建、在建、拟建的 283 家球场中，未经政府立项审批的球场有 66 家，占全国（内地）球场总数的 23.3%；未经政府部门用地审批的球场有 115 家，占全国（内地）球场总数的 40.64%。

一般地，球场建设应先经过政府发展规划部门立项审批，合格后再经土地管理部门用地审批，用地审批合格后还需环保部门的环境影响评价，以上审批合格后方能进行球场建设。但我国球场立项、审批、建设程序并不完善。

鉴于未经用地审批的球场数量（115 家）远远多于未经立项审批的球场数量（66 家），可以看出球场建设的程序存在着较大程度的违规性。一部分球场未经过用地审批就开始动工建设；还有一部分球场根本任何审批都未填报就非法建设，违规现象比较严重。

表 2-8　高尔夫球场立项、用地批准情况一览表

项目	立项审批	用地审批部门				未填报
	立项未填报	国土资源部	省级人民政府	省级土地管理部门	其他部门	
建成球场（141 家）	19	4	37	36	42	22
在建球场（66 家）	6	4	12	13	11	26
拟建球场（76 家）	41	2	3	3	1	67
合计（283 家）	66	10	52	52	54	115
百分比/%	23.3	3.53	18.37	18.37	19.08	40.64

2. 不同程度上占用耕地，极少数亦涉及基本农田

在调查的过程中知道，高尔夫球场用地占地类型丰富，其中也不免有占用农用地者。据《中华人民共和国土地管理法》，农用地是指直接用于农业生产的土地，包括耕地、林地、草地、农田水利用地、养殖水面等。这里主要针对国家最重视的耕地占用的现象进行分析。总体说来，高尔夫球场占用耕地的程度不一：少部分球场完全没有占用耕地，而较多球场涉及占用耕地。在调查中，占用耕地（包括盐碱耕地）面积大于球场面积 50% 的球场占 8.57%，也就是说有很多球场占用了耕地，但占用的耕地面积相对球场面积要少得多。极个别球场全部占用耕地，且其中有土地总体规划中的基本农田。

3. 农用地转建设用地手续不齐全

根据《全国土地分类（试行）》，高尔夫球场用地属于建设用地中的商服用地。《中华人民共和国土地管理法》第四十五条规定，“征用农用地的，应当依照本法第四十四条的规定先行办理农用地转用审批。其中，经国务院批准农用地转用的，同时办理征地审批手续，不再另行办理征地审批；经省、自治区、直辖市人民政府在征地批准权限内批准农民地转用的，同时办理征地审批手续，不再另行办理征地审批，超过征地批准权限的，应当依照本条第一款的规定另行办理征地审批”。而在球场实际用地中，不少球场方对占地范围内的农用地未有办理相应的转用手续。

4. 球场用地结构不合理，盲目攀比规模

高尔夫球场一般包括若干个球洞和必要的附属设施，每个球洞设有发球区、球道、果岭、高草区及障碍区等。但其规模不定，无固定大小，从一公顷到上百公顷都可建设，相应地，其种类繁多，风格也发生变化。然而，国内很多高尔夫投资商扭曲了高尔夫球场的概念，一方面把高尔夫球场的建造标准定义化，只盲目追求于建设“标准”的高尔夫球场，其“标准球场”的定义为：必须拥有 18 个洞，标准杆必须是 72 杆的球场。除了攀比谁家球场“标准”，投资商还攀比拥有的球场洞数，即“标准”球场的个数。另一方面，投资商和建设者为了争建多个“标准球场”不断通过各种手段占有大面积土地，在满足基本比赛要求的同时还要比规模、比气派，因而相继出现球场建设前以“世界最大球场”、“亚洲最大球场”、“球道最长球场”为目标的“最型球场”，导致出现

一部分球场建设盲目攀比用地规模的现象。另外，也不排除商家借高尔夫之名，圈占土地，以谋取巨额利润。

5. 球场选址欠科学

高尔夫球场建造基址的选择应遵循相关法律法规，如《国家土地管理法》、《国家水法》、《国家水土保持法》、《国家森林法》等，避开耕地、饮用水源、水土保持重点区域及其他重要资源保护区。在此前提下，高尔夫球场则应根据当地地形地貌、水土条件进行因地制宜、与周边环境相协调的设计和建造。而国内许多球场的建设只是为了建设而建设，并没有选择在最适合、最值得建高尔夫球场的地方建球场；许多地方也并不适合建造高尔夫球场，再加上球场设计、施工欠妥，反而使这些地方的生态环境遭到破坏。高尔夫球场选址不科学，不利于高尔夫产业健康、持久地发展。

6. 高尔夫球场土地使用审批混乱

由于国内目前还没有针对高尔夫球场立项的相关法律法规，因此为高尔夫球场进行立项审批的途径多、部门也多。由表 2-9 可以看出，高尔夫球场立项的审批部门主要有四类，分别是国家部委、省级人民政府、省级计划或外资委、市县区政府或部门。国内球场未经过立项审批的占球场总数的 23.32%，有 66 家球场未经立项，其中有 19 家是已建成的球场。

表 2-9 高尔夫球场立项批准情况一览表

项目	国家部委	省级人民政府	省级计划或外资委等部门	其他（市县区政府或部门）	未填报	合计
建成球场/家	2	7	61	52	19	141
在建球场/家	0	7	36	17	6	66
拟建球场/家	0	2	27	6	41	76
合计	2	16	124	75	66	283
百分比/%	0.71	5.65	43.82	26.51	23.32	100

球场建设中存在征用土地的情况。征用土地是国家行为，征地的批准部门是国务院和省级人民政府。《中华人民共和国土地管理法》第四十五条规定，“征用基本农田；基本农田以外的耕地超过三十五公顷的，其他土地超过七十公顷的，均由国务院批准。而基本农田以外的耕地小于三十五公顷的，其他土地小于七十公顷的征用，均由省级人民政府批准”。2004 年清查数据显示（表 2-10），全国建成、在建球场办理用地审批手续的有 159 家，其中省级以上批准的球场有 8 家，占具有审批手续球场数量的 5%；获省级（省级人民政府和省级土地管理部门）批准的有 98 家，占具有审批手续球场数量（159 家）的 61.7%；其余由省级以下部门批准的球场共 53 家，占 33.3%。而国内目前建成球场 141 家，平均占用土地 116.71hm^2；在建球场 66 家，平均占地 122.78hm^2。如果采用征地形式，那么按照《土地管理法》，高尔夫球场的用地面积（假设均为其他土地，但大于 70hm^2 的用地远超过省级部门的审批）理应由国务院进行审批。可见，在高尔夫球场用地审批上，地方政府存在越级审批的情况。

表 2-10　高尔夫球场用地批准机关一览表

项目	国土资源部	省级人民政府	省级土地管理部门	其他	未填报	合计
建成球场/家	4	37	36	42	22	141
在建球场/家	4	12	13	11	26	66
拟建球场/家	2	3	3	1	67	76
合计	10	52	52	54	115	283
百分比	0.035 336	0.183 746	0.183 746	0.190 813	0.406 36	1

注：表 2-9、表 2-10 数据来源于 2004 年国土资源部全国土地清查数据

对于高尔夫球场用地，能进行审批的单位除了土地管理部门，还有各级人民政府。由于没有统一的用地审批系统，可能会导致球场审批分散，球场的统计信息、审批信息不能完全地由各级土地管理部门反映到国土资源部，致使今后对高尔夫进行清查、审核时需要联合各类审批部门，对国家对高尔夫的统一清查和统一管理工作造成不便。而没有明确用地审批具体部门，没有唯一的、统一的垂直土地管理系统；政府对地方政府官员考核制度欠合理，造成地方官员只重经济效益，只顾招商引资，忽视节约、合理利用土地，导致了越权批地的情况发生。

第四节

中国（内地）高尔夫球场用地与其他国家（地区）的比较

一、国际高尔夫球场发展现状

苏格兰 2005 年官方数据显示，全世界约有 32 000 家高尔夫球场，当年保守估计约有 5600 万高尔夫爱好者遍及全球。美国的高尔夫球场占有绝对优势，为全球高尔夫球场数量的 59%；欧洲占有 12%，亚洲占有 24%，其他国家占有 5%。

美国高尔夫权威调研机构 Golf20/20 的调查显示：2009 年，美国已有或新建成的高尔夫球场数量超过了 18 000 家。其他高尔夫球强国（地区）拥有的球场数也相当惊人，比如 2006 年，英格兰有 1911 家、苏格兰有 546 家、威尔士有 161 家、爱尔兰有 406 家、德国有 658 家、瑞典有 442 家、法国有 548 家。在亚洲的日本，其高尔夫球场达到 2200 家（2005 年）；澳大利亚是高尔夫球大国，其球场数量在 2003 年达到 1748 家，而其邻国新西兰国土面积虽小，球场也有 410 家。南非有 450 家；阿根廷有 240 家。

中国自改革开放后，高尔夫发展也很迅猛，据国土资源部最新初步统计，2009 年全国已建和在建的高尔夫球场有 500 余家，遍及 27 个省（自治区、直辖市）。

二、从土地资源分析比较不同国家的高尔夫球场用地概况

美国农业、矿产和森林资源丰富，地理位置、气候条件及地形结构得天独厚。美国农业用地（耕地和牧地）约为 4.3 亿 hm^2，占地球全部农业用地的 10% 左右，拥有 1.8 亿 hm^2 的森林，占全国土地总面积的 31.5% 左右，主要树种有美洲松、黄松、白松和

橡树类，这是林区高尔夫球场的主要树种。据 Golf20/20 的调查，2005 年美国高尔夫球场数量为 16 000 家。按此数据计算，每家球场的面积按照 80hm^2 保守估计，则球场占国土面积的 1.37‰。日本国土由大量山体构成，国土面积的 67% 被森林覆盖，这不适合发展农业和居住，却十分适合发展高尔夫。日本在 2005 年的统计数字显示国内拥有 2200 家高尔夫球场，高尔夫球场用地占日本国土面积的 4.66‰。韩国国土面积少，人口密度高，山地占朝鲜半岛面积的 2/3 左右，2003 年拥有 170 家高尔夫球场，占韩国国土面积的 1.37‰。中国国土资源部初步统计，2004 年全国已建、在建的高尔夫球场为 207 家，占地面积 24 559.78hm^2（36.8 万亩），是国土面积的 0.026‰，其中也占用了一定数量的耕地。

由表 2-11 可以看出，各国高尔夫球场数量的多少是与各国的经济状况（GDP、人均国民收入）紧密相关的。美国由于人少地多，自然条件优越，经济发达，高尔夫的发展十分顺利。Golf20/20 对美国高尔夫球场的详细调查研究表明，美国 1998 年、1999 年、2000 年、2001 年标准球场总数分别为 14 444 个、14 887 个、15 357 个、15 709 个和 16 052 个。年增长率为 1.8%～2.9%。日本是全世界高尔夫球场最密集的国家，仅次于美国的世界第二的经济实力是高尔夫兴旺的基础。但由于日本 2001～2002 年经济不景气导致打球人数剧减，2002 年日本破产的高尔夫球场已经突破了 90 个，刷新了 2001 年 53 个的历史最高纪录。

表 2-11 四国基本国情和高尔夫状况比较表

国家	土地面积/万 km^2	人口数量/亿	主要土地类型面积与总面积比值/%	球场数量/家	球场密度/(家/万 km^2)	球场占国土面积的比率/‰	GDP (2003 年)/亿美元	人均国民收入/美元
美国	937.26	2.83	耕地和草地 45.88 林地 31.5	18 800	20.06	1.61	108 816	38 451
日本	37.78	1.3	林地 67	2 500	66.17	5.30	43 264	33 280
韩国	9.93	0.48	耕地 22 林地 66	170	17.12	1.37	6 053	12 610
中国(内地)	947.44	12.93	耕地 12.86 林地 24.38	207	0.22	2.6E－2	14 098	1 090

资料来源：《2003 年国民经济和社会发展统计公报》；《韩国社会、经济指标》2004 年 7 月版；《日本统计月报》2000 年第 10 期

韩国高尔夫由于土地紧缺，球场建设有限，但打球的人数飙升，球场价格消费不菲，国内市场存在严重的供需矛盾，从而形成了高尔夫球运动逐步被大众接受，但高尔夫球场费用贵族化的现象。因而许多韩国高尔夫爱好者将目光投向了球场费用比较低廉的东南亚、中国等地区。在我国，目前的球场分布几乎与国家经济发展的地区分布状况相一致。京、沪、粤是中国高尔夫球运动最普及和发展最成熟的地区，其高速的经济发展和迅速崛起的高尔夫产业遥相呼应；沿海经济发达地区作补充；东北、西北、西南等

地区则相对较少，少数省份甚至没有高尔夫球场。鉴于我国较薄弱的经济实力、高尔夫消费区域性差异大的特点，我们应该清醒地认识到中国高尔夫不能盲目扩大球场数量，单纯从数量上和国外球场进行比较。

从四国的基本国情比较中，不难看出土地资源是高尔夫发展的一重要影响因子，尤其是对人口密度大的国家影响极大。美国土地广阔，人口密度小、自然条件优越，为高尔夫提供了广阔的发展空间；日本国土由大量的山体构成，国土面积的 67% 被森林覆盖，十分适合发展高尔夫；韩国国土面积小，山地占朝鲜半岛面积的 2/3 左右，和日本一样具有较好的高尔夫球场基址条件，但高度密集的人口使得占地面积较大的高尔夫球场发展空间极为有限，致使韩国近几年来平均每年有 10 万人次出国旅游进行高尔夫球运动。而我国人多地少，作为有着 13 亿人口的大国，耕地和粮食安全是政府考虑的重中之重，国土资源部已相继采取了严格的耕地保护措施，以保证国家粮食生产安全。

三、中国台湾地区高尔夫球场用地政策

高尔夫在中国台湾地区发源于 1914 年，淡水球场是台湾地区第一座高尔夫球场。1956 年 6 月 29 日成立“中华全国高尔夫委员会”。台湾行政主管部门于 1981 年 9 月 3 日通过公布《高尔夫球场管理规则》，确认高尔夫为正式的体育运动项目，在不影响军事设施、安全及水土保持的原则下，允许设立高尔夫球场，同时将权责单位由防卫部门改为教育部门，并规定新旧球场均应重新申请经由教育部门审查发照，为以后台湾地区高尔夫球运动的发展订出明确的规则。1982 年以后，台湾地区整体经济急剧变化，带动居民所得提升，社会大众喜爱高尔夫这项接触大自然的运动，促使一些财力雄厚的财团或企业组织纷纷开辟球场。自 1983 年开放受理高尔夫球场申请后，新球场如雨后春笋般建立，如表 2-12 和表 2-13 所示。

表 2-12　中国台湾地区高尔夫球场和球洞增加情况表

年份/年	增加球场数量/家	增加球洞数量/洞	年份/年	增加球场数量/家	增加球洞数量/洞
1919	1	27	1983	3	54
1954	1	36	1984	1	18
1961	1	18	1986	1	18
1962	2	27	1987	1	18
1965	1	27	1989	1	18
1966	1	9	1990	1	36
1967	2	27	1991	3	63
1968	1	27	1992	4	81
1969	1	9	1993	8	171
1970	1	18	1994	5	108
1972	2	27	1995	7	126
1976	1	18	1996	2	27
1979	1	18	1997	4	72
1980	2	36	2000	1	18
1981	3	63	合计	65	1260
1982	2	45			

资料来源：《台湾高尔夫球运动发展之研究》

表 2-13　中国台湾地区高尔夫球场和球洞数量表

年份/年	年球场总数/家	年球洞总数/洞	年份/年	年球场总数/家	年球洞总数/洞
1919	1	27	1983	26	486
1954	2	63	1984	27	504
1961	3	81	1986	28	522
1962	5	108	1987	29	540
1965	6	135	1989	30	558
1966	7	144	1990	31	594
1967	9	171	1991	34	657
1968	10	198	1992	38	738
1969	11	207	1993	46	909
1970	12	225	1994	51	1017
1972	14	252	1995	58	1143
1976	15	270	1996	60	1170
1979	16	288	1997	64	1242
1980	18	324	2000	65	1260
1981	21	387	合计	65	1260
1982	23	432			

至 2002 年年底，中国台湾地区运营的球场共有 66 家，其中经中国台湾当局核准开放使用的有 46 家，取得设立许可但未核准开放的有 17 家，另有 3 家未公案登记，取得台湾“教育主管部门”或“体育主管部门”设立许可尚待兴建中的球场有 6 家。另外，台湾“体育主管部门”于 2001 年 12 月 31 日公告废止 13 座球场之设立许可筹办。而位于新竹县关西乡的保富球场则于 1998 年成为台湾地区第一座结束营运的高尔夫球场，开场营运仅 6 年。

（一）中国台湾地区高尔夫球场用地政策

中国台湾地区土地资源有限，球场用地成为影响高尔夫产业发展的因素之一，也一度出现投资者违法占用土地、滥用土地等现象。1989 年 4 月实行“环保部门”的环境评估《山坡地保产条例》及有关《水土保持处理与维护》，纳入 1989 年 9 月颁布实施的高尔夫球场管理规则。1993 年研修高尔夫球场管理规则及草拟《高尔夫球场管理条例》草案。经过中国台湾地区当局不断完善和出台《高尔夫球场管理条例》，最终使中国台湾地区高尔夫球场必须正式进行审慎严格的审查后才能设立。在条例中，对高尔夫球场用地进行了以下详细的规定。

第一，高尔夫球场基地应整体规划，分区开发，使球场之开发完整并应重视自然生态及环境保护，兼顾开发行为与环境保护。

第二，因应行政程序法的施行，并考虑其他目的事业主管机关的法令已趋完备，经检讨确认高尔夫球场的开发，应依土地使用管制、环境影响评估及水土保持等规定，回归各相关法令审议机制办理。

第三，第一项所定高尔夫球场开发基地不得位于法律或法规命令划设禁止开发的地区，主要包括：

(1) 饮用水源水质保护区或饮用水取水口一定距离内之地区。

(2) 水质水量保护区。

(3) 森林区、重要水库集水区。

(4) 水库蓄水范围、行水区。

(5) 生态保护区或自然保护区。

(6) 野生动物保护区。

(7) 军事管制区。

(8) 特定水土保持区。

(9) 其他依法律或法规命令划设禁止开发的地区。

(二) 中国台湾地区高尔夫球场审批政策

1. 审批部门

条例中明确规定了各级主管机关。高尔夫球场的开发及管理，因涉及土地开发、建筑管理、“安全”、水土保持、环境保护等相关事项，故规定了涉及各目的事业主管机关职掌者，由主管机关会同各目的事业主管机关办理。

2. 审批理念

条例中第五条：“高尔夫球场应整体规划，分区开发，并重视对环境之影响。球场开发基地不得位于法律或法规命令划设禁止开发的地区。相关法规命令划设禁止开发的地区，由各相关目的事业主管机关认定之。”

3. 政府对公众球场的扶持

中国台湾地区高尔夫球萌发时期和大陆基本一致，但由于历史原因，台湾地区高尔夫球场在 1954 年以后便有所发展。由于台湾地区高尔夫球场发展比内地早，台湾地区高尔夫球的发展已经历了“滥用土地、污染环境”等非议、批判时期。台湾地区管理部门对高尔夫球场的用地选址、审批程序作了严格的规定，并且严格执行。

该条例加强了主管机关的管理，使投资者有遵循的依据，并能积极地协助“中华高协”为球场奔走争取减免有关娱乐税、营业税、土地税等重大负担，从而降低打球成本，更加名正言顺地鼓励兴建公共球场，鼓励学校开设练习场或迷你球场，并开放供当地民众使用，使一般群众也能享受挥杆的乐趣。

自中国台湾地区《高尔夫管理条例》执行以来，台湾地区 2000 年后没有一家新球场出现。当然，台湾地区高尔夫至今未有新球场产生与其他因素也是有关的，估计《高尔夫管理条例》的实施和较为复杂的审批程序也是其中的影响因素。

然而，在今天的内地，高尔夫球运动势不可挡的发展使得业内人士深信：目前，高尔夫球发展离“鼎盛”时期还有一段较长的距离，如果完全照搬台湾地区较为复杂的审批程序势必会遏制内地高尔夫的发展，内地高尔夫的规范发展需要借鉴台湾地区的选址规定、台湾地区扶持公众高尔夫球场的政策，借鉴台湾地区的执法力度，设定出一套切实可行的管理规范，便于政府审批和管理。

四、德国高尔夫球场用地政策

德国政府认为高尔夫球场规划建设和开发在很大程度上能够有效地促进当地基础设施的建设和发展。但是与其他运动项目相比，高尔夫球运动对用地面积有着较高的要求。由此会产生一些潜在的矛盾，例如，可能与其他资源的利用和保护冲突，比如农业发展、自然环境保护和饮用水管理等。同时，一个或多个高尔夫球场场地的开发和利用，也会对每个地区旅游业的发展起到积极推动作用，这样也将会间接地提高当地的劳动就业率。

德国关于高尔夫球场建造的规范中指出了规划建设高尔夫球场项目、立项审批程序中应特别注意的规定，以及为了实现国家和地区发展规划的远景目标，对场地选址的要求和应注意的事项。另外，在规范的附件中还提出了关于建设高尔夫球场应与其所处的自然地理环境相和谐统一，以及球场运营管理应考虑环境适应性的建议。这些规定和建议在进行项目规划和执行审批程序时都应予以充分的考虑。

1. 高尔夫球场用地规定

高尔夫球场用地要遵循国家已颁布的有关法律、条例，特别是土地规划法、建筑法、环境和自然保护法、狩猎法、森林法和农业法等方面的规定，该规范不得与其相抵触。

优先考虑将高尔夫球场建设在原先为军事用地、废弃的工业企业用地上或地表为原生草本植物的场地上。因为在军事用地上无可保护的珍稀动植物物种。在原先为农业用地的场地上建设高尔夫球场也同样可以提高生态利用价值。

不允许在水资源保护区 I 类区和 II 类区建设高尔夫球场；如果在水资源保护区 III 类区建设了高尔夫球场，但该地区因此而遭受到不良影响，则须对这种情况进行审查。不能批准的情况还有在洪水区建设高尔夫球场。此外，选址时还应考虑到，该地区是否具有用于喷灌、养护草坪所必需的充分的水资源。

2. 土地规划申请程序

高尔夫球场属于占地面积较大的运动休闲场所，这种占地面积较广、对环境影响显著的项目，原则上必须遵照土地规划申请程序。在地区和区域发展项目中，如果已经确定某地区作为高尔夫球场项目，那么就无须再按照土地规划申请程序执行。只要确保项目设计程序遵循建筑法执行，并与本地区规划相符合，地方规划局就可以免去项目土地规划申请程序。

申请项目用地许可审批时，项目承担单位除了要递交完备的设计资料外，还应递交重要的项目财政预算报告，这是申请程序的前提条件之一。

3. 项目审批程序

按照建筑法等有关规定，高尔夫球场无论其内部是否为建筑型的场地或设施，都被视为建筑类。新建或改建高尔夫球场都必须经过工程监察局的批准。审批程序决不考虑简化执行，须递交有关的审批件、同意件和许可证明材料，审查合格后颁发工程监察局的审批许可。

在新建高尔夫球场或大型球场设施之前，只能够通过项目规划书或项目开发文件等来取得合法的项目建设权。项目规划方案或项目开发规划文件中除了确定一些必要的内容外，还应明确论述关于环境和自然保护方面的观点、利益和方法。

4. 环境适应性检查分析

高尔夫球场用地规划程序中包括分析、调查、描述和评价土地建设项目对人、动物、群落生境、植物、土壤、水、空气、气候和景观等方面的影响，还包括对每个物种交替变化性的影响，以及对当地文化、风俗等方面造成的影响。在项目规划资料中还应分析和论证该项目对环境产生的作用和影响。

德国的高尔夫球场建设以生态、环保而享誉世界，德国政府对高尔夫球场用地也有所规划。球场获得合法建设权的审核与考察相当细致，尤其在球场选址和环境方面，并且严格按程序办理。我国高尔夫球场用地审核应借鉴德国球场环境方面的审核经验。

第五节

高尔夫球场发展的基础保障及其科学性

除去经济发展水平这一高尔夫球运动发展的动力，高尔夫球场存在的基础是土地，正如前面所分析的，高尔夫在我国发展的最终限制因子不是经济，而是土地。土地成为高尔球场建造的基础。在我国，政府历来十分重视土地资源的合理利用，通过土地资源的开发、利用、保护和综合整治，保障人民生活和各项生产建设的用地需要。但是中国人多地少、耕地资源不足的基本国情决定了土地资源利用前景不容乐观。与人们的印象不同，事实上，高尔夫球场在中国的存在并非完全不合理地利用土地资源、破坏耕地(调查所知，现存球场利用未利用地面积占球场用地面积的比率为 42.46％)。高尔夫球场的正确引导和发展与“十分珍惜和合理利用每一寸土地”的基本国策不矛盾，甚至是对国策科学性和正确性的具体体现。

一、正确发展高尔夫与合理利用土地资源和保护耕地不矛盾

高尔夫球场用地灵活、适地性强、规模可大可小，能在不同地理环境、不同土地类型上建造。如前所述，国内目前大多数球场都利用了一部分未利用地，并且在调查中发现已建球场利用未利用地占球场用地的 42.46％。只要对国内高尔夫的发展加以正确指引、严格监督，使之向有利于土地资源合理与节约利用的方向发展，高尔夫球场的发展就完全可以避免占用农用地，尤其是耕地，可以在未利用地上适度发展。

二、合理利用未利用地是我国高尔夫发展的基础保障

我国未利用地共约 26 229.81 万 hm^2，根据本书对国内球场可能发展的饱和数量之预测，国内的未利用地不论是地形地貌、还是土地类型，都为国内球场的丰富发展提供了基础，合理利用未利用地是我国高尔夫发展的基础保障。

第一，在经济发达和较发达的地区重点利用荒山荒坡、滩涂（河滩地、海滩地）、垃圾填埋场建设高尔夫球场。

荒山荒坡、滩涂、垃圾填埋场这些未利用地在我国东南沿海地区十分典型，由于东南沿海地区自身经济发展状况好，若有球场建设需要，应首推这些未利用地。荒山荒坡、滩涂、垃圾填埋场的利用，不仅可以改善周边环境，减少政府绿化美化治理环境的花销，还可以高效地利用土地、带动周边经济的发展。

第二，科学、谨慎利用沼泽地、河流水面、湖泊水面、苇地等进行球场建设。

国内外的高尔夫建造经验表明，高尔夫球场建设用地选择沼泽地、河流水面、湖泊水面、苇地、滩涂等，不仅球场风景优美，充满自然野趣，而且增添了球场的打球难度和打球者的挑战性。我国沼泽地、河流水面、湖泊水面、苇地、滩涂等面积约 0.4 亿 hm^2，分布面积最大的省（自治区、直辖市）依次是黑龙江、内蒙古、西藏和江苏。在利用上述湿地建造高尔夫球场时，一定要持以科学谨慎的态度。在不违反法律的前提下，尽可能小地破坏或不破坏原来的湿地生境，并保证建后球场对生态环境的破坏力远小于其他不合理的利用方式，使湿地景观在球场内得以保留和保护，使高尔夫球场与湿地保护有机结合。

三、建议申报新建球场的审批办法

（一）用地规模

此处的高尔夫球场，指总体面积大于 30hm^2，包括若干球洞、必要附属建筑物及设施（如练习场）的运动场地；每个球洞设有发球台、球道、果岭、高草区及障碍区。其必要附属建筑物及设施之项目及范围，由行业管理机构中国高尔夫球协会规定。各类高尔夫球场的总面积可参考表 2-14。

表 2-14　球场规模与用地参考数据

序号	球洞数/洞	球场总面积/hm^2
1	3	10～15
2	6	16～30
3	9	30～50
4	18	60～100
5	每增加 9 洞	增加 30～50

注：以上球场建设的用地规模仅作审批部门之参考

新建球场申请初期须向行业管理机构（中高协）提供详细选址材料及专业机构评定结果，考虑到高尔夫球场用地灵活、各区土地类型、经济水平差异等因素，行业管理机构（中高协）根据上述“战略”及专业机构的评定结果，对申请的新建球场进行核准，申请人凭此到相应的土地、环境和建设等部门办理相关手续。

为避免借高尔夫之名圈地搞房地产，应严格限制球场内部建筑面积，其建筑所占用土地必须小于球场总面积的 3%，且建筑面积不得超过 10 000m^2；对于违反上述规定者，则严格按照房地产用地及相关文件办理手续。对于申请人在球场周边开发房地产项目，只要政策允许，有关部门在土地招标方面可给予其一定的优先或优惠。

（二）用地类型

尽量避免使用耕地。高尔夫球场占用的耕地不得超过高尔夫项目总面积的 5%，严格禁止使用基本农田进行高尔夫球场建设。高尔夫球场应整体规划，分区开发，并重视对环境的影响，球场用地不得位于法律或法规命令划设禁止开发的地区。

（三）供地方式与办法

在高尔夫球场建设供地中做到：

（1）规范限制划拨出让行为，出让要做到严格供地对象和用途，价格评估、管务会审决策和结果公开。

（2）每一宗经营性用地执行招、拍、挂。

（3）严格执行《划拨土地目录》、《招标拍卖挂牌出让国有土地使用权规定》和《协议出让土地规定》等政策规定。

（4）在招标拍卖挂牌中防止弄虚作假，主动邀请公证、纪检等部门参与，实行过程公开、程序公正、结果公示。

（四）前期申请

1. 申请筹备高尔夫球场

申请人应依国家发展和改革委员会和国家体育总局定期公告的球场发展计划，填写高尔夫球场筹备申请书，并记载高尔夫球场名称、所在地、申请人及负责人姓名、住所、连同下列文件及其必要附件、附图，报请球场相应体育部门审查，若通过即给予批示与登记。

申请开办经营性高尔夫球场，应当向国家体育总局（中高协）提出申请，并提交下列材料：

（1）专业机构对球场选址评定及规划建议；

（2）高尔夫球场经营计划；

（3）经费来源及法人登记证明文件；

（4）其他有关材料。

对小规模的球场（占地面积不大于 30hm^2），报当地市级或省级体育部门审核；对较大规模和大规模的球场（占地面积大于 30hm^2），报国家体育总局（中高协）审核。

2. 申请高尔夫球场用地

依照高尔夫球场规划发展战略、严格遵守国家土地管理法，申请人向相关土地部门提出用地申请，由相关土地部门对球场用地进行审批。申请用地时须填写高尔夫球场用地申请书，并记载高尔夫球场名称、所在地、申请人及负责人姓名、住所及以下文件及其必要附件、附图：

（1）专业机构对球场选址评定及规划建议；

（2）经体育部门盖章批准的高尔夫球场筹备申请书；

（3）高尔夫球场的建设平面图和球场设备设计图；

（4）高尔夫球场经营计划；

（5）经费来源及法人登记证明文件；

（6）其他有关材料。

3. 申请高尔夫球场建设开工

申请人携国土部门用地审批材料、专业机构对球场选址评定及规划建议、经体育部门盖章批准的高尔夫球场筹备申请书，经市级环境监测部门审核合格后，方可向相应建设部门提出球场建设开工申请书，并按国家建设部规定提交有关材料。

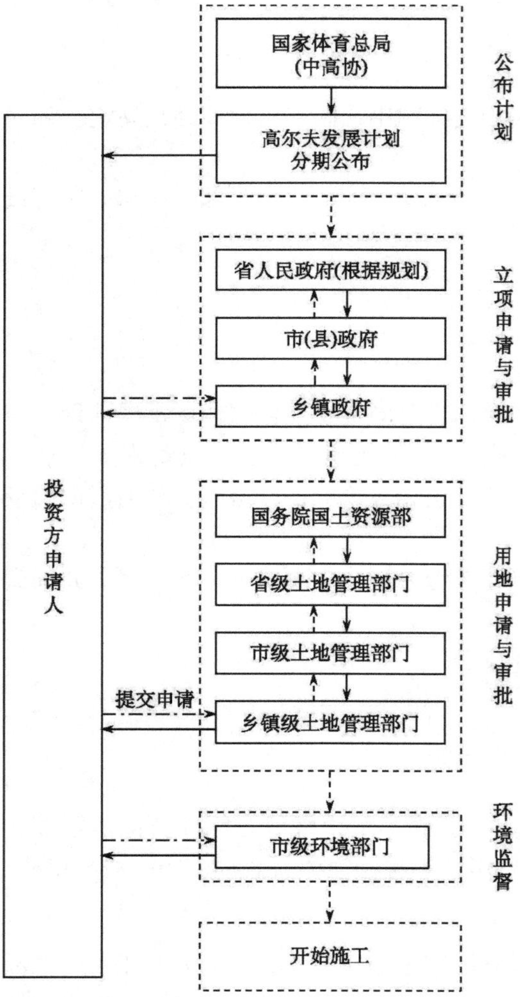

图 2-3　前期审批流程图

（五）建设施工

球场方获建设部门的施工批准后，方可进行建设开工。同时，专业机构进行环境监测。施工过程中，专业机构对球场是否按设计图施工、是否符合环保、水保等部门要求进行监督。球场方定期将专业机构的监督记录呈交当地市级环保部门、水保部门以作参考。若无正当理由违反设计意图、偷工减料、施工技术不到位潜在威胁当地环境，一经专业机构查处，立即建议建设部门令球场方停工整顿，合格后，方可继续施工。若查处后仍不改者，交由有关部门依法论处。

球场施工完毕，须由专业机构进行竣工认证；合格后，球场方凭此竣工认证证明向当地市级环境部门进行验收审批，合格后颁发环境许可证。

（六）开业运营与后期监管

球场方凭专业机构颁发的竣工证书、高尔夫球场经营计划、经费来源及法人登记证明文件、环境许可证等向市级以上体育部门申请体育经营许可证。体育行政部门应当在收到申请之日起 15 个工作日内，提出核准意见。对符合经营条件者，发给《××省体育经营许可证》；

对不符合条件者，应当发出书面通知。各市地方体育部门应每年就准核球场逐级向国家体育总局递交书面汇报。申请者凭《××省体育经营许可证》，向工商行政管理部门申领《营业执照》后，方可从事高尔夫球场的经营活动。

各级土地、建设、环境部门应定期或不定期派人或委托专业机构检查高尔夫球场、附属建筑物及环境。执行检查的人员，应于检查前出示载有检查目的之公函身份证明文件。球场方及相关人员，不得回避、拒绝或妨碍检查，否则停业整顿。新建球场预案审批、建造监督、后期管理的整个过程请参考图 2-3、图 2-4。

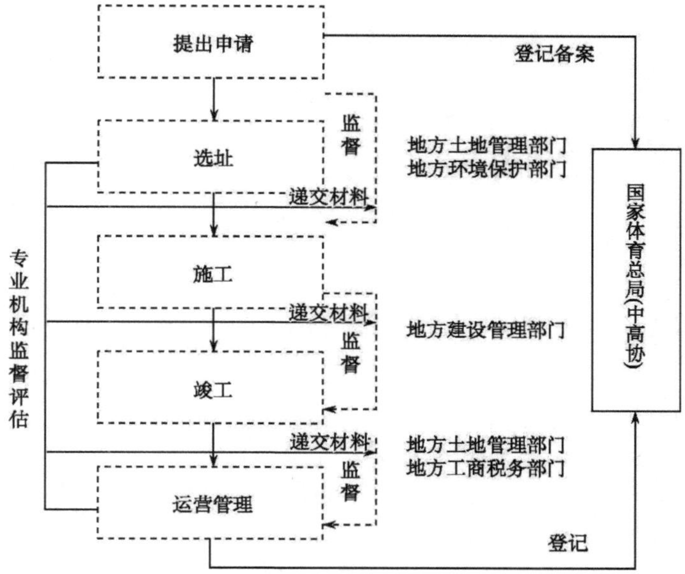

图 2-4　行业管理机构作用流程图

第三章

中国内地高尔夫球场发展预测

高尔夫运动在中国内地发展的20多年中，高尔夫球运动、高尔夫俱乐部或是高尔夫相关产业都取得了长足发展，但是也存在一些问题和不足，突出表现为球场的区域分布不合理、球场消费水平高、占地面积大、球场类型结构不合理、部分高尔夫球场用地和审批不规范、资源浪费严重、球场经营困难等。2000年后政府从经济发展条件因素、自然资源因素和高尔夫球场经营时出现的诸多问题考虑，对高尔夫球场的发展采取了限制型政策，并逐步推出相关规定。2003年国土资源部下发通知规定《（今后5年内）停止别墅类、高尔夫球场用地供应》。2005年12月21日，《促进产业结构调整暂行规定》及《产业结构调整指导目录》正式公布，别墅类房地产开发项目和高尔夫球场项目被列在《指导目录》限制类项目中，对目录中这类项目设立禁止投资、投资管理部门不予审批等诸多限制。2006年年末，国土资源部、国家发展和改革委员会联合印发《关于发布实施〈限制用地项目目录〉和〈禁止用地项目目录的通知〉》，别墅类房地产开发项目、高尔夫球场项目等用地被明令禁止。2006年年末财政部公布了我国进出口关税税则的调整内容，从2007年1月1日起，旅客携带或邮寄入境的高尔夫球及球具、高档手表的进口税税率将由10%调整为30%。在2007年年末，国家发展和改革委员会最新发布了《外商投资产业指导目录（2007年修订）》，根据目录，我国的新闻网站、网络视听节目服务、互联网上网服务营业场所、互联网文化经营，高尔夫球场的建设、经营，禁止外资进入。尽管近年来国家对高尔夫产业一直采取逐步限制的政策和措施，但是全国每年的高尔夫球场数量仍呈上升趋势，说明在人民群众的物质文化需求日益增长的大环境下，广大人民对高尔夫运动的热爱和需求在不断升温。

在当前社会条件下，高尔夫运动很明显还属于高消费，高尔夫运动要实现进一步发展球场建设一定不能少。而国家的发展需要以及中国的土地国情决定了，全面放开高尔夫球场的建设是不可能的，所以这似乎和这项运动的发展又是一个矛盾。

在这样的情况下，政府和相关部门就更需要一个中国内地高尔夫球场发展的科学合理导向，以有助于对未来中国高尔夫球场的发展作出更科学合理的指导和规划。如何解决高尔夫球场合理发展和科学规划的问题，对高尔夫运动本身而言都有极其重要的意义。根据我国当前高尔夫发展状况和各地具体情况，客观科学地分析我国高尔夫球场未来数量的多少，以及各省市自治区的具体规划蓝图，为政府制定未来我国高尔夫球场的发展方向和合理规划是我国高尔夫科学发展的当务之急。

第一节

中国内地高尔夫球场发展的影响因子

一、球场发展影响因子的选取

中国内地面积大、省份多，各地经济、自然、人口情况都不同，高尔夫球场发展不平衡，这加大了对我国高尔夫球场进行分析和预测的困难程度。依照中国内地各省份高尔夫球场发展的情况和各省发展高尔夫球场的客观条件，把全国31个省（自治区、直辖市）分为几组，每组分别研究，以利于研究的科学性和客观性。

1. 经济因素

客观条件对高尔夫球场发展的影响有三个主要方面：经济因素、自然因素和人口因素。国内外研究表明，经济因素是影响高尔夫球场发展的最主要因素之一。而 GDP、人均 GDP、城镇居民可支配收入、进出口总额、实际利用外资情况、固定资产投资、第三产业比重等是反映一个地区或国家经济发展状况的重要经济指标。

汪姜维、王晓耕、马晶等人的研究表明，我国高尔夫产业的发展始终与区域经济的增长同步。GDP 总值、人均 GDP 值可反映当地经济和社会发展的基本水平。GDP 是衡量该国或地区的经济发展综合水平通用的指标，也是目前各个国家和地区常采用的衡量手段。GDP 是宏观经济中最受关注的经济统计数字，因为它被认为是衡量国民经济发展情况最重要的一个指标。由人均 GDP 决定的居民消费能力是影响高尔夫球俱乐部发展的重要经济指标。若不考虑其他因素的影响，在相同人均 GDP 水平下，高尔夫球俱乐部的发展程度应该是相同的。城镇居民可支配收入，指居民家庭在支付个人所得税之后所余下的全部实际现金收入（不包括借贷收入），人均 GDP 可反映本地人民的生活水平高低和消费能力。

进出口总额、实际利用外资情况可反映地区参与世界经济的程度和在世界经济中的地位，是对外贸易规模的重要指标。当地对外经贸情况、当地经济的发展程度和人民的意识形态都受此影响。固定资产投资是建造和购置固定资产的经济活动，即固定资产再生产活动，固定资产再生产过程包括固定资产更新（局部和全部更新）、改建、扩建、新建等活动，反映社会固定资产再生产情况，也是国民经济发展程度和居民生活水平的重要指标。第三产业比重增长是在服务需求上升律与服务供给上升律的共同作用下实现的，服务需求上升为服务供给上升提供了必要。第三产业的相对利益大，反映当地生产力水平，生产力越发达，第三产业所占比重越高。选取这几个经济指标可基本反映地区经济情况。

2. 自然因素

自然因素中，与高尔夫球场运营直接相关的 5 个重要自然因素指标为：行政面积、不宜类土地面积、全年降水量、水资源总量、气温适宜月份数。

众所周知，土地已经成为限制高尔夫球场发展的主要因素，根据高尔夫球理论的体育运动属性对运动条件的要求，高尔夫球场需要有一定的坡地增加起伏感，并需要有水塘、沙丘存在，但对地形地质没有特殊的要求，高尔夫球场并非一定要建立在耕地上，还可以建立在荒地、废弃地甚至垃圾填埋场、沙滩地上。在占地规模上，如按国际比赛的球场标准，一个 18 洞的高尔夫球场占地面积约为 1000 亩左右，加上俱乐部的会所、停车场、练习场等附属设施，占地面积在 1000 亩左右。另外，虽然荒地、坡地、废弃地等非可耕地可用来建设球场，但为节省投资成本，少部分俱乐部建设使用的是耕地、林地，加剧了土地资源不足的矛盾，造成了不良和不利的影响。在人口密集土地贫乏的地区，高尔夫球场的发展势必受到土地因素的限制，是否有充足的土地是当地发展高尔夫运动的重要条件。

研究表明，在中国，不宜类土地将是以后高尔夫球场发展的主要场所，可以减少耕地和建设用地的使用，缓解土地矛盾。不宜类土地即不宜作为农田但可以生长或种植某些适应性强的植物的土地。高尔夫在国内建造涉及的未利用土地类型有：荒草地、盐碱地、沼泽地、沙地、裸土地、裸岩石砾地、河流水面、湖泊水面、苇地、滩涂，以及垃圾填埋场等。将以上土地开发作为高尔夫球场，不仅能追求高尔夫球场多变的风格和崇尚自然的宗旨，并且具有改善环境、保持水土的作用。可见，高尔夫球场对未利用地的可开发价值是巨大的，所以本书选取行政面积和不宜类土地面积作为土地因子的指标。

我国地表水年径流量为 27 115 亿 m^3，人均占有年径流量仅 2200m^3 左右，而世界人均占有年径流量最高的加拿大为 14.93 万 m^3，是我国人均占有年径流量的近 64 倍。另外，中国北方水资源贫乏，南方水资源相对较丰富，南北相差悬殊。草坪用水成本是高尔夫球俱乐部日常营运的主要成本之一，由于球场草坪的保水性差，任何一个有着几百亩草坪的球场日常养护都需要大量用水。在降水丰富的南方，如深圳，一家 18 洞高尔夫球俱乐部球场年用水量为 55 万吨，其中 8 万吨是城市市政供水，5 万吨是开采地下水，其余 40 多万吨是球场天然水蓄水。而北方由于降水不足，球场所需要抽取的地下水和利用城市供水就更多、更大。根据高尔夫用水情况和全国降水情况，月平均降水量少于 50mm 时，高尔夫球场存在用水危机。高尔夫球场用水紧张，成本上升，严重限制高尔夫球场的发展。降水只能作为高尔夫球场水源消耗的一小部分，球场耗水大部分来自城市用水，这主要取决于当地水资源总量，很多地区高尔夫球场用水过多已成为城市用水矛盾的重要原因，所以，降水量和当地水资源总量是影响高尔夫球场发展的水资源主要指标。

高尔夫球场一般都使用绿色时间较长的草种或树种，而这类品种的草、木生长都需要合适的温度。在北方，当温度过低时，土质会发生变化、硬度过大，球场内草坪返青时间长。过低或过高的温度均对高尔夫球场和高尔夫球运动不利。根据高尔夫运动的要求，温度在 24℃时最合适高尔夫球场草坪生长，当月平均气温低于 10℃时，高尔夫球运动受限制，低于 4℃时，基本不能进行高尔夫运动。当月平均气温高于 30℃时，高尔夫运动也将受到限制。本文选取月均温高于 10℃且低于 30℃的月份作为高尔夫运动气温适合月份。以上 5 个因子可基本反映影响高尔夫球场发展的自然因素。

3. 人口因素

人口因素也影响高尔夫球场的发展。通常情况下城市人口数量与参与高尔夫球运动的人口成正比，中国人口众多，在一个城市中若有千分之一的人打球，那么这也是一个可观的数目。另外，旅游资源与高尔夫球场存在很强的互补性，并且与其他影响因素相对独立，很多地方的高尔夫球场基本依托于当地的旅游资源。如我国的海南、云南等，经济水平并不高，但高尔夫球场发展水平较高，主要是因为这些地区旅游人口多，而高尔夫球场运营基本靠外来旅游人口的消费。

综上，影响高尔夫球场发展的有 14 个因素，$X_1 \sim X_{14}$，中国内地影响高尔夫球场发展因子的情况如表 3-1、表 3-2 所示。

表 3-1 各地区影响因子情况（2006 年）

地区	GDP X_1 /亿元	人均 GDP X_2 /元	城镇居民人均可支配收入 X_3 /元	进出口总额 X_4 /亿美元	实际利用外资情况 X_5 /亿美元	固定资产投资 X_6 /亿元	第三产业比重 X_7 /%
北京	7 720.3	49 505	19 978.00	1 581.80	45.50	3 371.50	70.00
天津	4 337.73	40 961	14 283.00	645.73	41.31	1 849.80	40.00
河北	11 613.7	16 894	10 304.60	185.30	23.80	5 499.40	33.90
山西	4 746.5	14 106	10 027.70	66.30	13.40	2 321.50	36.40
内蒙古自治区	4 790	20 047	10 358.00	59.47	17.41	3 406.28	38.00
辽宁	9 257.05	21 802	10 370.00	483.90	59.90	5 689.00	38.50
吉林	4 249.23	15 625	9 775.07	79.14	16.50	2 804.30	39.50
黑龙江	6 216.8	16 268	9 182.00	128.60	17.50	2 235.90	29.30
上海	10 297	57 310	20 668.00	2 274.89	71.07	3 925.09	50.60
江苏	21 548.4	28 685	14 084.26	2 840.00	174.30	10 063.65	36.30
浙江	15 649	31 684	18 265.00	1 391.50	88.90	7 593.00	40.20
安徽	6 141.9	10 044	9 771.10	122.50	13.90	3 544.70	40.00
福建	7 501.63	21 152	13 753.28	626.63	71.85	3 115.08	38.40
江西	4 618.8	10 679	9 551.00	61.90	28.10	2 683.20	32.80
山东	21 846.7	23 546	12 192.00	952.90	100.00	11 134.60	32.00
河南	12 464.1	13 279	9 810.26	104.80	18.45	5 907.74	29.30
湖北	7 497.17	13 130	9 803.00	117.38	24.49	3 572.69	39.90
湖南	7 493.17	11 830	10 504.67	73.53	25.93	3 242.39	40.50
广东	25 968.6	28 077	16 015.58	5 272.24	145.11	8 116.89	42.25
广西壮族自治区	4 801.98	10 240	9 898.80	66.74	7.11	2 246.03	39.30
海南	1 052.43	12 650	9 395.00	28.46	7.93	425.74	39.94
重庆	3 486.2	12 437	11 570.00	54.70	6.96	2 451.84	44.70
四川	8 637.8	10 574	9 350.10	110.20	14.70	4 524.50	33.30
贵州	2 267.43	5 750	9 116.61	16.17	0.94	1 193.31	42.00
云南	4 001.87	8 961	10 070.00	62.30	3.02	2 220.50	38.50
西藏	290.05	10 396	8 941.00	3.28	0.15	232.35	57.00
陕西	4 383.91	11 762	9 268.00	53.60	9.25	2 610.19	35.98
甘肃	2 275	8 749	8 920.59	38.20	0.30	1 024.87	41.30
宁夏回族自治区	706.98	11 784	9 177.26	14.37	1.38	515.28	39.60
青海	641.05	11 753	9 000.35	6.52	3.80	419.62	33.80
新疆维吾尔自治区	3 018.98	14 871	9 120.00	91.03	1.04	1 567.05	34.70

表 3-2　各地区影响因子情况（2006 年）

地区	行政面积 X_8 /万 km^2	不宜类土地面积 X_9 /万亩	水资源 X_{10} /亿 m^3	全年降水 X_{11} /mm	气温适宜月数 X_{12} /个	常住人口 X_{13} /万人	旅游人数 X_{14} /万人
北京	1.637 0	59.90	21.30	425.20	9	1 581.00	13 590.30
天津	1.160 6	224.09	14.30	422.00	9	1 075.00	5 568.70
河北	19.000 0	377.81	154.20	418.00	9	6 897.80	9 125.30
山西	15.638 1	178.65	92.50	471.40	9	3 374.60	7 574.40
内蒙古自治区	114.151 6	20 212.36	437.60	137.00	7	2 392.35	2 574.95
辽宁	14.526 0	1619.74	285.70	714.90	7	4 271.00	13 327.60
吉林	18.740 0	51.70	323.70	715.70	7	2 723.00	3 237.63
黑龙江	45.007 6	162.88	652.10	585.00	7	3 823.00	5 300.20
上海	0.634 1	21.45	25.00	1 098.40	10	1 368.10	10 289.64
江苏	10.095 2	1 058.06	204.00	1 036.00	10	7 549.50	20 381.00
浙江	10.204 5	33.09	675.70	1 319.70	10	4 980.00	16 149.00
安徽	13.970 0	3 839.82	500.70	1 250.00	10	6 593.50	6 329.10
福建	12.189 4	802.25	712.20	2 048.00	12	3 558.00	6 857.58
江西	16.730 2	1 513.84	1034.60	1 680.00	10	4 339.13	6 050.00
山东	15.342 2	485.70	349.50	815.80	9	9 309.00	17 193.10
河南	16.560 0	650.17	406.60	905.80	9	9 392.00	13 139.14
湖北	18.616 3	284.35	926.40	1 089.20	10	6 050.00	8 565.35
湖南	21.241 8	4 269.09	1 641.30	1 445.00	10	6 768.10	9 195.08
广东	18.000 0	2 073.57	1 187.70	2 107.30	12	9 304.00	12 801.64
广西壮族自治区	23.681 1	4 532.84	1 604.50	1 515.30	12	4 961.00	7 567.31
海南	3.397 9	39.77	171.10	1 518.40	12	835.88	1 605.02
重庆	8.253 9	2 312.89	558.80	1 005.80	12	2 808.00	6 847.51
四川	48.431 0	8 708.70	2 434.20	1 044.90	10	8 169.00	16 720.80
贵州	17.625 2	5 244.70	991.00	1 129.70	12	3 955.30	4 747.89
云南	38.397 8	1 843.48	2 106.30	936.00	12	4 483.00	8 115.74
西藏	120.450 6	43 535.38	4 665.20	268.00	9	281.00	251.21
陕西	20.590 0	2 791.25	309.40	596.30	9	3 735.05	7 056.11
甘肃	40.495 5	15 484.53	171.90	281.20	9	2 606.25	1 604.43
宁夏回族自治区	6.640 0	385.43	9.90	241.00	9	603.73	593.52
青海	71.558 7	47 161.29	606.80	342.10	7	547.70	814.56
新疆维吾尔自治区	163.328 0	147 223.40	855.40	181.40	7	2 050.00	1 697.25

资料来源：《2006 中国统计年鉴》、《2006 年国民经济和社会发展统计公报》

二、全国各地高尔夫球场发展状况分析

把表 3-1、表 3-2 的数据，用 SPSS 对中国内地 31 各省份做 R 型系统聚类分析，聚类结果如图 3-1 所示。

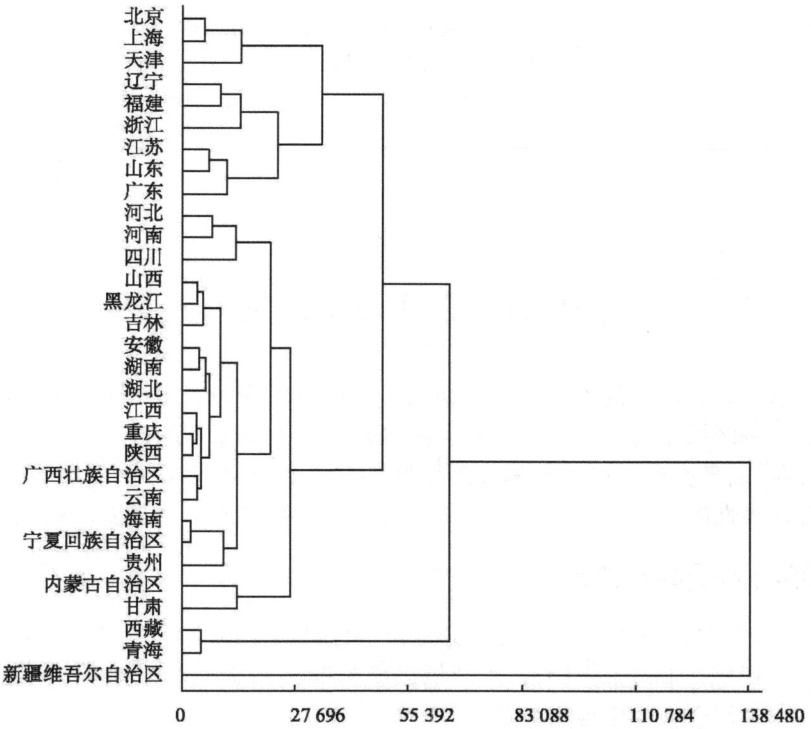

图 3-1　我国各地高尔夫球场发展聚类图

从内地 31 个省（自治区、直辖市）的 R 型聚类树型图可以看出，根据影响高尔夫球场发展的 14 个主要因子，可把中国内地大致分为 4 个发展区域：第一区包括北京、上海、天津；第二区包括辽宁、福建、浙江、江苏、山东、广东；第三区包括河北、河南、四川、山西、黑龙江、吉林、安徽、湖南、湖北、江西、重庆、陕西、广西壮族自治区、云南、海南、宁夏回族自治区、贵州；第四区包括内蒙古自治区、甘肃、西藏、青海、新疆维吾尔自治区。

聚类结果和中国内地各省球场数的分布状况相当吻合，可以反映目前我国内地发展高尔夫球场所具备条件的区域划分，结合各省已建成的高尔夫球场数量可以看出，基本符合目前国内高尔夫球场的发展状况。聚类结果是根据经济、自然和人口多方面因素影响而得出的，可结合当地人文情况和已发展的高尔夫球场情况对聚类结果进行一些调整。例如，把经济水平高、自然条件好、高尔夫球场已比较发达的广东省由第二区调到第一区。把经济水平不算很高、但是旅游优势极佳、高尔夫球场已经有相当发展的海南省、云南省从第三区调整到第二区。可将中国内地 31 个省划分为以下 4 个高尔夫球场发展区域（表 3-3）。结合中国各省实际高尔夫球场数量和发展状况可以看出，以上分

组可反映中国各省高尔夫球场发展情况，划分比较科学合理，符合实际情况。

表 3-3　中国内地各省份高尔夫分区状况表

分区	省（自治区、直辖市）
Ⅰ区（发达区）	北京、上海、广东
Ⅱ区（发展区）	辽宁、福建、浙江、江苏、山东、天津、海南、云南
Ⅲ区（次发展区）	河北、河南、四川、山西、黑龙江、吉林、安徽、湖南、湖北、江西、重庆、陕西、广西壮族自治区、内蒙古自治区、贵州、新疆维吾尔自治区
Ⅳ区（待发展区）	甘肃、宁夏回族自治区、青海、西藏

第二节

中国内地高尔夫球场发展预测

影响高尔夫球场发展的因子很多，但对于不同省份来说，每一个影响因子的作用却又不同，找到每区域主要的影响因子将会提高对高尔夫球场预测的方便性和准确性。用SPSS 对已聚类的各类指标中，每一发展区域影响高尔夫球场发展的因子进行相关性分析，挑出有代表性的指标作为典型指标，即每区域影响高尔夫球场发展的主要因子。

一、影响因子的相关分析

使用 SPSS 统计软件对因子作主成分分析，计算因子的贡献率和累积贡献率，选取累积贡献率达到 80% 以上的因子，发现每区域影响高尔夫球场发展的主要因子。各区域影响高尔夫球场个数的主要因子如下。

Ⅰ区：X_4　X_7　X_8　X_{13}　X_{14}

Ⅱ区：X_1　X_2　X_9　X_{10}

Ⅲ区：X_2　X_3　X_5　X_6　X_9　X_{11}　X_{12}

Ⅳ区：X_1　X_{11}

计算各区域球场数量和主要影响因子的相关度，得出相关系数（表 3-4、表 3-5、表 3-6、表 3-7）。

表 3-4　Ⅰ区相关系数表

项目	球场总数	进出口总额 x_4 /亿美元	第三产业比重 x_7 /%	行政面积 x_8 /万平方千米	常住人口 x_{13} /万人	旅游人数 x_{14} /万人
球场总数	1					
进出口总额 x_4 /亿美元	0.863 3	1				
第三产业比重 x_7 /%	−0.664 8	−0.840 84	1			
行政面积 x_8 /万平方千米	0.736 2	0.973 8	−0.695 9	1		
常住人口 x_{13} /万人	0.717 0	0.979 8	−0.715 7	0.999 6	1	
旅游人数 x_{14} /万人	0.885 4	0.114 9	0.441 0	0.337 4	0.311 0	1

表 3-5　Ⅱ区相关系数表

项目	球场数量	GDP x_1 /亿元	人均 GDP x_2 /元	不宜类土地面积 x_9 /万亩	水资源 x_{10} /亿立方米
球场数量	1				
GDP x_1 /亿元	0.728 158	1			
人均 GDP x_2 /元	0.879	0.341 812	1		
不宜类土地面积 x_9 /万亩	−0.754 55	−0.042 91	−0.464 39	1	
水资源 x_{10} /亿立方米	−0.845 3	−0.234 46	−0.596 53	0.577 669	1

表 3-6　Ⅲ区相关系数表

项目	球场总数	人均 GDP x_2 /元	城镇居民人均可支配收入 x_3 /元	实际利用外资情况 x_5 /亿美元	固定资产投资 x_6 /亿元	不宜类土地面积 x_9 /万亩	全年降水 x_{11} /mm	气温适宜月数 x_{12} /个
球场总数	1							
人均 GDP x_2 /元	0.654	1						
城镇居民人均可支配收入 x_3 /元	0.795 8	0.311 074 7	1					
实际利用外资情况 x_5 /亿美元	−0.746	0.372 068 3	0.189 256 909	1				
固定资产投资 x_6 /亿元	0.692 4	0.374 069 5	0.159 838 26	0.616 843 062	1			
不宜类土地面积 x_9 /万亩	−0.768	0.225 533 4	−0.326 959 65	−0.400 014 02	−0.317 501	1		
全年降水 x_{11} /毫米	0.766 9	−0.705 709	0.021 901 856	0.237 348 777	−0.066 739	−0.454 409	1	
气温适宜月数 x_{12} /个	0.856 6	−0.794 358	0.224 916 606	−0.275 537 98	−0.233 003	−0.438 932	0.684 8	1

表 3-7　Ⅳ区相关系数表

项目	球场数量	GDP x_1 /亿元	全年降水 x_{11} /mm
球场数量	1		
GDP x_1 /亿元	0.604 68	1	
全年降水 x_{11} /毫米	−0.656	−0.004 82	1

二、主要影响因子的分析说明

从以上相关系数表可以看出，选取的主要影响因子和每一区域的高尔夫球场数量相关度比较高。通过相关性分析可以看出，经济最发达、高尔夫球场已经较多发展的Ⅰ区，是我国经济、文化、城市建设等方面最发达的地区，社会发展和消费水平都比较高，这一组地区由于已经有相当高的经济实力和人均收入，所以高尔夫球场发展主要受到进出口总额、第三产业比重、行政面积、常住人口和旅游人口的影响，即外来经济因素、经济构成和人口因素对高尔夫球场的发展影响较大，而社会生产总额、实际利用外资情况等经济因素对其影响程度不大。

Ⅱ区主要是中国内地几个经济发展水平较高的省份，或是有优越的旅游资源，在发展高尔夫球场方面有很大的优势。这一地区发展高尔夫球场的主要影响因子为 GDP、人均 GDP、不宜类土地面积、水资源，说明这几个省高尔夫球场发展主要受到社会基本经济水平和自然资源的影响，土地、水源成为制约其发展的重要因素。

Ⅲ区是我国中部大部分地区，这些省份经济发展和社会发展水平在全国居中或是相对落后，自然资源和地理位置也大多没有优势，旅游资源也比较有限，这些省份发展高尔夫球场主要影响因子有人均 GDP、城镇居民可支配收入、实际利用外资情况、固定资产投资、不宜类土地面积、全年降水、气温适宜月数。可以看出，该区在发展高尔夫球场时受到的制约因素比较多，并且还是主要受经济因子的影响，其他影响因子有 GDP 和全年降水量，这说明这些地区高尔夫球运动的发展主要受社会经济发展水平和水资源的限制。

Ⅳ区主要是西部落后地区，这几个省份经济水平低，经济活动较少，社会融资不足，并且自然资源条件比较差，气候干燥，水资源、降水都较少，只有土地资源相对充足。

三、从经济因素、自然因素和人口因素的角度预测中国内地各省高尔夫球场数量

我国经济已经处于一个新的增长阶段，这就意味着我国高尔夫球场消费人群将不断增加，球场建设规模将逐年增长。高尔夫人才目前可谓奇缺，未来 10～20 年，我国将需要高尔夫管理、教育、科研、产业人才约 50 万～100 万人。从高尔夫消费人群的增长趋势和土地资源方面看，我国球场建设尚有很大的市场空间。但是究竟何时需要多少高尔夫球场还需要进一步考察、研究和规划。政府目前也正需要这样的预测数据来对当地社会、城市发展、产业结构等方面作相应的指导和规划。

通过对影响高尔夫球场数量的因子进行的相关性分析，再结合各项数据，用 SPSS 对其进行逐步回归从而得到的预测方程为

Ⅰ区：$Y=-35.762+0.002X_4+1.168X_7+0.412X_8+0.004X_{13}-0.002X_{14}$

复相关系数 R 为 0.998 542，R^2 为 0.997 086，调整后决定系数 R^2 为 0.982 516。

Ⅱ区 ：$Y=20.282+0.004X_1+0.000X_2-0.001X_9+0.005X_{10}$

复相关系数 R 为 0.964 193，R^2 为 0.929 668，调整后决定系数 R^2 为 0.835 891。

Ⅲ区：$Y=9.680-0.001X_2+0.001X_3+0.041X_5-0.000X_6$
$+0.000X_9-0.003X_{11}+0.977X_{12}$

复相关系数 R 为 0.959 100，R^2 为 0.919 872，调整后决定系数 R^2 为 0.849 760。

Ⅳ区：$Y=4.611+0.031X_7-0.011X_{11}$

复相关系数 R 为 0.991 453，R^2 为 0.982 979，调整后决定系数 R^2 为 0.948 937。

可以从 R 值看出，以上 4 个区域的回归方程拟合程度均十分好。根据逐步回归得出的方程，要预测某省未来高尔夫球场数量，只需代入需预测年份的相关因子数值，即可得出该年份某省球场大致数量，十分简易方便。

利用方程我们可方便地预测某省未来高尔夫球数量。以江苏省为例，归在Ⅱ区，高尔夫球场数量主要受到 GDP、人均 GDP、不宜类土地面积、水资源因素的影响。2006 年，江苏省 GDP 为 21 548.4 亿元，人均 GDP 为 28 685 元，不宜类土地有 1058.06 万亩，水资源总量为 204.00 亿立方米，代入方程得 2006 年江苏省高尔夫球场约 13.63 个，基本符合实际情况。若预测 2010 年江苏高尔夫球场数量，按年平均 GDP 增长率 11%、人口自然增长率 2% 来计算，到 2010 年，江苏省 GDP 将达到 41 738 亿元，人均 GDP 将达到 39 985 元，若不宜类土地和水资源总量变化忽略不计，代入方程则得出 2010 年江苏省高尔夫球场数大约为 17.93 个。到 2020 年，江苏省 GDP 将达到 108 257.62亿元，人均 GDP 将达到 106 117.44 元，代入方程则得出 2020 年江苏省高尔夫球场数量应该大约为 46.62 个。

四、从经济因素、自然因素和人口因素的角度预测 2010 年后未来 20 年中国内地各省高尔夫球场数量

利用以上预测方程，代入相关数据，可得出中国内地各省高尔夫球场 2010 年后未来 15 年的大致个数，如表 3-8 至表 3-13 所示。

表 3-8　Ⅰ区 2006～2026 年球场数量趋势

年份	省份	进出口总额/亿美元	第三产业比重/%	行政面积/万 km²	常住人口/万人	旅游人口/万人	预测球场数量/个
	北京						
2006		1 581.8	70	1.637 0	1 581	390.3	39
2011		4 709.03	70.8	1.637 0	1 593.28	560.33	54.01
2016		14 370.83	71.6	1.637 0	1 603.58	804.23	67.82
2021		43 856.30	72.2	1.637 0	1 613.95	1 154.58	82.09
2026		133 838.77	80	1.637 0	1 624.39	1 657.55	100.36
	上海						
2006		2 274.89	50.60	0.634 1	1 368.1	10 289.64	19
2011		6 148.36	52	0.634 1	1 359.71	13 067.84	34.52
2016		16 617.23	52.6	0.634 1	1 350.68	16 596.16	46.82
2021		88 466.50	53.4	0.634 1	1 341.56	21 077.12	59.02
2026		121 139.55	54.2	0.634 1	1 332.98	26 780.67	74.88

续表

年份	省份	进出口总额/亿美元	第三产业比重/%	行政面积/万 km²	常住人口/万人	旅游人口/万人	预测球场数量/个
	广东						
2006		5 272.24	42.25	18.000 0	9 304.00	12 801.64	46
2011		14 842.82	42.95	18.000 0	9 629.64	20 617.82	61.67
2016		41 857.12	43.75	18.000 0	9 966.68	33 812.67	75.66
2021		118 038.02	44.55	18.000 0	10 315.51	54 437.57	83.91
2026		332 864.56	45.35	18.000 0	11 459.23	87 644.49	98.09

表 3-9　Ⅰ区各省份 2010 年后未来 15 年球场数量预测结果　　单位：个

省份	2006 年	2011 年	2016 年	2021 年	2026 年
北京	39	54.01	67.82	82.09	100.36
上海	19	34.52	46.82	59.02	74.88
广东	46	61.67	75.66	83.91	98.09
合计	104	150.2	190.3	225.02	273.33

表 3-10　Ⅱ区各省份 2010 年后未来 15 年球场数量预测结果　　单位：个

省份	2006 年	2011 年	2016 年	2021 年	2026 年
辽宁	10	16.21	24.22	33.01	42.98
福建	9	20.02	32.68	45.98	65.62
浙江	9	19.52	31.62	43.32	64.67
江苏	14	27.32	40.78	54.90	69.56
山东	17	30.34	44.65	59.56	75.45
天津	8	16.87	23.13	35.76	46.76
海南	16	27.54	40.34	53.7	66.87
云南	7	15.45	23.87	37.07	52.23
总计	90	173.27	261.29	363.3	484.14

表 3-11　Ⅲ区各省份 2010 年后未来 15 年球场数量预测结果　　单位：个

省份	2006 年	2011 年	2016 年	2021 年	2026 年
河北	4	8.23	13.21	18.32	23.09
河南	3	6.54	10.65	14.05	18.76
四川	2	5.32	8.67	12.44	16.78
山西	1	4.76	9.08	14.57	18.45
黑龙江	2	6.45	11.67	17.08	23.34
吉林	2	6.90	10.56	16.22	22.23
安徽	2	5.01	8.67	12.42	16.23
湖南	3	6.76	11.03	16.70	22.16
湖北	3	7.09	13.20	18.83	23.83
江西	3	7.67	13.31	18.09	23.56

续表

省份	2006 年	2011 年	2016 年	2021 年	2026 年
重庆	3	8.98	14.98	20.31	25.36
陕西	2	5.69	9.56	13.78	17.87
广西壮族自治区	5	9.96	15.87	20.76	24.35
内蒙古自治区	2	5.09	9.56	14.45	19.67
贵州	1	3.56	7.98	12.12	16.37
新疆维吾尔自治区	2	5.43	8.12	12.90	16.87
总计	40	103.01	176	252.14	328.05

表 3-12　Ⅳ区各省份 2010 年后未来 15 年球场数量预测结果　单位：个

省份	2006 年	2011 年	2016 年	2021 年	2026 年
甘肃	1	1.34	1.67	1.82	2.02
宁夏回族自治区	0	0.78	1.03	1.34	1.53
青海	1	1.35	1.56	1.43	2.01
西藏	1	1.42	1.65	1.65	1.98
总计	3	4.89	5.91	6.24	7.54

表 3-13　中国内地 2010 年后未来 15 年球场数量预测结果　单位：个

年份	2006 年	2011 年	2016 年	2021 年	2026 年
全国	245	431.37	633.5	846.7	1 093.06

五、预测数据的验证

1. 用专家预测（德尔菲法）验证

德尔菲法是 20 世纪 40 年代末在美国兰德公司的“思想库”中发展出来的一种主观预测方法。德尔菲法确定预测目标，要选定若干个本领域的专家，为他们提供背景材料，令他们背对背地给出每个人的答案，经过几轮反馈，使不同意见趋于一致，最后汇总，用简单的统计方法（中位数、平均数法）进行收敛，得出比较统一的预测结果。

德尔菲法具有如下的形式和特点：

(1) 采用发函咨询的方式。这种方式令答询专家互不接触，以发函形式进行信息情报反馈，从而使得专家们有较多的时间进行充分思考，对所提出的问题可以畅所欲言，自由发表意见或评论。避免专家会员受会场气氛、心理因素等条件的影响。

(2) 通过至少三轮答询。反馈是德尔菲法的核心，对每一轮专家答询的反馈结果，经课题组织者汇总、整理、进一步提出问题，再反馈给每一位专家，以便专家们据此结果作出进一步的判断，以使最后结论具有较强的可靠性。

(3) 所咨询的专家由课题组织者指定，所选专家需对行业信息全盘了解，往往要参与国家决策的咨询或是有关政策的制定。专家们的意见表达要经过表格化、符号化、数字化的科学处理，使得出的结论便于统计分析。

第一轮专家预测 2016 年数据：400、500、600、800、900、1000、1200，众数为 1000，中位数为 850，平均数为 833.33。

预测 2026 年数据：900、1000、1200、1400、1600。众数为 1000，中位数为 1200，平均数为 1216.67（表 3-14）。

表 3-14　专家预测数据表（第一轮）　　单位：个

专家小组成员	预测 2016 年数量	数据	预测 2026 年数量	数据
1	400	400	900	900
2	500	500	900	1 000
3	600	600	1 000	1 200
4	600	800	1 000	1 400
5	800	900	1 000	1 600
6	800	1 000	1 200	
7	900	1 200	1 200	
8	1 000		1 400	
9	1 000		1 400	
10	1 000		1 400	
11	1 200		1 600	
12	1 200		1 600	
合计	10 000		14 600	
平均值	833.33		1 216.67	

第二轮专家预测 2016 年数据：400、500、600、700、800、1000，众数为 600、700，中位数为 650，平均数为 650。

预测 2026 年数据：800、900、1000、1200、1400，众数为 1000，中位数为 1000，平均数为 1066.67（表 3-15）。

表 3-15　专家预测数据表（第二轮）　　单位：个

专家小组成员	预测 2016 年数量	数据	预测 2026 年数量	数据
1	400	400	800	800
2	400	500	900	900
3	500	600	900	1 000
4	600	700	1 000	1 200
5	600	800	1 000	1 400
6	600	1000	1 000	
7	700		1 000	
8	700		1 000	
9	700		1 200	

续表

专家小组成员	预测 2016 年数量	数据	预测 2026 年数量	数据
10	800		1 200	
11	800		1 400	
12	1 000		1 400	
合计	7 800		12 800	
平均值	650		1 066.67	

注：专家预测原则上需要经过 3～4 轮，然后再将 3～4 轮预测数据进行数据分析。本预测问卷由于客观原因只进行了 2 轮调查，因此专家预测结果只作初步预测的参考依据

经专家预测得知，2016 年我国内地高尔夫球场的数量在 650 个左右，2026 年可达 1067 个左右。这和通过预测方程得出的未来球场数量大致相符，可见预测方程具有相当的科学性。

2. 用类比法验证

由图 3-2 可以看出，中国高尔夫球场的发展以 1994 年为重要分界点，大致可分为两个阶段：第一阶段为 1984～1994 年，开业的高尔夫球场数量、球洞数增长较为平缓；第二阶段：1995 年以后，开业的高尔夫球场、球洞增长趋势明显，且增幅大。

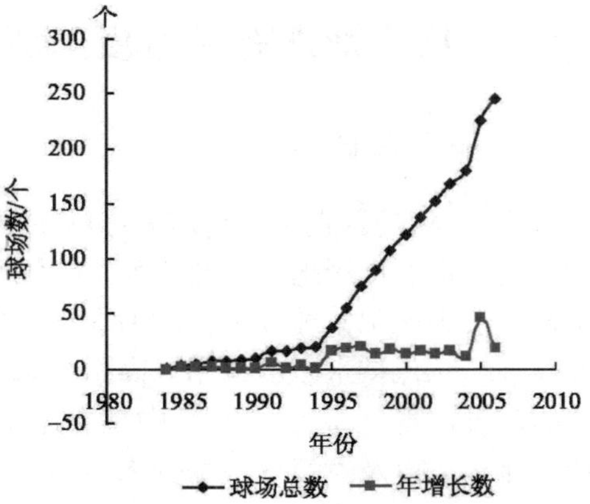

图 3-2　全国已开业高尔夫球场增长情况
数据来源：《2006 年中国高尔夫球场指南》及调查整理而得

表 3-16　全国已开业球场及球洞增长情况分析表

项目	时间	所用年	已开业球场数量/家	平均年增长速度/(家/年)
第一阶段	1984～1994 年	11	17	1.6
第二阶段	1995～2006 年	12	228	20.8
整体	1984～2006 年	23	245	11.65

从表 3-16 可以看出，1984～1994 年年底，全国已开业的高尔夫球场为 17 家，开业的球洞数为 522 洞，球场平均年增长速度为 1.6 家/年，球洞平均年增长速度为 47.5 洞/年。1995 年年初至 2006 年年底，全国已开业的高尔夫球场为 228 家，开业球洞 3888 洞，球场平均年增长速度为 19 家/年，是 1994 年前增长速度的近 12 倍；球洞平均年增长速度为 324 洞/年，是 1994 年前增长速度的近 7 倍。从 1984 年至 2006 年，开业球洞平均每年增长 191.74 洞，相当于每年增加 10.6 个 18 洞的高尔夫球场。

按照第二阶段的球场平均年增长速度（21 家/年）计算，可知

至 2016 年，全国开业的高尔夫球场数量增加：21×10＝210（家）

则，2016 年全国开业高尔夫球场数量：245＋210＝455（家）；

至 2026 年，全国开业的高尔夫球场数量增加：21×20＝420（家）

则，2026 年全国开业高尔夫球场数量：455＋420＝875（家）。

用类比法得出的预测数据和预测方程得出的数据趋势基本一致，但略小于预测方程和专家预测法所得出数据，主要是因为这种预测方法不能体现球场增加数量的变化，实际上球场的增长速度也是动态变化，不断增加的。若是考虑到球场增加速度变化的因素，则得出的数据也比较符合预测方程得出的数据。

第三节

从土地拥有量角度预测中国内地高尔夫球场数量

一、原理与计算

在 2004 年的调查中，高尔夫球场在国内建造涉及的未利用土地类型主要有：荒山荒坡、盐碱地、沼泽地、河流水面、湖泊水面、苇地、滩涂，以及垃圾填埋场等。将以上土地改造为高尔夫球场不仅能追求高尔夫球场多变的风格和崇尚自然的宗旨，并且具有改善环境、保持水土的作用，高尔夫球场对未利用地的可开发价值是巨大的。在调查中，高尔夫球场（25 个样本）中荒山荒坡、盐碱地、沼泽地、河流水面、湖泊水面、苇地、滩涂，以及垃圾填埋场等未利用地面积占球场用地面积的比率为 42.46%。

我国土地按用途分为三大类，即农用地、建设用地和未利用地。我国今后的高尔夫球场完全可以建在未利用地上，不利用农用地和建设用地。根据全国土地资源调查办公室 1996 年 10 月 31 日汇总的数据（未包含中国香港、中国澳门及中国台湾），我国未利用地共约 26 229.81 万 hm^2。除去 34% 的易开发土地（8914.80 万 hm^2）和 50% 的干旱少雨地区，则剩余 16% 的未利用地面积约为 4196.77 万 hm^2。按调查结果高尔夫球场占用未利用地 42.46% 的比例计算，约有 1781.95 万 hm^2 地可用于建造高尔夫球场。由于这样土地土质较差、主要分布在丘陵和低山地区以及其他一些农用效益差的废弃土地，都能够用于建造高尔夫球场，在此特将这类土地定义为“高尔夫球场建造潜在适应地”。高尔夫球场建造潜在适应地将成为高尔夫球场今后发展的场址平台（图 3-3）。

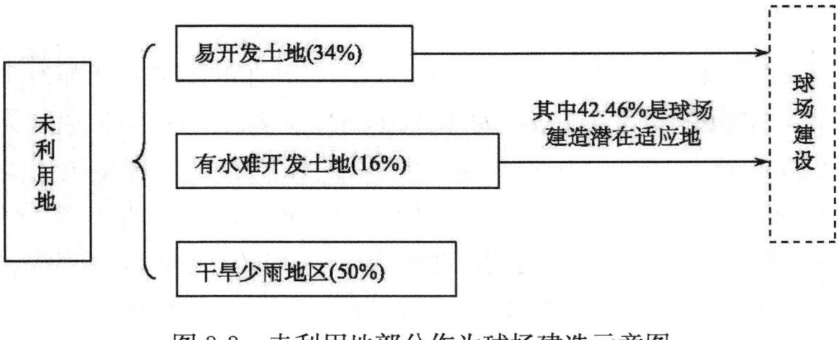

图 3-3　未利用地部分作为球场建造示意图

二、预测最大限度的高尔夫球场饱和数量

若利用上述“高尔夫球场建造潜在适应地”的1‰（即为整个国土面积的0.019‰）作为高尔夫球场建设用地，以80hm² 地为标准建设一家球场计算，可以初步推算出国内球场建造数量为223家；若利用这部分土地的5‰（即为整个国土面积的0.093‰）作为球场建设用地，则推算出国内球场建设数量为1114家；若利用这部分土地的1%（即为整个国土面积的0.186‰）作为球场建设用地，则推算出国内球场建设数量为2227家。在未利用土地中的易开发土地（8914.80万hm²）中，若利用这部分土地的1‰（即为整个国土面积的0.093‰）作为球场建设用地，则球场建设数量为1115家；若利用这部分土地的5‰（即为整个国土面积的0.465‰）作为球场建设用地，则推算出国内球场建设数量为5574家；若利用这部分土地的1%（即为整个国土面积的0.93‰约为千分之一）作为球场建设用地，则推算出国内球场建设数量为11 148家。国内目前有部分球场建造于未利用地中，部分球场的部分土地是未利用地，可以预言，高尔夫球场在今后实际建造中可能涉及高尔夫潜在适应地和未利用地中的易开发地。

若用这两部分土地的1‰（即为整个国土面积的0.112‰）作为球场建设用地，则球场建设数量为1338家；若利用这部分土地的5‰（即为整个国土面积的0.558‰）作为球场建设用地，则推算出国内球场建设数量为6688家；若利用这部分土地的1%（即为整个国土面积的1.116‰约为1‰）作为球场建设用地，则推算出国内球场建设数量为13 375家。以目前发达国家的经济水平和球场占地比例为参考（美国球场占国土总面积的1.61‰，韩国球场占国土总面积的1.37‰，日本球场占国土总面积的5.3‰），我国今后建设13 375家球场是较符合国情的。当然，高尔夫球场建造潜在适应地的多大比例作为球场建造用地是政府根据需要划分的，此处数据仅为在理想情况下粗略推测得出（表3-17）。

表3-17 不同用地比例计算最终球场饱和数量

比率/‰	高尔夫潜在适应地		未利用地中的易开发地		合计	
	球场数量/家	占国土比例/‰	球场数量/家	占国土比例/‰	球场数量/家	占国土比例/‰
1	223	0.019	1 115	0.093	1 338	0.112
5	1 114	0.093	5 574	0.465	6 688	0.558
10	2 227	0.186	11 148	0.93	13 375	1.116

三、预测高尔夫球场饱和数量实现的年份

利用趋势外推法预测可知，经过筛选的二次曲线模型Quadratic的预测方程为：$Y=12.181\,818-5.624\,647x+0.685\,912x^2$ $R^2=0.988\,44$

将表3-17中预测的球场饱和数量分别代入二次曲线模型，可计算高尔夫球场饱和数量实现的年份。其结果整理如表3-18所示。

表 3-18 预测饱和球场数量实现的年份

占国土面积比例/‰	饱和球场数量/家	需要时间/年	实现的年份
0.112	1 338	26	2 032
0.558	6 688	80	2 086
1.116	13 375	121	2 127

由表 3-18 可知，依照 22 年来的国内高尔夫发展形势及国家政策，预测饱和球场数量实现的情况如下：若高尔夫球场用地占用国土面积的 0.112‰，需要 26 年的发展，即 2032 年中国内地开业球场数量为 1338 家；若高尔夫球场用地占用国土面积的 0.558‰，需要 80 年的发展，即 2086 年中国内地开业球场数量达到 6688 家；若高尔夫球场用地占用国土面积的 1.116‰，需要 121 年的发展，即 2127 年中国内地开业球场数量为 13 375 家。

第四节

海南省高尔夫球场数量预测和发展研究

一、海南高尔夫球场发展概况

海南作为旅游大省，高尔夫旅游已成为海南旅游六大产品之一，近年来海南省高尔夫运动发展迅速，截至 2008 年 6 月，海南开业球场 20 个，已开工建设 3 个，共计 23 个。根据中国高尔夫球协会场地委员会 2008 年的统计资料可知，海南高尔夫球场数量和上海市球场数量均为 23 个，在全国仅落后于广东（65 个）、北京（50 个）、山东（27 个），位于第 4 位。海南球场每年都有相当数量的增加，建设"高尔夫球岛"，推出高尔夫球作为"岛球"的品牌概念，成为近年来热门的话题。深度开发高尔夫度假游，积极发展足球冬训、高尔夫球、帆船训练、潜水培训等重点体育产业写进了《海南省国民经济和社会发展"十一五"规划》，海南高尔夫产业发展得欣欣向荣，已经初具一定规模和地方特色。

1989 年 9 月，海南岛第一家高尔夫球场——海南台达高尔夫俱乐部开始规划建设，1995 年 5 月底，占地 1600 余亩的台达高尔夫球场开始对外营业，标志着海南省高尔夫产业开始起步。海南省高尔夫球场数量和球洞数呈不断增长趋势，2007 年年底，已建成高尔夫球俱乐部 20 个，2008 年有 3 个球场开业，共计高尔夫球洞数为 450 个。

从图 3-4 可以看出，高尔夫球场在海南省发展的 13 年中，高尔夫球场数量和年增长数量呈不断增长趋势。除 1997 年、1999 年、2000 年、2005 年和 2006 年 5 年没有球场开业外，其余各年份均有高尔夫球场开业。从年度球场开业情况看，2002～2004 年是海南高尔夫球场开业最多的年份，3 年共有 10 家球场开业，超过 1995～2001 年开业球场的总和。2007 年和 2008 年共有 6 家球场开业，迎来了海南高尔夫球场开业的第二个高峰。通过分析海南球场数量的增加变化可以将海南高尔夫球场的发展分为两个阶段：第一个阶段为 1995 年至 2001 年的起步阶段，共计开业 7 家球场，每年开业 1 家球场；第二个阶段为2002～2008年的快速发展阶段，共计开业16家球场，每年开业2.3家球场。至此，海南高尔夫球场数量达到23家，在全国由以前的第五位上升为并列第四位。

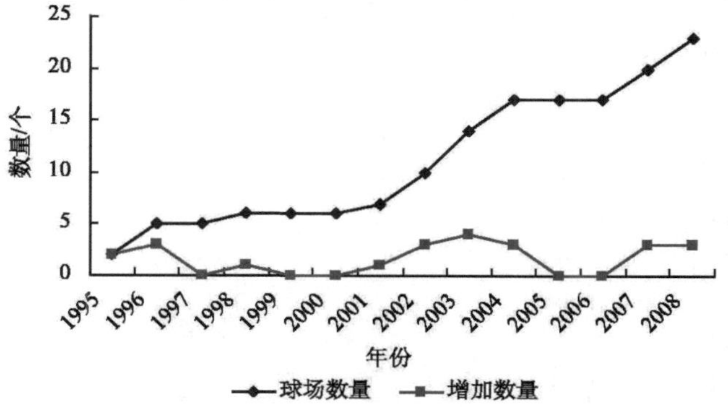

图 3-4　海南省高尔夫球场数量增长图

2008年年底，海南省已建成23个球场，其分布也和国内大多数省份一样，分布地区相对较少。在全省18个地级市县中，有9个市已建有高尔夫球场，主要集中在东北部经济和文化发达的地级市县，海南中、西部经济相对落后的地区还没有建成高尔夫球场。海南球场主要分布在四大地区：三亚6个，海口5个，万宁4个，琼海3个，四个地区的球场占据全省球场的总数的78%（表3-19）。

二、海南未来高尔夫球场发展预测

1. 类比法预测

海南高尔夫球场的发展以2001年为重要分界点，大致可分为二个阶段：第一个阶段为1995～2001年，开业的高尔夫球场数量、球洞数增长较为平缓；第二阶段为2002～2008年，开业的高尔夫球场、球洞增长趋势明显，且增幅大。2002年年初至2008年，海南开业的高尔夫球场为16家，球场平均年增长速度为2.3家/年，是2001年前平均年增长速度的2.3倍；2002年年初至2008年开业球洞315洞，球洞平均年增长速度为45洞/年，是2001年前平均年增长速度的近2.4倍。1995～2008年，开业球洞平均每年增长32.1洞，相当于每年增加1.8个18洞的高尔夫球场。按照第二阶段的球场平均年增长速度（为2.3家/年）计算，至2015年和2028年，海南高尔夫球场增加数量将分别为14家和46家，则海南2015年和2028年开业高尔夫球场的数量将分别为37家和69家。

2. 时间序列平滑法预测

由于影响预测对象的因素错杂复杂或有关影响因素数据资料无法得到，因果回归分析法无能为力，此时则采用时间序列分析法，以时间 t 综合代替这些因素就能达到预测的目的。时间序列分析法是依据预测对象过去的统计数据，找到其随时间变化的规律，建立时序模型，以推断未来数值的预测方法，其基本设想是：过去的变化规律会持续到未来，未来是过去的延伸。

表 3-19　海南高尔夫球场名录

市县	序号	球场名称	地址(选址)	球洞数/洞	面积/亩	业主单位(或投资方)名称	开业时间/年
海口	1	海口美视高尔夫俱乐部	海口市滨海西路 88 号	27	990	美视高尔夫俱乐部有限公司(香港)	2003
	2	海南西海岸高尔夫球会	海口市滨海西路 49 号	18	1 200	海口长秀高尔夫球俱乐部	2004
	3	东山高尔夫球俱乐部	海口东山海榆中线 27 公里处	18	2 000	香港建旺公司	2003
	4	海南台达高尔夫球俱乐部	海口琼山区云龙镇	18	1 600	海南台达旅业开发公司(台湾)	1995
	5	海南依必朗高尔夫球俱乐部	海口琼山区红旗镇	18	2 000	海南依必朗旅业公司(日本)	1995
三亚	6	亚龙湾高尔夫球场	亚龙湾	18	1 000	光大集团	2002
	7	日出观光高尔夫俱乐部	南山	18	1 300	日出观光旅行社(日本)	2001
	8	红峡谷高尔夫球会	亚龙湾	27	1 500	香港东迅(国际)发展有限公司	2004
	9	红棠湾高尔夫球会	天涯红塘镇	18	3 000	(台湾)	2007
	10	鹿回头高尔夫球会	河东鹿回头山下	18	2 100	上海明申集团	2007
	11	三亚陵水香水湾高尔夫	三亚陵水香水湾	18		津永泰红　地产集团	未开业
文昌	12	文昌谭牛乡村高尔夫球场	谭牛镇	18	2 500	海南宏发置业有限公司(马来西亚)	2002
琼海	13	博鳌高尔夫乡村俱乐部	博鳌镇沙坡岛	18	1 200	博鳌控股	1996
	14	博鳌亚洲论坛国际会议中心高尔夫球场	博鳌镇	18	1 650	中远湖南建设	2004
	15	白石岭国际高尔夫球场	琼海市官塘温泉休闲度假区	18	2 000		未开业
万宁	16	南燕湾高尔夫球场	万宁市礼纪镇南燕湾	18	1 200	海南现兴旅业有限公司	1996
	17	康乐园温泉高尔夫球场	兴隆镇	18	2 400	海航	1998
	18	康乐园橡树林高尔夫球场	兴隆镇	18	2 000	海航	2003
	19	康乐园太阳河高尔夫球场	兴隆镇	18	1 800	海航	2003
定安	20	南丽湖国际高尔夫球场	南丽湖风景区	27	1 680	华田(南丽湖)国际高尔夫俱乐部	1996
澄迈	21	月亮湾高尔夫球会	南海大道西 19 公里处	27	1 500	海南旭华高尔夫俱乐部有限公司	2002
保亭	22	七仙岭高尔夫球场	七仙岭	18	1 488	喜来登集团(香港)	2007
儋州	23	儋州红树林高尔夫球会	海南省洋浦经济开发区	18			未开业

资料来源:2008 年中国高尔夫球协会场地委员会统计资料和海南省环境科学研究院调查收集资料整理数据

时间序列平滑法是利用时间序列资料进行短期预测的一种方法。其基本思想在于：除一些不规则变动外，过去的时序数据存在着某种基本形态，假设这种形态在短期内不会改变，可以作为下一期预测的基础。平滑的主要目的在于消除时序数据的极端值，以某些较平滑的中间值作为预测的依据。

在 SPSS 软件中的 exponential smoothing（指数平滑法）中选择了 custom（自定义指数平滑法）中的 linear（线性趋势）和 exponential（指数平滑）这两种方法进行预测，分析结果如表 3-20 所示。比较分析，linear 线性趋势平滑法预测 2015 年和 2028 年开业球场的数量分别为 41 家和 75 家，此结果优于 exponential 指数平滑法的预测结果 68 家和 510 家，可以参考。

表 3-20　平滑预测数据表

年份/年	开业球场数/家	预测值 1	err-1	预测值 2	err-2
1995	2	2.8	−0.807 69	3.2	−1.162 28
1996	5	3.1	1.869 23	3.5	1.459 50
1997	5	7.3	−2.252 31	11.1	−6.133 87
1998	6	5.9	0.099 08	6.5	−0.491 51
1999	6	7.0	−0.960 37	6.5	−0.518 74
2000	6	6.4	−0.384 15	6.1	−0.054 60
2001	7	6.2	0.846 34	6.0	1.040 60
2002	10	7.7	2.338 54	7.9	2.081 54
2003	14	12.1	1.935 41	13.9	0.096 13
2004	17	17.2	−0.225 83	20.0	−2.989 18
2005	17	20.1	−3.090 33	21.4	−4.389 87
2006	17	18.2	−1.236 13	17.6	−0.580 19
2007	20	17.5	2.505 55	16.7	3.314 63
2008	23	22.0	1.002 22	22.7	0.321 44
2009		25.6		26.8	
2010		28.2		31.3	
2011		30.8		36.6	
2012		33.4		42.7	
2013		36.0		49.9	
2014		38.6		58.2	
2015		41.2		68.0	
2016		43.8		79.4	
2017		46.4		92.7	
2018		49.0		108.3	
2019		51.6		126.5	
2020		54.2		147.7	
2021		56.8		172.4	
2022		59.4		201.4	
2023		62.0		235.2	
2024		64.6		274.6	
2025		67.2		320.7	
2026		69.8		374.4	
2027		72.4		437.3	
2028		75.0		510.6	

3. 模型预测

为了全面分析影响海南高尔夫相关的因子，以经济为主要指标，并结合经济、人口、旅游人数等海南实际情况，初步选出 GDP、人均 GDP、城镇居民可支配收入、进出口总额、实际利用外资情况、固定资产投资、第三产业比重旅游人数、城镇居民人均可支配收入、常住人口 10 个变量作为影响海南高尔夫球场发展因子，各因子 1995～2007 年的具体情况如表 3-21 所示。

通过对影响高尔夫球场数量的因子进行的相关性分析，利用表 3-21 的各项数据，用 SPSS 对其余 9 个变量进行逐步回归从而得到的预测方程为

$$Y=38.65-0.069X_1-2.66X_3+0.017X_4-0.001X_7+0.118X_8+0.074X_9+0.088X_{10}$$

方程复相关系数 R 为 0.991，R^2 为 0.983，调整后决定系数 R^2 为 0.958，可以从 R 值看出，回归方程拟合程度均十分好。

利用方程我们可方便地预测海南未来高尔夫球场的数量。根据各指标过去 10 年的增长情况，假定在未来 20 年内海南省 GDP、城镇居民人均可支配收入和固定资产投资年均增长 8%，旅游人数和进出口总额年均增长 10%，常住人口年均增长 1.5%，第三产业比重维持在 39.28% 不变，分别算出各指标值（表 3-21）带入方程，得出海南 2015 年、2020 年和 2028 年高尔夫球场数量分别为 29.8 家、41.8 家和 75.4 家。

4. 从土地拥有量预测高尔夫球场数量

通过对海南 20 家球场的调查，有 17 家高尔夫球场就土地类型接受了调查，荒山荒坡、沼泽地、河流水面、湖泊水面、苇地、滩涂，以及垃圾填埋场等未利用地面积占球场用地总面积的比率为 28.51%。在调查的过程中发现，高尔夫球场用地占地类型丰富，其中也不免有占用农用地的球场。从表 3-17 可看出，海南仅有 4 家 27 洞球场，其余 19 家均为 18 洞球场。在调查的 17 家球场中，球场平均占地面积为 106hm²，球场占地面积为 1805.14hm²，占海南行政土地面积的万分之五；如果只算球场会馆等基本设施，不含房地产及其他配套设施，球场平均占地面积为 82.6hm²，球场占地面积为 1404.3hm²，占海南行政土地面积的万分之四。

根据《海南省土地利用总体规划（1997～2010 年）》中的数据：海南省未利用土地面积为 409 339hm²，占全省土地总面积的 11.6%。其中滩涂有 144 460hm²（含西沙群岛、中沙群岛、南沙群岛滩涂 89 616hm²）、荒草地有 251 473hm²，分别占未利用土地面积的 35.3%、61.4%。除去未利用土地中的宜耕地 27 860hm² 不用于建造高尔夫球场，除去西沙群岛、中沙群岛、南沙群岛滩涂 89 616hm² 不能用于建设高尔夫球场外，约有 291 863hm² 地可用于建造高尔夫球场。按调查结果海南已建高尔夫球场占用未利用地 28.51% 的比例计算，约有 83 210hm² 地可用于建造高尔夫球场，按照调查的球场平均占地面积为 82.6hm² 计算，可以建造 1007 家高尔夫球场，即使用这些面积的 1/10，也还可以建设 100 家高尔夫球场。

由以上分析可以看出，在确保海南耕地和粮食安全之后，土地因子不是海南高尔夫行业的限制因子。单从土地情况看，海南在目前基础上再建造 50～100 个高尔夫球场与“十分珍惜和合理利用每一寸土地”的基本国策不矛盾，甚至是对国策科学性和正确性的具体体现。

表 3-21 海南高尔夫影响因子情况

年份	GDP/亿元 X_1	人均 GDP/元 X_2	第三产业比重/% X_3	旅游人数/万人 X_4	第三产业实现增加值/亿元 X_5	实际利用外资/亿美元 X_6	城镇居民人均可支配收入/元 X_7	常住人口/万人 X_8	进出口总额/亿美元 X_9	固定资产投资/亿元 X_{10}	球场球洞数量/洞	球场数/家
1995 年	363.25	5 063	42.91	361.01	155.87	27.8	4 770	702.42	22.67	198.07	36	2
1996 年	389.68	5 346	42.86	485.80	167.01	2.7	4 926	714.06	22.86	185.93	99	5
1997 年	411.16	5 567	43.66	791.00	179.51	2.8	4 850	724.53	19.49	167.83	99	5
1998 年	442.13	5 912	44.03	855.97	194.66	1.4	4 853	733.31	19.09	183.33	117	6
1999 年	476.67	6 294	43.65	929.07	208.04	7.9	5 338	743.21	12.18	190.13	117	6
2000 年	526.82	6 798	43.82	1 007.57	230.85	1.3	5 358	760.94	12.87	193.45	117	6
2001 年	579.17	7 315	42.92	1 124.76	248.56	1.5	5 839	769.5	17.62	206.43	135	7
2002 年	642.73	8 041	42.16	1 254.96	270.96	2.3	6 823	778.89	18.66	225.77	198	10
2003 年	713.96	8 849	41.16	1 234.10	293.85	2.9	7 259	790.26	22.78	276.34	279	14
2004 年	819.66	10 067	40.91	1 402.89	335.3	7.02	7 736	805.88	34.02	325.28	342	17
2005 年	905.03	10 998	40.97	1 516.47	373.75	3.42	8 124	819.03	25.91	379.43	342	17
2006 年	1 052.85	12 654	39.94	1 605.02	420.57	10.51	9 395	833.44	28.46	426.01	342	17
2007 年	1 229.60	14 631	39.28	1 845.51	483	11.2	10 997	845.03	73.58	502.25	396	20
2015 年	2 275.904	—	39.28	3 956.015	—	—	20 354.68	951.92	157.725 3	929.629 7	—	29.8
2020 年	3 344.049	—	39.28	6 371.201	—	—	29 907.7	1 025.488	254.018 1	1 365.931	—	41.8
2028 年	5 731.113	—	39.28	12 415.67	—	—	51 256.55	1 138.133	495.009 4	2 340.966	—	75.4

注:统计数据来自《海南统计年鉴 2007》和《2007 年海南省经济和社会发展统计公报》;球场数据来自中国高尔夫球协会场地管理委员会和海南省环境科学研究院调查收集资料;2015 年、2020 年和 2028 年各项数据为推算数据

高尔夫球场用地灵活、适地性强、规模可大可小，能在不同地理环境、不同土地类型上建造。如前所述，海南目前大多数球场都利用了一部分未利用地，并且在调查中发现已建球场利用未利用地占球场用地的28.51%。只要对海南高尔夫的发展加以正确指引、严格监督，使之向有利于土地资源合理与节约利用的方向发展，高尔夫球场的发展就完全可以避免占用农用地，尤其是耕地，可以在未利用地上适度发展。

三、海南高尔夫产业发展建议

海南省委书记卫留成在2005年12月提出“高尔夫球岛”概念；副省长陈成2005年11月提出“海南省规划再建造100个高尔夫球场，甚至200～300个，让高尔夫球成为海南岛的‘岛球’”；海南体育产业发展总体规划布局“一岛三地一中心”等信息不断被媒体披露，一时间，“海南要大力发展高尔夫”、“海南要建100个高尔夫球场”成为高尔夫界、新闻媒体和网络的热门话题。尽管2002年以来海南高尔夫行业发展迅速，但是海南高尔夫产业如何走出一条适合海南省情的特色之路，如何解决海南高尔夫产业目前面临的问题，最终实现“高尔夫球岛”的梦想，需要政府、行业以及相关产业的共同努力。

1. 规划科学合理、发展重视质量

海南省委、省政府提出了“旅游强省”、“生态岛”、“健康岛”、“高尔夫球岛”等众多发展战略，对于海南高尔夫的发展，需要一个科学合理、符合实际、操作性强的发展规划。虽然省文体厅提出了“一岛三地一中心”体育产业发展总体规划（刘秉果，2005），但目前仍然没有制定“高尔夫球岛”的战略规划和实施步骤，没有编制“高尔夫球岛”的产业规划及其实施细则。需要从全省战略和时代发展的高度，结合海南旅游产业和体育产业发展规划，制定科学合理的高尔夫发展规划，制定用地、税收、审批等方面的优惠政策。在新一轮高尔夫投资建设热潮来临的时候，新球场的规划和建设一定要置于政府部门的有效控制之下，尤其在项目选址、区域布局、球场类型、环境评估等方面必须经过慎重研究后才能批准动工，以求在资源配置、市场容量、经营回报等方面收到令各方满意的结果。

海南目前已经有23家球场，数量上已经具备一定规模。省文体厅经过论证，提出了在“十一五”期间内让海南高尔夫球场数量达到30个的目标。但是衡量一个地区高尔夫发展水平的绝不是球场的数量，而是球场数量与质量、球场服务与经营水平。研究表明，一个地区高尔夫俱乐部数量与质量的科学合理比例为：高档球场、中档球场和低档球场（包括公众球场）的比例为2∶3∶5。从海南目前高尔夫球场的发展看，高档高尔夫球场凤毛麟角，中档和低档球场较多。

因此海南应有计划地、适量地增加海南高尔夫球场的数量，切忌不考虑海南旅游业发展的实际状况和高尔夫行业的实际需求，一哄而上，造成僧多粥少、争抢客源的局面。在规划新球场项目时，要对球场类型精心选择，打造一批世界百佳球场，形成规模和品牌效应，不仅使海南球场风格日趋多样，促进海南高尔夫整体水平的提高，而且为打造海岛高尔夫天堂做好铺垫。

2. 紧抓旅游特色，积极开发国内外高尔夫市场

阳光、海水、沙滩、温泉、清洁空气等国际流行的旅游元素是海南旅游的核心要素，休闲、度假、健康、生态是海南旅游的最大两点，海南岛得天独厚的地理位置和气候资源，使海南成为亚洲最有希望的高尔夫度假旅游目的地，而旅游也成了海南高尔夫的特色。海南高尔夫产业应该抓住旅游业产业结构转型的机遇以及旅游这个特色，把海南高尔夫做大做强，提升“海岛高球”的品牌，努力开拓国内外高尔夫市场，实现高尔夫产业快速品牌化发展。

要提高服务质量，扩大国内高尔夫旅游市场。海南高尔夫旅游虽然已经在国内小有名气，但云南高尔夫旅游市场与其构成直接竞争。和云南地区高尔夫球场相比，海南虽然气候条件、经济发达程度以及球场知名度和人气不占优势，但是海南具有云南没有的南国风光和迷人的海滩景观，同时可以通过提高服务质量来提高国内高尔夫旅游市场的份额。因此，海南高尔夫行业要积极提升服务质量，在球场的预订、个性化服务、球场草坪质量、球童服务质量等方面下工夫，提升高尔夫行业的整体竞争水平。

要加强对外宣传力度，积极开拓日本、韩国等国外高尔夫旅游市场。海南地处东南亚的中心，具有优越的地理优势、气候优势、丰富的旅游资源和快速发展的对外贸易。海南省应抓住自身这个独特优势，充分利用世界小姐总决赛和博鳌亚洲论坛等交流平台，加强与韩国、日本等东南亚政府及旅游企业的合作，探索双方地方政府、旅游行政部门、旅游大型企业建立战略合作关系的有效机制，共同开展包括高尔夫专项旅游开发与宣传促销在内的战略合作，推动东南亚高尔夫爱好者到海南打球。

3. 建立适合海南高尔夫产业特点的经营管理理念

毫无疑问，对于一般的高尔夫球俱乐部而言，销售会员证是最好的快速收回投资、保证球员忠诚度的途径。然而，海南属于旅游区，本地打球客源少，外地人群多，外地球客在海南支付数十万元的费用购买会员证的可能性很小。因此，如何增加对球客的驱动力，想办法让球客从单次消费转为多次消费，进而成为“忠诚的消费者”，成为海南高尔夫球场经营管理的关键因素。要改变销售会员证困难、球场客源不稳定的现状，海南高尔夫行业必须建立适合海南高尔夫特点的多种经营管理理念。

4. 积极举办高水平高尔夫赛事

高级别的高尔夫球赛事能够广泛聚集人气，显著扩大球场影响，增强旅游目的地吸引力。TCL 高尔夫精英赛 2005 年在三亚成功举办，这是欧巡赛首度登陆海南，众多世界名将带来的明星效应，扩大了海南高尔夫的影响。虽然海南每年都举办亚巡赛、中巡赛和其他不同级别的业余赛事，但是赛事次数太少，和上海、北京、深圳等高尔夫发达地区相比还有相当大的差距。海南应该每年举办更多场次的国际高尔夫赛事，提高赛事的规模和级别，利用名人和媒体效应，引起轰动，形成卖点，塑造品牌，吸引更多的东南亚球迷来海南打球。特别是要经常邀请世界各国媒体、高尔夫球协会、旅行商和高尔夫顶尖高手来海南进行采访、考察与比赛，积极宣传和推介海南高尔夫旅游专项产品，努力宣传海南高尔夫的旅游品牌，扩大海南高尔夫旅游的知名度和影响力。

5. 推广普及高尔夫运动，促进本土高尔夫人口增长

海南高尔夫行业在未来要持续、健康、稳定地发展，彻底解决高尔夫行业销售会员证困难、球场客源不稳定的现状，实现“高尔夫球岛”发展战略，除了充分挖掘高尔夫旅游的潜力，还需要扬长避短，努力在岛内推广和普及高尔夫运动。如果高尔夫面向了大众，就可以让更多的人走进球场，使高尔夫人群数量增多，这样高尔夫运动才可以更好地发展。

目前海南的23家球场全部为18洞以上的大型球场，没有公众球场，用于普及高尔夫运动的微型球场、社区型球场、过渡型球场甚至独立高尔夫练习场均很少。推广普及高尔夫运动的关键就是积极建设高尔夫练习场，以较少的投资去建造一些微型球场、社区型球场、过渡型球场、三杆洞球场和公众球场。只有让球场趋于小型化，服务大众化，为城市居民提供价格适中的打球服务，才能培养本地打球人口，提升人们的小康生活水平，才能在球场经营、投资回报方面获得较好的效果。

GOLF

第四章

高尔夫球场与环境

第一节

概　述

高尔夫球运动是在阳光、绿地、湖泊为主调的场地上开展的一项集运动、休闲、健身、娱乐和社交等为一体的体育活动。高尔夫球运动自 14 世纪在苏格兰起源以来，已有 600 多年的历史，世界各地早已盛行该项运动，在发达国家，无论是总统、皇室人士等达官贵族还是平民百姓，都深爱这项运动。从 1984 年我国第一家高尔夫球场开业至今，我国的高尔夫产业已发展成为初具规模的朝阳产业。随着我国进一步的改革开放和经济的持续发展，特别是加入 WTO 以后，我国的高尔夫产业将会得到更迅速的发展。尤其是随着人民生活水平的提高和消费观念的转变，爱好高尔夫运动的人逐年增加，需要更多的球场满足人们的要求，这种供求关系的增长是带动中国高尔夫产业发展的原动力。

最近 20 年，或许没有其他问题比高尔夫球场及其养护对环境的影响这一问题对高尔夫运动产生的影响和冲击更大的了。为了得到高质量的草坪和良好的击球草坪面，高尔夫球场在建植和养护草坪的过程中必然要进行施肥和施用杀虫剂、杀菌剂、除草剂等作业。而高尔夫球场草坪大多建植在透水性良好的砂壤土上，这些作业很可能对环境产生威胁和影响。由于农业生产中施用农药化肥给环境带来了令人担忧的污染问题，遭到环境组织和媒体的广泛批评，所以人们也开始担心或指责高尔夫球场在运营过程中施用农药化肥对环境的影响。虽然公众、环境组织和媒体对高尔夫球场及其养护对环境的影响的指责没有直接的证据，或者提供的证据并不存在，但是要弄清楚以下问题，即高尔夫球场施用农药化肥是否对环境造成污染；了解高尔夫球场施用农药化肥后的去向；如何在不影响环境的前提下，最大限度地提高高尔夫球场草坪的质量来满足人们越来越高的运动要求；如何确保高尔夫球场对人类和野生动植物是有益的等，只有通过科学研究。

有一些人认为高尔夫球场给草坪浇水、施用化肥和农药，会造成对环境的污染和破坏，因此将高尔夫球场称为“绿色荒漠”。问题在于我们并不确切了解高尔夫球场施用农药和化肥对环境的影响有多大，是利大于弊还是其他结论。由于高尔夫球场建设对原始自然景观的影响和已建球场施用化肥、农药问题，高尔夫球场遭到猛烈抨击。虽然在许多情况下，关于球场的消极作用的无根据言论是由那些企图扼杀高尔夫发展或草坪业发展的反发展群体传播出来的，但是由于农业生产中施用农药化肥给环境带来了令人担忧的污染问题，并遭到环境组织和媒体的广泛批评，所以人们对高尔夫球场运营过程中施用农药化肥对环境的影响给予关注并不是没有道理的。人们提出建设高尔夫的有关环境问题，是出于对高尔夫环境问题的诚挚关切，是值得高尔夫行业调查研究和采取行动的。

在美国，直到 20 世纪 70 年代，人们才开始关注高尔夫球场的环境问题。20 世纪 70 年代末 80 年代初，美国加利福尼亚州和其西部一些州发生连续大范围的干旱，造成水资源严重短缺，政府不得不严格限制居民和企业用水。在这种情况下，用水量较大的高尔夫球场成为人们指责的焦点，因为公众认为应该优先保证居民用水，减少或停止对高尔夫球场供水。到了20世纪80年代中期和90年代是美国高尔夫球场建设繁荣时期，但因高尔夫球场建设对原始自然景观的影响和已建球场施用化肥、农药等问题，高尔夫球场再次遭到猛烈抨击。

多年来，欧洲的一些公众也对欧洲高尔夫球场的土地和水资源利用、化学物质的施用、自然景观以及野生动物保护等问题提出质疑或批评指责。为了研究高尔夫球场与环境的关系，更好地推动欧洲高尔夫运动的发展，欧洲高尔夫球协会（European Golf Association）、圣安德鲁斯皇家古老高尔夫俱乐部（Royal and Ancient Golf Club of St Andrews）和欧洲职业高尔夫巡回赛协会（PGA European Tour）决定联合成立一个专门研究机构来研究高尔夫环境问题。1994年1月这个机构——欧洲高尔夫协会生态联盟（European Golf Association Ecology Unit）成立。该机构于1997年出版《高尔夫球场管理手册》一书，对高尔夫的环境问题作了详细的总结。

虽然高尔夫运动在中国只有短短20年的发展时间，但是高尔夫在中国引发的环境问题对高尔夫发展也产生了巨大的影响和冲击。有人认为高尔夫污染环境，浪费水资源，甚至有人认为高尔夫球场植物单一、用水量惊人、喷洒农药过多，无异于“城市中的绿色荒漠”。要保证中国高尔夫运动持续、健康发展，必须就高尔夫环境问题展开深入的研究。我们在借鉴和引用国外相关研究结果的同时，必须注意到中国高尔夫球场的管理水平、气候、农药化肥产品与发达国家不尽相同，应深入开展一些符合中国实际情况的研究。

美国高尔夫球协会（USGA）资助的研究代表了高尔夫与环境研究的最前沿。美国高尔夫球协会把科学研究作为美国乃至世界高尔夫球场草坪及其资源管理、高尔夫球场可持续发展和环境保护的动力。为了提高高尔夫球场的运动条件和增强高尔夫运动的娱乐性，自1983年以来，美国高尔夫球协会为400个项目提供了3700多万美元的资助。这些研究项目包括球场建造、草坪综合养护管理方案、高尔夫球场与环境、土地可持续利用、野生动植物等。

高尔夫球场与环境研究主要包括以下四个方面：合理利用有限的水资源、高尔夫球场与水资源的污染、高尔夫球场建造与自然景观保护、高尔夫球场与人类和野生动植物的关系。

系统介绍国内外高尔夫与环境的研究情况，可以加深高尔夫业内人士对这些问题的认识、理解，并让高尔夫运动以外的人们了解高尔夫球场与环境的关系，让他们确信高尔夫球场对环境是有益的。

第二节

高尔夫球场与水资源合理利用

水资源合理利用的研究焦点主要包括四个方面：培育节水型的改良草种或品种、制定节水的草坪养护管理措施、研究利用污水或者再生水浇灌草坪、研究开发新的浇水技术。

利用有限水资源研究的出发点是培育新的显著节水的草坪草种和品种，其主要的目标就是显著减少草坪用水量和养护费用。这就要求提高每一草坪草种的特殊性状，如耐旱性、耐热性以及恢复力等。这是一个长期的目标，但是目前已经取得了进展，如匍匐翦股颖，改良草种已经由无性繁殖到获得 Penncross 品种，再到目前的种植品种。又如杂交狗牙根，现在也在研究如何获得高质量的靠有性繁殖的草坪品种。

这项研究的另一途径就是用已经改良的耐旱、耐热的优良抗逆草坪草代替对逆境敏感的草坪草。野牛草和日本结缕草就是典型的例子。野牛草现已广泛用来取代高尔夫球场障碍区和其他地方的草地早熟禾和多年生黑麦草。现在某些地方也用野牛草来建植球道草坪，以便获得较好的节水效果。另外，也研究扩展目前已有的耐逆性优良草坪草的适应区域和种植范围，借此取代抗逆性差的草种，如通过改良暖季型草坪草狗牙根的耐寒性，来代替过渡地带的匍匐翦股颖和多年生黑麦草。狗牙根的推广能极大程度地减少这些地区的水分和农药的消耗。

数十年来，美国已经资助 Rutgers University、Oklahoma State University、University of Georgia 等多个大学的草坪育种项目，并已经获得显著成果。在 20 世纪 80 年代开展的这些研究工作已经进行了数十年，许多改良的栽培品种或者品系已经进入市场或被草种公司进一步开发。这些改良品种或品系都表现出了更好的草坪草特性、抗逆性或抗病性。随着研究的不断深入，未来会有更多的优良品种涌现，高尔夫行业在节约和保护自然资源方面将扮演更重要的角色。

节约水资源的另一途径就是循环水的利用。美国高尔夫协会（USGA）已经资助了多项有关再生水和废水利用的研究，鼓励球场利用污水或者再生水进行喷灌。1993 年，美国就这一问题举行了专题研讨会，并在 1994 年出版了一本关于污水灌溉的专著——《污水在高尔夫球场喷灌中的回收利用》。美国数以百计的球场都使用再生水进行喷灌，事实上在加州和亚利桑那州的部分地区，已经强制要求高尔夫球场利用再生水进行喷灌。

对高尔夫球场可能污染饮用水的关注主要集中在美国的干旱地区，但是每个地方的公众都关心高尔夫球场施用农药化肥对水资源的潜在影响。在环境研究项目启动前，USGA 的果领部组织整理了一本有关高尔夫与环境问题的专著——《高尔夫球场管理与建设中的环境问题》，为以后的研究打下了基础。

第三节

高尔夫球场农药化肥施用与环境

从 1991 年起，美国高尔夫球协会就在资助有关高尔夫球场农药和化肥的研究。研究焦点是有关草坪病虫害管理理论的研究以及肥料对水质和环境的影响，这些研究包括在实验室内和在球场实地试验研究。主要包括以下几个方面：化肥、农药的淋溶和径流对环境的影响，特别是经常发生暴雨的地区；化肥、农药施用后的去向；草坪草系统对化肥、农药的降解和根系层以下的林溶；当今农药的残留动态模型及替代性农药的开发。

这些研究分别由 15 所综合性大学或组织承担，其中 University of Georgia 和 Cornell University 承担的项目最多。

一、农药、化肥挥发对环境的影响

1. 农药挥发对环境的影响研究

农药化肥的蒸气压是决定其迁入大气难易程度的主要因素，蒸气压越大迁入大气的可能性也越大。农药和化肥挥发也与温度有关，在黄昏和清晨施用农药化肥比中午温度高时施用挥发少。此外，农药和化肥挥发还与空气流动、施用后是否浇水（或发生降雨）有关。

农业生态系统中有关农药挥发的研究表明，农药挥发与农药的水溶性、施药量、温度、土壤湿度、土壤有机质含量以及施药后是否浇水（降雨）有关。国内对草坪养护管理中农药的挥发研究尚未见，国外的研究也较少。农药挥发研究主要包括两个方面：调查研究常用农药在施用后数周内有多少挥发到空气中；研究与农药接触的球手和球场工作人员会吸收多少农药。农药化肥挥发研究装置如图 4-1 所示。

图 4-1　农药化肥挥发研究装置

Cooper（1990）、Jenkins（1990）等在草地早熟禾（*Poa pratensis* L.）草坪上埋置小型密闭仓研究了除草剂 pendimethalin（二甲戊乐灵）的挥发。研究发现施用 pendimethalin 24 小时后有 4.8% 挥发到了空气中，5 天后其挥发率上升为 13% 。研究还发现在施药 2 天后 pendimethalin 的挥发量与草坪表面温度密切相关。在整个 15 天的研究期内，随着草地早熟禾叶片上 pendimethalin 残留量的减少，pendimethalin 挥发也减少，他们推测草地早熟禾叶片上残留的 pendimethalin 可能最易发生挥发。

表 4-1 USGA 资助的果岭和球道草坪农药挥发研究结果

农药 pesticide	挥发率/% volatile residues/%	试验条件 comments
敌百虫 Trichlorfon	11.6	1991 年 9 月 28 日匍匐翦股颖球道草坪上施用，施药后不浇水，试验期为 15 天
	9.4	1993 年 7 月 7 日匍匐翦股颖球道草坪上施用，施药后浇水 13mm，试验期为 15 天
	0.09	1996 年 6 月 4 日匍匐翦股颖果岭草坪上施用，试验期为 29 天
Isazofos 异丙三唑硫磷	11.4	1993 年 8 月 22 日匍匐翦股颖球道草坪上施用，施药后浇水 13mm，试验期为 15 天
	1.04	1996 年 10 月 4 日狗牙根果岭草坪上施用，施药后 24 小时内浇水 6mm，降水 39.4mm，试验期 48 小时
	9.14	1996 年 10 月 10 日狗牙根果岭草坪上施用，施药后 24 小时内浇水 6mm，无降水发生，试验期为 22 小时
毒死蜱 Chlorpyrifos	2.7	1996 年 10 月 4 日狗牙根果岭草坪上施用，施药后 24 小时内浇水 6mm，降水 39.4mm，试验期 48 小时
	11.6	1996 年 10 月 10 日狗牙根果岭草坪上施用，施药后 24 小时内浇水 6mm，无降水发生，试验期为 22 小时
	15.7	1996 年 6 月 4 日匍匐翦股颖果岭草坪上施用，试验期为 29 天
	0.92	2004 年匍匐翦股颖球道草坪上施用，施药量为 $0.448g/m^2$，施药后不浇水，施药后间隔 1 小时开始测定，测定时间为 4 小时
	0.25	2004 年匍匐翦股颖球道草坪上施用，施药量为 $0.12g/m^2$，施药后不浇水，施药后间隔 1 小时开始测定，测定时间为 4 小时
克线磷 Fenamiphos	0.04	1996 年 10 月 10 日狗牙根果岭草坪上施用，施药后 24 小时内浇水 6mm，无降水发生，试验期为 22 小时
	0.25	1996 年 10 月 4 日狗牙根果岭草坪上施用，施药后 24 小时内浇水 6mm，降水 39.4mm，试验期 48 小时
粉锈宁 Triadimefon	7.3	1993 年 8 月 23 日匍匐翦股颖球道草坪上施用，施药后浇水 13mm，试验期为 15 天。
甲霜灵 Metalaxyl	0.08	1996 年 9 月 27 日匍匐翦股颖果岭草坪上施用，试验期为 8 天
百菌清 Chlorthalonil	0.02	1996 年 9 月 27 日匍匐翦股颖果岭草坪上施用，试验期为 8 天
2 甲 4 氯丙酸 Mecoprop	0.08	1992 年 9 月 24 日匍匐翦股颖球道草坪上施用，施药后不浇水，试验期为 15 天
2，4-D	0.67	1993 年 8 月匍匐翦股颖果岭草坪和狗牙根球道草坪上施用
cyfluthrin 氟氯氰菊酯	0.59	2004 年匍匐翦股颖球道草坪上施用，施药量为 $0.02g/m^2$，施药后不浇水，施药后间隔 1 小时开始测定，测定时间为 4 小时
西维因 Carbaryl	0.03	1993 年 8 月匍匐翦股颖果岭草坪和狗牙根球道草坪上施用
	1.4	2004 年匍匐翦股颖球道草坪上施用，施药量为 $0.784g/m^2$，施药后不浇水，施药后间隔 1 小时开始测定，测定时间为 4 小时

美国高尔夫球协会资助的有关草坪生态系统中的农药挥发问题主要集中在施用农药后数天内有多少农药挥发到空气中（表 4-1），这些研究表明施用农药后 1 到 4 周内，农

药挥发损失最多不超过总量的16%，有的挥发损失还不到总量的1%。这些研究还发现当草坪表面温度和太阳辐射达到最高时，农药挥发程度最大，挥发损失量直接受到农药蒸气压影响。因此，研究农药的理化性质可以很好地断定或预测农药在特殊天气条件和施用条件下是否会发生挥发损失。

Murphy 等（1996）发现若喷施 Trichlorfon（敌百虫）、Isazofos（异丙三唑硫磷）、Triadimefon（粉锈宁）后浇水 1.3cm，两周后其挥发损失率（用损失量占施用总量的百分数表示）分别为 9.4%、11.4%、7.3%。而施用 Trichlorfon、Mecoprop（2甲4氯丙酸）后如果不浇水，两周后两种农药的挥发损失率分别为 11.6% 和 0.08%。Branham 等（1985）研究发现在草坪上施用 diazinon（二嗪农）后立即浇水其挥发损失率不到施用总量的4%，而 Raymond 等（2004）的研究也认为施药后浇水可以减少农药挥发。也许浇水是减少农药挥发的一个因素，这有待于对其他农药进行类似的进一步研究。

人们也担心在施用农药的草坪上打高尔夫球会受到农药的危害。Borgert 对此进行了初步评价，他假定：高尔夫球手每次跪在果岭上瞄准击球；手握的高尔夫球杆握柄在果岭上搁放过；清洗球鞋时触摸鞋底；球入洞后球手每次都用手擦球；果岭每天喷三种杀虫剂；球手一年 365 天都打球；球手共打球 70 年。在这样极其苛刻的研究条件下，70 年后高尔夫球手体内吸收的农药仅为美国环保署（USEPA）认定的最大安全剂量的 1/3（Borgert ，1994）。Cisar 等（2001；2002）对移动性农药 Isazofos（异丙三唑硫磷）和 Chlorpyrifos（毒死蜱）进行了类似的研究，认为 Chlorpyrifos 不会超过 1.0 的潜在威胁指数（0.31），Isazofos 略大于 1.0（为 1.3），但这是在假定高尔夫球手 70 年每天都打球的情况下得出的。这些研究表明球手在施药后的草坪上打球农药吸收量低于美国环保署规定的无影响水平（NOEL）的 1‰～1% 倍。当然这并不是说高尔夫球手或工作人员不可能受到喷洒在高尔夫球场上农药的危害，但至少在这种情况下，高尔夫球手不会受到明显的危害。

Raymond 等（2004）以美国环保署限定的最大施用量在匍匐翦股颖（Agrostis stolonifera L.）球道草坪上施用 Chlorpyrifos（毒死蜱，0.448g/m^2）、cyfluthrin（氟氯氰菊酯，0.02g/m^2）和 Carbaryl（西维因，0.784g/m^2）后研究发现，如果施药后 1h 球手开始进入球场打球，球手打完 18 洞高尔夫球（时间为 4h）后三种农药的吸收量均小于 1.0μg/(kg·天)，远远低于世界卫生组织规定的每日最大允许摄入量（ADI 值，分别为 3μg/(kg·天)、25μg/(kg·天) 和 14μg/(kg·天)）。他们的研究还发现球手在施药后的草坪上打球只能因为食入、吸入和皮肤接触农药而遭受农药危害，其中皮肤接触农药是球手最可能受到危害的途径，其次是吸入农药，食入农药的可能性最小。他们的研究表明球手的小腿、手臂和手掌是接触性吸收农药最多的部位。他们认为采取一些管理措施如施药后立即浇水 6.5～13mm，延长施药后球手进场打球的时间间隔（最少 1 小时），选用低毒低残留的农药和分时断、分区施药等能有效减少球手的农药吸收量。

其他有关移动性农药残留的研究表明，在草坪表面湿润的条件下，施药后只有少于 1% 的量被立即蹭掉。如果施药后立即给草坪浇水，这 1% 的损失量还会大大减少。当农药在草坪上变干后，只有极少量的农药会被蹭掉。

2. 化肥挥发对环境的影响研究

肥料的挥发损失主要是氮肥以氨的形式挥发。施入草坪中的肥料氮可以以氨或氮氧气体（反硝化作用）挥发到空气中。影响氨挥发和反硝化作用的主要因素有枯草层有无、肥料类型和形态（固态或液态）、施肥量、土壤 pH、土壤湿度、温度、浇水、土壤性质（阳离子交换量）和氮肥施入土壤的深度等。在已建成的草坪上，氮肥只能以表面施肥的形式施入草坪中。草坪草只能吸收土壤溶液中的氮，而大多数情况下，氮素移入土壤会受到草坪面和枯草层的延缓或阻碍，因而草坪土壤表层中的肥料氮暴露于湿度水平波动大、高温和微生物活动频繁的微环境中，这些条件恰恰有利于氨的挥发。

在密闭的室内环境系统中的研究发现枯草层的存在使氨挥发急剧增加。Nelson 等（1980）研究发现在枯草层厚度为 5cm 的草地早熟禾草坪中施入尿素后 8 天内氨挥发损失率高达 39%，而在相同条件下无枯草层存在时氨挥发损失率只有 5%。研究发现枯草层中存在大量尿素转化所必需的尿素酶，尿素酶的存在解释了枯草层为什么能使草坪生态系统中氨挥发损失量（率）急剧增加。由于尿素酶的活性受到温度的影响，因而温度也对草坪生态中的氨挥发影响显著。Ernst 等（1960）研究认为温度升高则草坪中氨挥发损失率增大。

氮肥的种类和形态（固态或液态）、施肥量影响氨挥发。边秀举等研究表明虽然 5 种不同氮肥氨挥发率均在 0.77%～20.7%，但其挥发顺序为普通尿素＞塑料包衣尿素＞国产草坪专用肥＞IBDU 草坪肥＞日本包衣尿素。在施肥量为 29.3g/m^2 时，Torello 等（1983）发现在 2 天内尿素的氨挥发损失率为 10%，而硫包衣尿素的氨挥发只有 1%～2%；当施肥量减少为 4.9g/m^2 时，尿素氨挥发率减少为 2%。Titko 等（1987）研究发现颗粒尿素在任何条件下氨挥发率均比液化尿素高，但是 Torello 等（1983）却得出与此相反的结论。Sheard 等（1985）在草坪田间实验中测定发现在施肥量为 10g/m^2 时，狗牙根［*Cynodon dactylon*（L.）*Pers.*］＋紫羊茅（*Festuca rubra* L.）混播草坪上尿素挥发损失率为 15%。Lightner 等（1990）对鸭茅（*Dactylis glomerata* L.）草坪上不同尿素的氨挥发损失作了研究，供试肥料为固体尿素、尿素溶液、硝酸铵、KCl-尿素溶液、$CaCl_2$-尿素溶液，施肥量为春季 20g/m^2，夏季 10g/m^2。研究结果发现施肥后 24 小时内就发生氨挥发损失，其中固态尿素、尿素溶液和 KCl-尿素溶液氨挥发损失最大（损失率为 27%～41%）。

Hargrove 等（1979）把实验室内尿素在狗牙根草坪上的氨挥发损失结果与相同条件下露地草坪上氨挥发损失相比较发现：在一般情况下，露地草坪氨挥发损失要比实验室草坪氨挥发损失小（分别为 9% 和 13%～31%）。这个研究结果说明实验室氨挥发损失研究结果不十分准确，氨挥发损失的研究应直接在露地草坪中而不应在实验室内进行。

施氮后灌溉措施（或降雨）对氨挥发损失也有显著影响，研究表明降水或浇水能加速尿素穿过草坪枯草层进入草坪土壤，从而减少尿素的氨挥发损失。Bowman 等（1987）研究表明施肥后若不浇水氮素氨挥发率高达 36%，施肥后每浇 1cm 水氮素氨挥发率可降低 8%。Tiko 等（1987）也认为施肥后浇水能大大减少氨挥发损失，施肥后立即浇水可使固态尿素和液态尿素氨挥发损失率分别减少 96.4% 和 66.0%。Starrett 等

(1995)研究发现，施用尿素后每周浇水一次（浇水量为 25mm），氨挥发损失率为 0.9%；若每周浇水 4 次（浇水总量仍为 25mm），氨挥发率为 2.3%。Sheard 等(1985)也得出类似的结论，施用尿素后若 72 小时内发生降雨（12mm）能有效降低尿素的氨挥发损失。

有关肥料氮的反硝化损失研究较少。在草地早熟禾草坪上施用 KNO_3 后研究发现：当土壤湿度为 75% 时，反硝化损失不到 1%；但当土壤水分达到饱和时，反硝化损失非常明显；在温度低于 22℃时，黏壤土和黏土中 KNO_3 的挥发损失率分别为 2% 和 3%；当温度升高到 30℃时，二者挥发损失率增为 45% 和 93%。有关肥料氮的反硝化有待于进一步研究。

二、农药、化肥因地表径流对环境的影响

美国高尔夫球协会资助的研究发现，农药和化肥因降水径流污染环境的可能性比较大（Kenna，2000）。只要降水量大于土壤的最大渗透率就会发生径流，未进入土壤的地表水流称为地表径流，进入土壤的地下水流称为地下径流。高尔夫球场施用的农药化肥在一定环境下有可能因地表径流而影响水源质量。

总结影响农药化肥地表径流损失的因素，主要为以下 10 个：降水与施用农药化肥的时间间隔、降水量（浇水量）、土壤湿度、坡度、施用农药化肥的方法、草坪草对农药化肥的吸收率、农药化肥的化学性质、农药化肥的降解率、土壤类型及土壤性质、管理措施及草坪密度。只要综合考虑以上 10 个因素，完全可以避免农药化肥由于径流对环境产生的不利影响。

1. 农药因地表径流对环境的影响

草坪生态系统中农药径流损失包括微观和宏观两个过程。农药径流的微观过程受到已溶解农药向径流水的扩散、有机物和土壤颗粒对农药的解吸附作用、农药微粒的分解、农药微粒被冲洗入径流水中等因素影响。宏观过程受到草坪面地形、土壤流失以及管理措施等因素影响。研究发现如果施药后 30 天才发生径流，或在发生径流前将农药淋溶入深层土壤以及农药被土壤大量吸收等都能减少农药的径流损失。

农药在新建的草坪中通过地表径流进入地表水是农药的重要去向。虽然草坪建植期农药的径流损失比农药生态系统小得多，但是在新建草坪上持续或高强度降水条件下发生的地表径流中仍然有少量农药。Edwards 等（1980）在高羊茅牧草地建植前清理的场地上以 $0.11g/m^2$、$0.33g/m^2$ 和 $0.9g/m^2$ 施药量施用 glyphosate（草甘膦）后发现，以 $0.9g/m^2$ 施药量施药后，如果 1h 内产生径流，glyphosate 的径流损失浓度最大(5.2mg/L)。在 3 年的研究过程中发现施药后第一次 glyphosate 径流损失占全部 glyphosate 径流损失量的 99%，3 年内 glyphosate 的总径流率为施药总量的 1.85%。在高尔夫球场建造阶段，清理的场地、新建草坪以及大量裸露的地面都会直接受到地表径流的冲刷，并且可能发生农药的径流损失。在高尔夫球场草坪建植阶段施用除草剂、杀虫剂和杀菌剂有可能造成这些农药的径流损失，研究径流发生的过程、农药进入径流的条件以及农药在表层草坪土壤中的移动，对于减少高尔夫球场草坪建植阶段农药径流对环境的影响至关重要。

农业生态系统中的研究发现在施用农药后如果发生暴雨会导致农药大量径流损失，由于草坪管理需要多次施用农药来除草或防治病虫害，草坪生态系统中的农药径流损失率可能会比农业生态系统大一些。Michael 等（2002）在实验室内和室外利用小型密闭仓研究了在草地早熟禾草坪上多次施用 2，4-D 后该除草剂的径流损失情况，发现在草坪上以 0.1g/m^2 施用 2，4-D 后如果立即发生径流，在室内控制的条件下和室外田间条件下 2，4-D 的径流损失分别为 91% 和 71%。若施药 10 天后才发生径流，2，4-D 在两种条件下径流损失都降低到 32% 以下；在 14 天内，室外草地早熟禾草坪上大约共有总量 10% 的 2，4-D 发生径流损失。Rhode 等（1974）研究 benomyl（苯菌灵）在草坪中的去向发现不到 0.1% 的 benomyl 存在于地表径流水中，认为 benomyl 在草坪土壤中移动性差，施用后不会发生大量径流损失。Duble 等（1978）研究 20 世纪 70 年代高尔夫球场果岭普遍施用的杀虫剂 arsenic（砷）的径流后发现 arsenic 的径流和淋溶量都比较大。施用杀虫剂 arsenic 后短时间内发生暴雨 arsenic 的径流浓度高达 14mg/L，施药后 115 天 arsenic 的径流浓度仍然为 0.8mg/L，arsenic 的径流和淋溶浓度均超过美国环保署规定的最大残留浓度。

农业生态系统中的研究表明一些耕作措施可以减少农业生产中施用的农药径流损失。研究发现草坪管理中如果选用低毒的残留农药、采用草坪综合养护管理措施（IPM）、控制农药的施药量和施药时间、减少草坪地表径流的形成也能减少农药的径流损失。在俄克拉荷马州和佐治亚州，Baird 等（1996）研究发现设立一定长度、不同修剪高度的草坪缓冲带能够减少农药的径流损失。在俄克拉荷马，修剪高度为 5cm，长度为 4.9m 的草坪缓冲带能够显著降低狗牙根球道草坪上 2，4-D 的径流。但是在佐治亚州设立的长度更短的草坪缓冲带不能减少农药的地表径流。

Watschke 等（2000）施药后以 152mm/h 的高降雨强度模拟降雨，24 小时内在径流水中发现了 MCPP、trichlorfon（敌百虫）和 Isazofos（异丙三唑硫磷）的存在，但是 2 个月后在草坪的地表径流水中再也检测不到三种农药。研究发现匍匐翦股颖球道草坪上这三种农药的径流损失要比多年生黑麦草（*Lolium perenne* L.）球道草坪小；三种农药的径流损失随着时间的推移和草坪的成坪而减少。

农药径流损失率与它的土壤吸收系数 Koc 值有关，土壤吸收系数越大，越不易被径流带走。例如，2，4-D、MCPP、麦草畏、毒死蜱的 Koc 值分别为 20、20、2 和 6070～14 000。Watschke 等人的研究结果中几乎未发现毒死蜱的径流损失，而 2，4-D、MCPP、麦草畏的径流损失率小于 2%。在佐治亚州坡度为 5% 的沙壤土上进行了类似研究，他们在施药后 24 小时和 48 小时模拟降水 25mm，模拟降雨强度为 50mm/h，草坪上 40%～70% 的降水量随径流留出草坪生态系统。地表径流水中高水溶性的农药浓度较高，11 天内毒死蜱、百菌清的径流损失率小于 1%，而 2，4-D、MCPP、麦草畏的径流损失率为 10%～13%。研究发现施用颗粒 trichlorfon（敌百虫）发生的径流损失是施用敌百虫水溶液的 5.2 倍，说明农药径流损失与农药剂型有关。他们研究认为在枯黄的草坪上施用农药比在处于生长期的草坪上施药更易发生农药径流。Wauchope 等（1978）人则认为农药的径流损失率与农药溶解性有关，当农药溶解度大于 10mg/L 时，农药主要靠溶于径流水而进入水体。

研究发现土壤湿度大小对草坪上农药的径流损失有显著影响。土壤湿度中等或较小时，设立缓冲带能有效减少农药的径流；土壤湿度较高时，设立缓冲带对农药的径流没有多大影响。

总结所有有关农药径流的研究可以得出以下有关农药径流的结论或规律：致密的覆盖层和枯草层能够减少农药的径流；不同草种的草坪上农药发生径流程度不同；农药的径流与其物理化学性质直接相关；土壤紧实的草坪面比黏土更容易发生农药径流；湿度大的土壤比干燥的土壤更易发生农药径流；土壤湿度小或中等的条件下，设立修剪高度高的草坪缓冲带能够减少农药的径流；在枯黄的草坪上施用农药容易发生农药径流损失。

2. 化肥因地表径流对环境的影响

当肥料施入草坪生态系统后，处于草坪表面的肥料有可能随着地表径流而损失。肥料由于径流而对水源造成影响的主要是氮肥和磷肥。从环境角度讲，过多的养分进入水体就会导致水体富营养化。

由于使用肥料对环境的影响越来越受到公众和媒体的关注，有关氮肥径流损失的研究近几年逐渐多起来，其中 USGA 资助的有关高尔夫球场草坪肥料氮的径流损失研究最多。Linde 等（1993，1995）在坡度为 9%～13% 的壤土匍匐翦股颖或一年生黑麦草（*Lolium multiflorum* L.）球道草坪上每年施氮 19.5g/m^2，施氮后用 NO-3-N 浓度较大（2 到 10ppm）的水模拟人工降雨，他们发现径流水和淋溶水中 NO-3-N 浓度和灌溉水差别不大。Smith 等（1996，1997）也作了类似研究，发现在施肥 24 小时后以 50mm/h 喷灌强度浇水 25mm，14% 的氮肥被径流带走（浓度为 12mg/L），而同样条件下在休眠狗牙根草坪上则有 64% 的氮肥被径流带走（浓度为 24.8mg/L）。Erickson 等（2001）在新铺植钝叶草（*Stenotaphrum secundatum* Walt.）草坪上和新种植的乔、灌、地被园林绿地上施用复合颗粒肥料（26-3-11）后发现，尽管钝叶草草坪和乔、灌、地被园林绿地表面坡度高达 10%，并且施肥后发生过高强度降水，但草坪和绿地均未发生氮素地表径流。Gross 等（1990）和 Morton（1988）在冷季型草坪上也得出过相同的结论。Gross 等（1990）在草地早熟禾草坪上每年施尿素 20g/m^2 后研究氮素的径流损失，结果表明如果施肥后第二天发生降雨可能发生氮素径流损失，但是其损失率不到施肥总量的 0.1%。他们认为施肥后立即浇水或者发生强降雨能使大部分速效氮发生径流损失。

Morton（1988）在草地早熟禾庭院草坪上重施氮肥和多次过度浇水条件下也只发现两次氮素径流损失（浓度为 1.1mg/L～4.2mg/L），两次氮素径流损失是在草坪表层土壤结冰和 1 周浇水 125mm 的极端状况下发生的。美国高尔夫球协会在俄克拉荷马州资助了一项关于设立径流缓冲带以及不同的管理措施是否对氮肥和农药径流损失发生影响的研究，结果表明土壤湿度是影响径流的主要因素。在 6 月进行第一次模拟降雨前，土壤湿度较低或者中等，进行 50mm 模拟降雨后，仅有不到总量 1% 的氮肥发生径流损失。而在 8 月高土壤湿度条件下，进行 50mm 模拟降雨后，氮肥发生径流损失率上升为总量的 8%。研究认为当土壤湿度中等或者较小时，设立径流缓冲带以及不同的管理措施在一定程度上能够降低氮肥的径流损失，但当土壤湿度大时，这两项措施作用不大。

美国高尔夫球协会资助的这些研究说明，致密的草坪减少了氮磷肥的径流损失，仅在土壤紧实的草坪上可能出现明显径流损失。土壤含水量高的草坪土壤比土壤含水量低的土壤更易发生肥料和农药的径流损失。设立径流缓冲带以及不同的管理措施在土壤湿度小时能够降低氮肥的径流损失，但当土壤湿度大时，这两项措施作用不大。

目前国内外有关磷径流损失的研究均较少。磷可以以可溶性磷和土壤结合磷（包括无机太磷和有机太磷）的形式径流到地表水中。由于农业生产过程中水土流失较多，农业生态系统中的磷主要以土壤结合磷的形式损失，但是对于草地和草坪而言，磷的主要损失形式是可溶性磷。由于果岭建造过程中都加入磷肥以利于苗期草坪根系的生长，尽管草坪上径流损失的磷要比农业生产中小得多（Sharpley，2001），但是草坪生态系统中磷的径流也有可能对地表水产生威胁。在草地早熟禾草坪上的研究发现施用磷肥和不施磷肥（对照）磷的可溶性损失和全磷损失差别不大，选择不会发生强降雨的时间施用磷肥能够有效减少磷的径流损失。Gaudreau 等（2002）发现在于坡度为 8.5% 的狗牙根草坪上施用磷肥后发生 8 次降雨条件下，有 7% 的磷发生径流。Linde 等（1995）研究认为磷肥的径流损失与草坪的根茎密度有关，草坪的根茎密度越大，磷的径流损失越小。Gross 等（1991）也得出相似结论，发现致密的草坪上磷的径流损失要比稀疏的草坪上小。由于草坪表面的茎叶密度比用于放牧或生产牧草的草地表面茎叶密度大，研究发现草坪上磷的径流损失也比草地小。

三、农药、化肥淋溶对环境的影响

农药化肥施入草坪生态系统后会随着降水、喷灌水和土壤水进入土壤—草坪草生态系统中。农药化肥随着水分通过草坪土壤渗透到地下水中称为淋溶。由于草坪生态系统中草坪草的叶片、枯草层、土壤有机物以及土壤中大量根系对农药化肥的吸收，草坪生态系统中农药化肥的淋溶损失要小于农业生产中农药化肥的损失。农药化肥淋溶研究装置如图 4-2 所示。

图 4-2　农药化肥淋溶研究装置

1. 农药淋溶对环境的影响

为了保证草坪草的顺利生长，在草坪草建植前后需要施用一定数量、不同类型的农药防治病、虫、杂草的危害。由此会造成农药对大气、水、土壤和非靶目标生物等生态环境的威胁和影响，从而给野生动物和人体健康带来危害。农药的淋溶受农药的理化性质（溶解度、挥发性）、草坪土壤、气候、草坪管理措施和枯草层等因素的综合影响。

目前国内有关高尔夫球场农药淋溶的研究仅有几篇零星的报道。石利利等（2000）对江苏昆山市上海高尔夫球场施用毒死蜱后对球场内湖（河）及其周围土壤和地表水的污染研究发现，地表水中毒死蜱浓度小于 0.4μg/L，土壤中仅少数样点检测出微量残留，其浓度均低于美国健康与福利部（MHW）制定的高尔夫球场饮用水允许的残留值 4μg/L。黄承嘉等（1998）对福州市某高尔夫球场的农药残留的研究表明，施有机磷农药后水体中其浓度增量为 0.059mg/L，低于美国公共水源的地面水质标准的有机磷农药指标 0.1mg/L。

国外对此进行了大量的研究，美国高尔夫球协会资助 12 所大学在不同的草坪和土壤类型，以及不同的喷灌和降水条件下进行了研究。农药的物理化学性质决定了农药发生淋溶、径流和挥发的程度，研究农药的理化性质成为研究农药淋溶、径流和挥发的主要方法；农药的淋溶率还与土壤类型和施药后是否浇水（降雨）有关；枯草层是草坪生态系统中减少农药淋溶的特有屏障。

2. 化肥淋溶对环境的影响

氮肥在草坪草的生长发育过程中起着主导作用，是影响草坪草地上部分的表观质量、地下部分的根系发育、草坪的抗逆性等方面的关键因素。为获得高质量的草坪，高尔夫球场需要施用大量氮肥，因此，高尔夫球场化肥淋溶对环境有可能造成危害主要是由于氮肥的淋溶。公众对于农业生产中氮肥淋溶对地表水、地下水以及饮用水源或其他水体的污染深表担忧。事实上，农业生产中损失的氮素大部分进入地表水和地下水，从而造成水体中硝态氮增加，是形成水体富营养化最根本的原因。就高尔夫球场施用大量氮肥后是否会由于淋溶而造成污染，许多专家学者进行了大量的研究。

NO_3^- 淋溶是肥料氮损失的重要途径之一，通过该途径损失的肥料氮要比氨挥发和带走草屑损失的氮多得多。不同的学者在氮素淋溶认识上有差别。一般认为氮素移动出根系活动层以外则视为淋溶，而环境学家则认为氮素进入水体后才可以视为淋溶。不管怎样，移动出根系层的氮素对草坪草的有效性大大降低，而且对水体造成威胁。土壤中发生硝态氮淋洗需要满足两个基本条件：土壤中大量残留硝酸盐；水分运动存在。促进或阻碍这两个条件之一的任何因素都影响氮素淋洗的发生与否及其程度。根据研究，影响 NO_3^--N 淋溶的因素有施肥量、肥料种类、降水和喷灌、土壤类型、施肥深度、气候条件、施肥季节和草坪枯草层等。

施肥量和氮肥种类对肥料氮的淋溶损失影响最大。大多数研究都认为随着施氮量增加，氮的淋溶损失率也随之增大。其原因可能是在重施氮肥情况下，氮肥总量超过了草坪草吸收、草坪土壤固定和氨挥发损失的量。肥料氮的淋溶损失还与土壤类型有关。USGA 资助的研究表明，不同的土壤淋溶损失率不同，其顺序为：沙土（11%）＞沙土＋泥炭（3%）＞砂壤土＞壤土（小于1%）＞黏土（小于1%）。

除了氮素外，磷肥也有可能因淋溶而污染环境。磷肥是维持高质量草坪必需的营养元素之一，磷肥的淋溶与土壤特性、磷的可溶性及磷肥颗粒有关。高尔夫球场的砂质果岭都有地下排水系统，即使磷肥较易转化成难溶性磷酸盐被土壤固定，磷肥也很有可能通过地下管道排水系统进入地下水造成环境污染。草坪管理者应根据土壤测定结果判定是否需要施用磷肥，并坚持少量多次的施肥原则，减少磷肥对环境造成的不必要污染。

四、农药化肥对环境影响的模型研究

由于农药化肥对环境的影响受到降水、施用量、农药化肥的物理性质、土壤条件等许多因素的影响，要为草坪管理者提供农药化肥是否对环境造成污染的准确信息和避免发生污染的管理措施，除了模拟试验研究和田间试验研究外，另一途径就是建立农药化肥挥发、径流和淋溶的模型。因为通过选用模型人们可以在施用农药化肥前了解即将施用的农药化肥是否会对环境造成污染，可以在不发生实际污染的情况下及时调整施用措施。

在农业生态系统中已经研究建立了大量有关施用农药化肥后其去向的模型：PRZM/RUSTIC、EXAMS、SWRRP CREAMS/GLEAMS、SURFACE、HSPF/STREAM、VLEACH、PESTAN A、GNPS 和 GUS。但是研究发现农业生态系统中计算机模型预测的草坪生态系统中农药化肥的径流和淋溶损失量比实际损失量大。Smith 等（1993）研究发现，计算机模型预测的 2，4-D 淋溶浓度是实际淋溶浓度的 10～100 倍。Stuart 等（1993）也对计算机模型作了相关研究，认为农业生态系统模型不能精确地预测草坪中农药化肥对环境的影响。研究表明农业生态系统中的模型不能准确预测草坪生态系统中农药化肥对环境的影响是因为草坪生态系统具有独特的致密草坪茎叶覆盖层和枯草层，农业生态系统中的计算机模型忽略了枯草层和草坪草根系在减少农药损失方面的作用而导致预测结果偏大（Kenna et al.，2002）。农药化肥去向预测模型要求具有准确性和实用性两个特点。通过比较模型的预测值和实际测定值可以判断模型的准确性，而模型的实用性主要是看模型需要的参数数据是否容易获得。由于有关枯草层在草坪生态系统中对于农药化肥循环和损失的作用有待进一步研究，因而枯草层的存在增加了在草坪生态系统中建立模型的难度。近年来，有关农药化肥的挥发、径流和淋溶的相关模型的报道也逐渐增多。

目前还没有能够精确预测草坪生态系统中农药化肥去向的模型。美国高尔夫协会资助的研究和其他有关草坪模型的研究表明，目前有两个草坪模型能够较好地预测农药化肥在草坪生态系统中的去向。一个是 Haith 利用 52 种高尔夫球场常用的杀虫剂和除草剂的试验结果建立的预测农药径流的 TurfPQ 模型，该模型虽然对农药的径流预测值比实际试验值略偏大（特别是土壤吸收系数 Koc 值较大的农药），但是其偏差在误差范围内（预测值和实际值相关系数为 0.8）。另一个是 Starrett 等（1997）在多年研究基础上运用类神经网络（artificial neural network）建立的 Kturf 模型，这个模型包括一个农药淋溶预测子模型和一个化肥淋溶预测子模型。农药预测模型需要的数据包括农药溶解度、土壤吸收系数 Koc 值、淋溶时间和施药方式；化肥预测模型需要的数据包括土壤沙含量、淋溶时间、肥料剂型和浇水量。Kturf 模型的预测值的平均偏差在 4% 以内，能够用于预测农药化肥的淋溶损失。

第四节

高尔夫球场与自然景观

美国高尔夫球协会为探讨提高高尔夫球场景观价值的方法，在这方面资助了大量的资金。这些研究主要包括如何有效利用本国资源和提高土地利用率。

在美国，每年有 400 到 500 个高尔夫球场开业，尽管很多球场建立在废弃的农田、废弃的商用土地或者其他低利用价值的地块上，但是还是有很多球场是建立在自然景观区域上的，建造这些球场有可能影响野生动物和当地的生态系统。在这些区域建设高尔夫球场常常会受到当地公众和环境组织的抗议，因为他们担心高尔夫球场建设存在潜在的负面影响。

美国高尔夫协会不参加新建高尔夫球场的选址，但是也为高尔夫球场选址和自然景观的保护作出了积极的努力。1993 年，美国高尔夫球协会出版了《景观修复》一书。此书阐述了在自然景观区域内建设高尔夫球场的原则，在生态区域基础上列出了乡土树种的名录，并对每个物种作了详细的介绍。

美国高尔夫球协会针对高尔夫球场与人类关系和野生动植物保护也资助了大量研究。尽管高尔夫行业人士从直觉上知道草坪草和高尔夫球场为人类带来了许多益处，但是有关这些益处的科学依据还未得到阐明或者收集。在资助相关研究的基础上，美国高尔夫球协会委托著名的草坪科学家 James B. Beard 作了一份完整详细的文献总结，阐明了草坪和高尔夫球场对人类的益处。他们的这一文献综述发表在《环境质量》（*Journal of Environmental Quality*）上，已被认为是高尔夫球场与人类关系论述的经典论文。

高尔夫球场为城市的动物提供了最好的栖息地，美国 18 000 多个球场成为城市动物最大的栖息地。美国高尔夫球协会与美国渔业和野生动物基金会联合资助研究项目，美国高尔夫球协会每年提供 20 万美元进行野生动物链的研究，这些研究包括：减少利用野生动物制造高尔夫用具；为高尔夫产业提供科学的野生动物信息；保护野生动物的相关教育；改进高尔夫球场养护管理的野生动物保护措施。

1990 年，美国高尔夫球协会和国际奥杜邦（Audubon）组织建立了高尔夫球场野生动物合作项目，其目标之一就是改善高尔夫球场野生动物栖息地环境，促进高尔夫球场总监、行政官员、高尔夫球手和公民积极参加鸟类资源保护计划。这项研究已经在野生动植物保护方面取得了进展，为高尔夫球场野生动植物链的保护提供了依据。2000 年，美国高尔夫和国际奥杜邦联合出版了《高尔夫球场野生生物管理》一书，详细介绍了这方面的研究情况，对高尔夫球场野生动植物保护做了详尽阐述。

环境问题目前已经逐渐成为中国高尔夫运动发展最大的阻碍因素之一。环境问题成为障碍，并不是说高尔夫球场对环境造成了严重污染或者破坏，而是指由于媒体的报道和各种争论的存在，会在一定程度上左右决策者的观念，误导社会公众正确认识高尔夫运动。面对未来，我们还有许多工作要做。

虽然国外进行了大量的研究，也建立了相应的措施、法规或行业标准确保高尔夫与环境和谐统一，但是国外的草坪管理水平、高尔夫球场施用的化学物质等均与国内有所区别，我们不能照抄照搬这些法规和行业标准。相反我们也应该向国外那样正视高尔夫环境问题，在高尔夫项目启动之前，必须进行环境影响评价。国家应该制定高尔夫球场建设环境影响评价的法规，做到有法可依。

我们应该参照美国监管高尔夫球场环境的相关标准，结合中国实际情况，尽快建立高尔夫球场农药施用标准、高尔夫球场建造标准、高尔夫球场草坪管理标准、高尔夫球场肥料施用标准，高尔夫球场地下排水标准等一系列标准来规范和引导高尔夫的环境管理，做到有标准可依，有管理制度来制约和引导高尔夫球场的管理，使高尔夫球场既是休闲娱乐的场所，又是美化、改善环境的生力军。

我们需要研究高尔夫球场的野生动植物保护，弄清高尔夫球场野生动物链各个环节。我们需要提高高尔夫球场总监、建筑师、开发者以及其他从业人员的环境意识，让他们认识到高尔夫环境问题的重要性。同时我们需要和媒体及环境组织广泛进行建设性合作，让他们认识到高尔夫球场有益于环境并为此作广泛宣传。

高尔夫业内人士已经做了很多工作了解认识高尔夫球场与环境的关系，并为保护环境作出了努力。然而，要完全研究透彻中国高尔夫的环境问题，让这项运动之外的公众了解高尔夫球场与环境的关系，让他们确信高尔夫球场对环境有益，改变他们对高尔夫球场环境问题的偏见，仍有很长的路要走。

第五节

高尔夫球场与环境关系研究

北京林业大学高尔夫教育与研究中心在中国高尔夫协会、美国高尔夫协会、朝向管理集团以及多家高尔夫球场的支持和协助下，从 2001 年 6 月起在国内率先开展了高尔夫球场施用几种农药和化肥对环境影响的小区试验和球场实地研究。

一、氮磷耦合效应对新建果岭草坪硝态氮、磷淋溶的影响

（一）氮磷耦合效应对新建果岭草坪硝态氮淋溶的影响研究

氮、磷肥在草坪草的生长发育过程中起着主导作用，是影响果岭草坪地上部分的表观质量、地下部分根系发育、草坪击球质量等方面的关键因素。硝酸根离子极易溶于水，同时又受到土壤矿质胶体和腐殖质所带大量负电荷的排斥，一旦迁移到根系层以下或者遇到下渗水流，硝酸盐就可能会随土壤水向下移动，发生淋溶损失。高尔夫球场果岭草坪恰好建植在透水性良好的沙壤土上，公众担心高尔夫球场施用氮、磷肥会发生淋溶而污染水体。目前国内未见有关草坪施用氮肥后的淋溶研究，而国外虽然这方面的研究不少，但针对新建果岭草坪以及氮磷耦合效应下硝态氮淋溶的较少。利用现代回归试

验设计，研究在北京的气候条件下氮磷耦合效应对新建果岭草坪硝态氮淋溶的影响，旨在为果岭草坪氮肥合理施用提供理论依据。

1. 材料与方法

试验地位于北京市海淀区东北旺园艺场北京林业大学草坪实验站。试验地地处北纬39°58′，东经106°26′，海拔50m，属温带半湿润过渡带气候。年平均气温为11℃，最冷月（1月）平均气温为−8～4℃，绝对最低气温为−22℃；最热月（7月）平均气温为23～26℃，绝对最高气温为42.2℃。全年无霜期为160～180天（从4月中旬到10月中旬）。年均降水量为600mm左右，大于0℃年积温4100～5500℃，大于10年积温3600～4800℃。总的气候特点是春旱多风，夏热多雨，秋高气爽，冬寒少雪。

选用北京高尔夫球场草坪管理中常用的速效氮肥尿素和水溶性磷肥磷酸二氢钾为研究材料。相关研究认为要获得质量比较满意的果岭草坪击球面，生长季每10～15天速效氮肥的纯氮用量为0.5g/m^2～1.5g/m^2，每月施磷量（P_2O_5）至少为0.5g/m^2。试验设计前走访北京国际高尔夫俱乐部和北京高尔夫俱乐部等5家高尔夫球场，得知球场年纯氮施肥量也约为20g/m^2～30g/m^2，磷肥（P_2O_5）施用量为5g/m^2～15g/m^2。因此本研究氮肥（N）下限确定为20g/m^2，上限确定为50g/m^2，磷肥下限确定为5g/m^2，上限确定为40g/m^2。尿素N按45%计，磷酸二氢钾P_2O_5按52%计算。以Z_1、Z_2分别代表氮肥（N）和磷肥（P_2O_5）二因素，X_1、X_2分别是Z_1、Z_2的编码，采用二次饱和D-最优设计的设计方案。氮肥（N）和磷肥（P_2O_5）各因素及其不同水平的设计方案如表4-2所示。试验设计的6个处理均设3个重复，共6×3＝18小区，18个小区随机排列。

表4-2　二次饱和*D*-最优设计的设计方案和肥料施用量与编码值

处理 treatment	编码值（X）X value		因素及水平 factor and level		单次施用量/(g/m^2) application rate/(g/m^2)	
	X_1	X_2	氮	磷	尿素	磷酸二氢钾
F_1	−1	−1	44.5	9.6	3.7	—
F_2	1	−1	111.0	9.6	9.25	—
F_3	−1	1	44.5	76.9	3.7	5.5
F_4	−0.1315	−0.1315	73.4	38.8	6.12	2.77
F_5	1	0.3944	111.0	56.5	9.25	4
F_6	0.3944	1	90.9	76.9	7.58	5.5

考虑到冷季型果岭草坪在北京高温高湿的夏季不宜施用氮肥，所以氮肥的施用时间定为2004年4～7月和9～10月，每月上旬和下旬各以喷雾的方式施用1次，共计施用12次。处理1和处理2磷肥的年施用量只有9.6g/m^2，只在2004年4月、9月上旬和下旬各以喷雾的方式施用1次，其余各处理磷肥的施用时间为2004年4～10月，每月上旬和下旬也以喷雾的方式施用1次，共计施用14次。各处理每次磷肥的施肥量如表4-2所示。为了避免施肥后造成烧苗，施肥后用地表简易喷灌系统低强度浇水5～10分

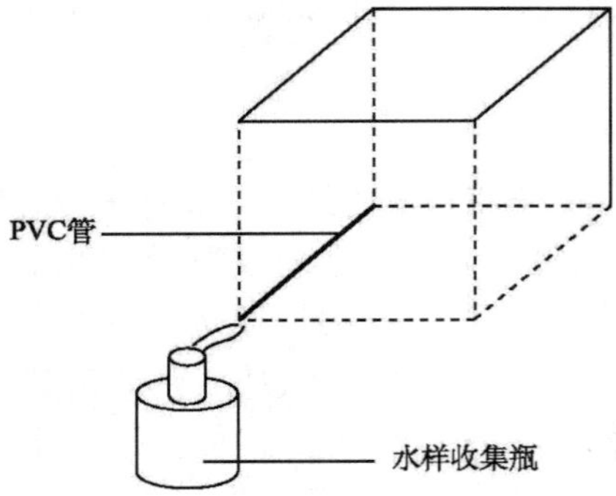

图 4-3 小区示意图

钟，直到草坪草整个植株和土壤表层湿润为止。

小区面积为 $1m^2$（1m ×1m），深度为 45cm。小区底面和四周用砖块砌成，并用水泥内外密封，防止渗水。底面设置 3‰的坡度，在底面较低的一侧放置直径为 32mm，三面打孔（孔径 5mm，孔间距 2cm）的 PVC 管，PVC 管一端伸出水泥池外与收集淋溶水的水壶（体积为 2L）相连（图 4-3）。试验小区建造完成后，先用 60 目窗纱覆盖 PVC 管，然后按照美国高尔夫球协会（USGA）推荐的高尔夫球场果岭坪床建造结构，依次回填 10cm 砾石层（粒径范围 6～12mm）、纱网层、5cm 粗沙层（粒径 1～4mm）和 30cm 根系层，根系层以直径 2mm 以下的沙粒和泥炭以 8∶2 混合（体积比），沙粒粒径主要分布在 0.05～1mm 范围内。在根系层的填埋过程中，人工不断地踏夯坪床，坪床做好后浇透水沉降，以防止根系层土壤在草坪建植后下沉。所有小区坪床于 2003 年 7 月 20 日完成。

试验地于 2003 年 8 月 5 日在坪床上播种匍匐翦股颖，品种为攀可斯，播种量 $5g/m^2$。2003 年 10 月成坪后草坪修剪高度为 8mm，草坪草发生轻度萎蔫时，以简易喷灌方式补充充足水分。在雨季来临之前使用甲基拖布津、代森锰锌、敌敌畏等防治施肥试验小区病虫害的发生。

试验地雨量用天津仪表集团有限公司气象海洋仪器厂生产的 DSJ2 型虹吸式雨量计观测。2004 年 4～10 月各月降雨量测定值如图 4-4 所示。当收集瓶中的水达到 30% 时及时收集水样，一旦发生降雨，雨后也及时收集水样，收集到排水水样后记录其体积，放在 4℃冰箱置暗处保存待测，但保存时间不得超过 24 小时。将一个月内多次水样各项目的测定浓度根据体积换算成总水样的浓度作为单月的测试浓度。硝酸盐测定采用酚二磺酸分光光度法（GB 7480-87），总磷采用钼酸铵分光光度法（GB/T 11893-89），所有水样均送往北京市理化中心测定。采用软件 Excel XP 和 SAS 8.2 进行数据处理。

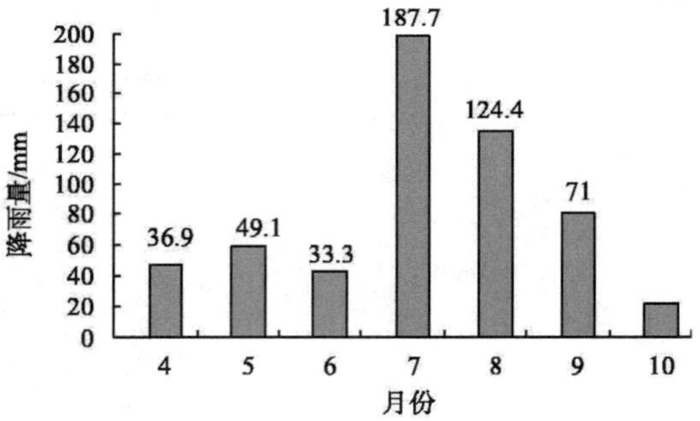

图 4-4 2004 年 4～10 月月降雨量

2. 结果与分析

不同施肥处理淋溶水中硝酸盐浓度测定结果如表 4-3 所示。从表 4-3 可以看出，除 10 月降水量只有 10.7mm，各处理均没有收集到水样外，其他各月淋溶水中硝酸盐浓度随着氮肥施用量的增加呈现增加趋势。经方差分析，六种施肥处理间淋溶水中硝酸盐浓度差异显著（$P<0.05$）。多重比较表明处理 2 和处理 5 淋溶水中硝酸盐浓度显著（$\alpha<0.05$）高于处理 1 和处理 3 淋溶水中硝酸盐浓度，并且处理 2 淋溶水中硝酸盐浓度显

著高于处理 4（$\alpha<0.05$），极显著（$\alpha<0.01$）高于处理 1，表明施肥量能够显著影响硝酸盐淋溶。

表 4-3　不同施肥处理淋溶水中硝酸盐浓度　　单位：mg/L

处理 Treatment	重复 Replication	月份 Month 4月	5月	6月	7月	8月	9月	10月	平均值 Average
	Ⅰ	—*	4.8	3.1	10.4	15.2	8.5	—	
F_1	Ⅱ	1.4	4.4	3.0	10.6	16.1	9.6	—	7.9 c B
	Ⅲ	1.6	5.1	3.0	16.8	18.9	8.0	—	
	Ⅰ	17.2	23.7	15.3	76.4	55.5	19.6	—	
F_2	Ⅱ	—	24.6	11.2	71.7	53.9	19.6	—	34.2 a A
	Ⅲ	15.4	23.9	16.0	79.9	55.5	19.7	—	
	Ⅰ	3.0	4.1	6.5	11.6	13.2	14.3	—	
F_3	Ⅱ	0.0	3.9	6.0	14.7	13.0	13.1	—	9.3 c AB
	Ⅲ	5.4	4.5	6.1	18.9	14.9	14.1	—	
	Ⅰ	0.7	5.1	3.2	29.9	27.8	6.6	—	
F_4	Ⅱ	2.5	4.9	4.0	30.6	22.6	9.7	—	13.0 bc AB
	Ⅲ	2.5	5.0	3.9	38.7	25.8	10.7	—	
	Ⅰ	12.5	24.0	14.7	63.6	51.7	11.4	—	
F_5	Ⅱ	12.5	24.5	14.6	65.3	55.1	11.8	—	29.8 ab AB
	Ⅲ	12.4	24.8	15.3	61.5	48.9	11.1	—	
	Ⅰ	12.5	14.3	8.5	37.5	46.9	18.1	—	
F_6	Ⅱ	12.1	14.0	8.9	36.5	40.5	19.2	—	22.9 abc AB
	Ⅲ	12.0	14.5	8.6	41.9	47.0	19.8	—	

一表示没有收集到水样

注：同一列内，字母相同者差异不显著，字母不同者差异显著；英文小写字母代表同一列内数据在 0.05 水平上差异显著；英文大写字母代表同一列内数据在 0.01 水平上差异显著

对设计方案中 6 个处理淋溶水中硝酸盐浓度做极差分析，分析结果见表 4-4。从表 4-4 可以看出，施氮量与淋溶水中硝酸盐浓度呈正相关，增加施氮量会增大硝酸盐的淋溶。施磷与淋溶水中硝酸盐浓度呈负相关，施氮肥的同时加大施磷量能够减少硝酸盐的淋溶。

表 4-4　淋溶水中硝酸盐浓度极差分析

因素 factor	硝酸盐浓度平均值 Nitrate nitrogen average concentration 编码（1）	编码（−1）	极差 R Range
X_1（施氮量）	31.9	8.6	23.3
X_2（施磷量）	16.1	21.05	−4.95

极差分析具有直观形象、简单易懂等优点，但此法对因素效应无法进行显著性检验，因此对表 4-3 数据进行回归模型分析。

在研究期内，各处理淋溶水中硝酸盐浓度均在 7 月份达到最大值，最有可能对水体造成污染。因此利用 7 月份各处理淋溶水中硝酸盐的平均浓度（Y），运用二次饱和 D-最优设计结构矩阵（表 4-5），建立以淋溶水中硝酸盐浓度（Y）为目标函数，以施氮量 X_1(N)和施磷量 X_2（P_2O_5）为自变量的二元二次拟合模型，得到回归方程（4-1）为

$$\hat{Y} = 35.939 + 26.041 X_1 - 4.426 X_2 + 5.747 X_1^2 - 1.812 X_2^2 - 5.659 X_1 X_2 \tag{4-1}$$

对方程（4-1）做回归显著性检验（表 4-6），$F_{拟合} = 123.52 > F_{0.01}(5, 10) = 5.64$，达到极显著水平，说明回归方程的预测值和实际值吻合较好，故以此方程进行预报具有较高的可行性。

表 4-5 试验设计结构矩阵及 7 月份淋溶水中硝酸盐浓度 单位：mg/L

处理 Treatment	试验结构矩阵 Structure matrix						硝酸盐平均浓度 Average nitrate			总平均值 Total average	估计值 Predict value
	X_0	X_1	X_2	X_1^2	X_2^2	$X_1 X_2$	Ⅰ	Ⅱ	Ⅲ		
F_1	1	−1	−1	1	1	1	10.4	10.6	16.8	12.6	12.6003
F_2	1	1	−1	1	1	−1	76.4	71.7	79.9	76.0	76.0003
F_3	1	−1	1	1	1	−1	11.6	14.7	18.9	15.1	15.0670
F_4	1	−0.1315	−0.1315	0.0173	0.0173	0.0173	29.9	30.6	38.7	33.1	33.0668
F_5	1	1	0.3944	1	0.1556	0.3944	63.6	65.3	61.5	63.5	63.4671
F_6	1	0.3944	1	0.1556	1	0.3944	37.5	36.5	41.9	38.6	38.6337

表 4-6 回归方程（2）显著性检验

模型 Model	SS	df	MS	F	$F_{0.05}$	$F_{0.01}$
回归	9806.5123	5	1961.3025	123.518**	3.33	5.64
误差	158.79	10	15.8787			
总计	9965.2990	15				

按公式（4-1）计算 2 个因素的贡献率，分别为：$\Delta_1 = 2.22$，$\Delta_2 = 1.20$。表明影响淋溶水中硝酸盐浓度的关键因子是氮肥施用量 X_1，其次是施磷量 X_2。

为了找出各因素对淋溶水中硝酸盐浓度（Y）的影响，采用降维分析，将式（4-1）中 2 个因素的其中 1 个因素分别固定在 −1 、−0.1315、0.3944、1 这 4 个不同水平，得到式（4-1）关于 X_1、X_2 的 2 组 8 个一元二次方程，按方程做出图形（图 4-5、图 4-6）。

由图 4-5 可以看出，当施氮量固定在 −1 水平时，随着施磷量的增加淋溶水中硝酸盐浓度基本没有变化；但是当施氮量固定在 −0.1315、0.3944、1 较高水平时，随着施磷量的增加，淋溶水中硝酸盐浓度有降低趋势，而且施氮量水平越大，其降低趋势越明显。说明当施氮水平高时，施磷能减少硝酸盐淋溶，施氮水平较低时增加施磷量对硝酸盐淋溶没有影响。其原因可能是在施氮水平较低时，氮肥多数被草坪吸收，硝酸盐淋溶少，增加施磷量对减少硝酸盐淋溶作用不明显。

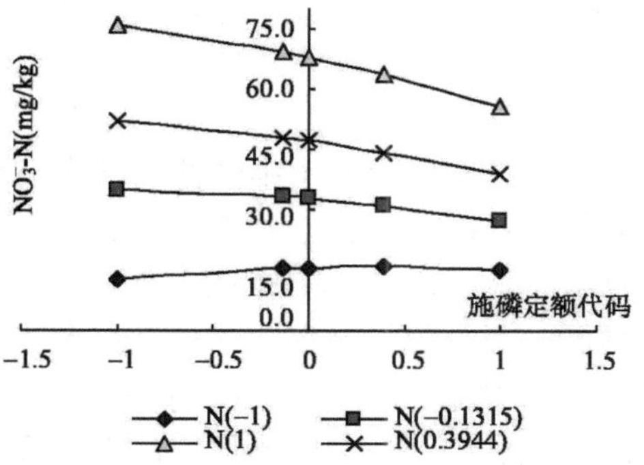

图 4-5　不同施氮水平下施磷定额对淋溶水中硝酸盐浓度影响

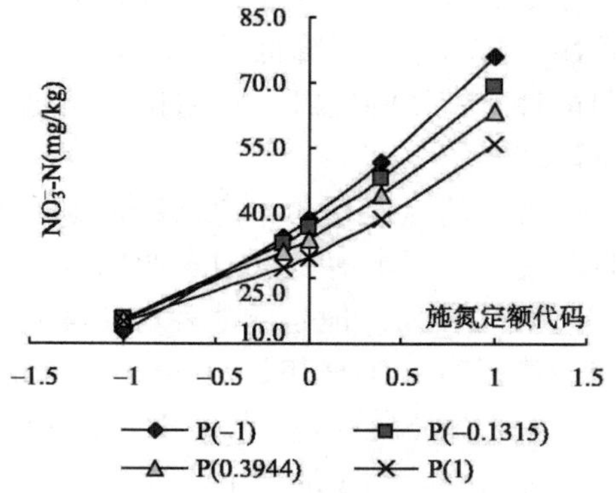

图 4-6　不同施磷水平下施氮定额对淋溶水中硝酸盐浓度影响

由图 4-6 可以看出，无论施磷量固定在哪个水平，随着施氮量的增加淋溶水中硝酸盐浓度均呈上升趋势。在施氮量处于 0 水平以下时，不同施磷水平淋溶水中硝酸盐浓度随施氮量增加，其增加趋势基本一致。但是当施氮量由 0 水平向 1 水平增加时，不同施磷水平淋溶水中硝酸盐浓度增加趋势出现变化，施磷量低的水平淋溶水中硝酸盐浓度增幅大，施磷高的水平增幅小，原因可能是施氮水平高时增施磷肥促进了草坪草根系对硝酸盐的吸收，减少了硝酸盐淋溶。

根据回归方程（4-1）、图 4-5 和图 4-6 中的 8 个一元二次方程，做出淋溶水中硝酸盐浓度（Y）与施氮量 X_1（N）、施磷量 X_2（P_2O_5）相互关系的空间曲面图形。由图 4-7 可以看出，当施氮量处于低水平时，增加施磷量对淋溶水中硝酸盐浓度影响不大，

$$Y=35.939+26.041X_1-4.426X_2+5.747X_1^2-1.812X_2^2-5.659X_1X_2$$

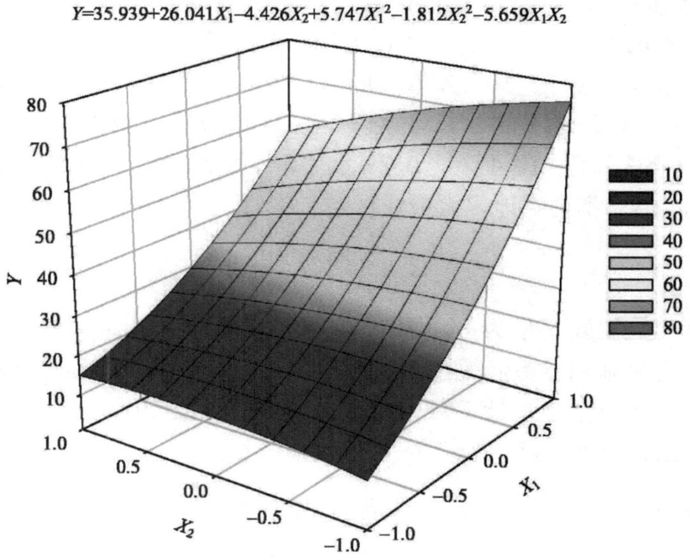

图 4-7　施氮量和施磷量与淋溶水中硝酸盐浓度的关系

但是随着施氮水平的提高，增加施磷水平能够减少硝酸盐的淋溶。硝酸盐淋溶浓度关键取决于施氮量，要降低淋溶水中硝酸盐浓度，减少根系层淋溶水中硝酸盐污染水环境的可能性，就要降低氮肥施用量。当氮肥施用量较大时，增加施磷量也能减少硝酸盐的淋溶。

现行的《地表水环境质量标准》（GB3838—2002）未对地表水中硝酸盐浓度作出明确限定，只限定地表水中农业用水区和一般景观水域（V 类）水体中总氮的浓度不能超过 2.0mg/L。但是《地表水环境质量标准》（GB3838—2002）修改前的《地表水环境质量标准》（GHZB1—1999）中限定农业用水区和一般景观要求水域（V 类）水体中硝酸盐浓度不能超过 25mg/L。而我国现行《地下水质量标准》（GB/T14848—93）中限定适合农业用水的地下水 V 类水中硝酸盐浓度不能超过 30mg/L。本研究认为淋溶水中硝酸盐浓度超过 30mg/L 就对水环境造成污染。

从表 4-3 可以看出，在年纯氮施用量为 $20g/m^2$ 条件下（处理 1 和处理 3），全年范围内草坪施氮后硝酸盐的淋溶不会对水环境造成污染。匍匐翦股颖草坪的年纯氮施肥量应该为 $10g/m^2$～$30g/m^2$，相当于处理 1、处理 3 和处理 4 的氮肥施用量。处理 1、处理 3 淋溶水中硝酸盐浓度全年范围内没有超过 30mg/L，而处理 4 淋溶水中硝酸盐浓度在降雨量较大的 7 月略大于 30mg/L，但是由于夏季大量施用氮肥会降低草坪草的抗性，草坪管理过程中草坪管理者在高温高湿的夏季都会减少氮肥的施用，7 月和 8 月氮肥施用量不会达到处理 4 的水平，这样雨季发生硝酸盐淋溶影响环境的可能性大大降低。其余 3 个处理在降雨量较大的 7 月和 8 月淋溶水中硝酸盐浓度均不同程度地超过 30mg/L 限定值，其中处理 2 和处理 5 淋溶水中硝酸盐浓度在这两个月均超过 60mg/L，相当于 30mg/L 的 2 倍多，对水环境造成严重污染。

由图 4-5、图 4-6 以及图 4-7 可以看出，当施氮处于低水平时，施磷量对淋溶水中硝酸盐浓度影响很小，但是饱和 D-最优设计只要模型显著，均不能对系数不显著的因子剔除，只要模型的回归关系显著，就有优化分析的条件。因此，将施磷量 X_2 取 0 水平，淋溶水中硝酸盐浓度（Y）临界值 30mg/L 带入方程 4-1，求出淋溶水中硝酸盐浓度（Y）小于 30mg/L 条件下的施氮量 X_1（N）取值范围，得出 X_1 的范围为：$-1 \leqslant X_1 \leqslant -0.24$，故当施氮量 X_1 小于 -0.24 水平时，淋溶水中硝酸盐浓度（Y）就小于 30mg/L 这个限定值，不会对地表水造成污染。将 $X_1 = -0.24$ 带入码值计算公式得

$$X_1 = \frac{Z_1 - 35}{15}$$

计算得实际年纯氮施用量为 $31.4g/m^2$，本研究氮肥共计施用 6 个月，由此得出 7 月份果岭草坪上纯氮施用量不能超过 $5.2g/m^2$。由于各处理淋溶水中硝酸盐浓度均是 7 月份达到最大值，所以认为果岭草坪上如果月纯氮施用量控制在 $5.2g/m^2$ 以内，就不会发生硝酸盐淋溶污染水环境。

（二）氮磷耦合效应对新建果岭草坪磷淋溶的影响研究

高尔夫球场的砂质果岭都有地下排水系统，即使磷肥较易转化成难溶性磷酸盐被土壤固定，磷肥也很有可能通过地下管道排水系统进入地下水造成环境污染。Branham

等（2000）研究发现在第一年施磷量为 20g/m² 条件下，0～7.5cm 土壤中含磷量为 3mg/kg～9.6mg/kg 土壤，尽管第二年施磷量仅为 5g/m²，但是土壤含磷量增加为 25.3mg/kg。Starrett（1995）认为，在施磷后高强度喷灌条件下，35%的磷会淋溶到 20cm 以下的土壤中。Wong 等（1998）研究发现高尔夫果岭草坪上淋溶水中磷的浓度超过地表 0.3mg/L 的限定值，能够造成水体污染。Shuman 等（2000）也发现果岭草坪的淋溶水中有磷的淋溶，他们研究表明在匍匐翦股颖果岭草坪建植的第一年，磷淋溶浓度超过 3mg/L，足以使藻类在水体中生长。目前国内未见有关草坪施用磷肥后的淋溶研究的报道，虽然国外这方面的研究不少，但对于新建果岭草坪以及氮磷耦合效应下磷淋溶损失的研究较少。

1. 材料与方法

同前述（一）部分的材料方法。

2. 结果与分析

不同施肥处理淋溶水中总磷浓度测定结果如表 4-7 所示。由表 4-7 可以看出，就全年来看，淋溶水中总磷浓度随着施磷量增加而增大。对各处理淋溶水中总磷浓度做方差分析，发现 6 个处理淋溶水中总磷浓度差异显著（$P<0.05$）。多重比较表明处理 3 和处理 6 淋溶水中总磷浓度显著（$\alpha<0.05$）高于处理 1 和处理 2 淋溶水中总磷浓度，表明施磷肥量能够显著影响磷的淋溶。虽然全年范围内各处理淋溶水中总磷浓度差异显著，但是差异主要来源于多雨的 7～9 月，在少雨的草坪草春季生长季，各处理淋溶水中总磷浓度没有差异。但是多雨的夏季，施磷量大的处理 3 和处理 6 淋溶水中总磷浓度急剧增加，处理 5 和处理 4 淋溶水中总磷浓度增幅明显小于处理 3 和处理 6，其中处理 4 的增幅最小。而夏季处理 1 和处理 2 淋溶水中总磷浓度未发生多大变化，这两个处理淋溶水中总磷浓度在全年范围内基本保持不变。

表 4-7 不同施肥处理淋溶水中总磷浓度 单位：mg/L

处理	重复	月份							平均值
		4 月	5 月	6 月	7 月	8 月	9 月	10 月	
	Ⅰ	—	0.07	0.22	0.28	0.16	0.33	—	
F_1	Ⅱ	0.20	0.16	0.23	0.28	0.13	0.13	—	0.19 b
	Ⅲ	0.02	0.05	0.31	0.22	0.23	0.32	—	
	Ⅰ	0.01	0.09	0.31	0.27	0.19	0.27	—	
F_2	Ⅱ	—	0.04	0.22	0.24	0.11	0.11	—	0.17 b
	Ⅲ	0.03	0.15	0.25	0.28	0.20	0.19	—	
	Ⅰ	0.02	0.07	0.32	2.39	3.54	0.94	—	
F_3	Ⅱ	0.02	0.23	0.22	2.44	3.49	0.95	—	1.23 a
	Ⅲ	0.10	0.29	0.26	2.37	3.58	0.92	—	
	Ⅰ	0.03	0.04	0.26	0.49	0.52	0.44	—	
F_4	Ⅱ	0.02	0.06	0.26	0.48	0.56	0.41	—	0.27 ab
	Ⅲ	0.11	0.07	0.21	0.51	0.57	0.49	—	

续表

处理	重复	月份							平均值
		4月	5月	6月	7月	8月	9月	10月	
	Ⅰ	0.03	0.10	0.21	1.39	1.54	0.54	—	
F_5	Ⅱ	0.08	0.12	0.21	1.44	1.49	0.58	—	0.65 ab
	Ⅲ	0.06	0.12	0.33	1.37	1.58	0.51	—	
	Ⅰ	0.03	0.25	0.22	2.72	3.09	0.82	—	
F_6	Ⅱ	0.02	0.25	0.28	2.86	3.08	0.83	—	1.19 a
	Ⅲ	0.13	0.18	0.22	2.67	3.01	0.84	—	

注：同一列内，字母相同者差异不显著，字母不同者差异显著；英文小写字母代表同一列内数据在 0.05 水平上差异显著；一表示没有收集到水样

在研究期内，各处理淋溶水中总磷浓度均在 8 月份达到最大值，最有可能对地表水造成污染。因此利用 8 月份各处理淋溶水中总磷的平均浓度（Y），运用二次饱和 D-最优设计结构矩阵（表 4-8），建立以淋溶水中总磷浓度（Y）为目标函数，以施氮量 X_1（N）和施磷量 X_2（P_2O_5）为自变量的二元二次拟合模型，得到回归方程式（4-2）为

$$\hat{Y}=0.727-0.108X_1+1.577X_2+0.212X_1^2+0.807X_2^2-0.105X_1X_2 \quad (4\text{-}2)$$

对式（4-2）做回归显著性检验，$F_{拟合}=2818.5>F_{0.01}(5, 10)=5.64$，达到极显著水平，说明回归方程的预测值和实际值吻合较好，故以此方程进行预报具有较高的可行性。计算 2 个因素的贡献率，分别为：$\Delta_1=1.24$，$\Delta_2=2.64$。表明影响果岭草坪中磷的淋溶的关键因子是施磷量 X_2，其次是氮肥施用量 X_1。

表 4-8　试验设计结构矩阵及 8 月份淋溶水中总磷浓度　　单位：mg/L

处理	试验结构矩阵						总磷平均浓度			总平均值	估计值
	X_0	X_1	X_2	X_1^2	X_2^2	X_1X_2	Ⅰ	Ⅱ	Ⅲ		
F_1	1	−1	−1	1	1	1	0.16	0.13	0.23	0.17	0.1733
F_2	1	1	−1	1	1	−1	0.19	0.11	0.2	0.17	0.1667
F_3	1	−1	1	1	1	−1	3.54	3.49	3.58	3.54	3.5367
F_4	1	−0.1315	−0.1315	0.0173	0.0173	0.0173	0.52	0.56	0.57	0.55	0.5500
F_5	1	1	0.3944	1	0.1556	0.3944	1.54	1.49	1.58	1.54	1.5367
F_6	1	0.3944	1	0.1556	1	0.3944	3.09	3.08	3.01	3.06	3.0600

为了找出各因素对淋溶水中总磷浓度（Y）的影响，将式（4-2）中 2 个因素的其中 1 个因素分别固定在−1、−0.1315、0.3944、1 这 4 个不同水平，得到式 4-2 关于 X_1、X_2 的 2 组 8 个一元二次方程并做出图形（图 4-8、图 4-9），找出各因素对淋溶水中总磷浓度（Y）的影响。

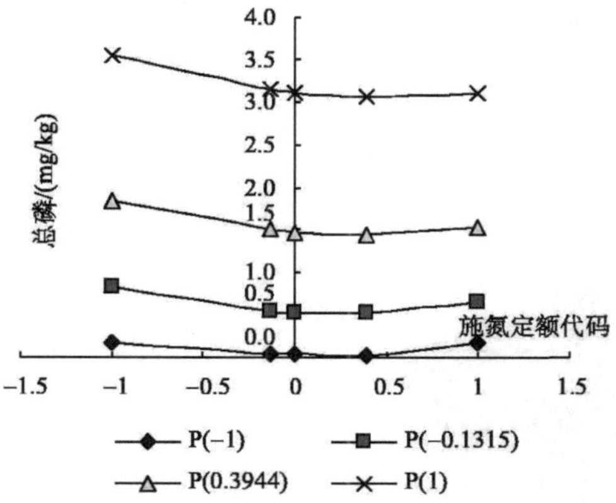

图 4-8　不同施磷水平下施氮定额对淋溶水中总磷浓度影响

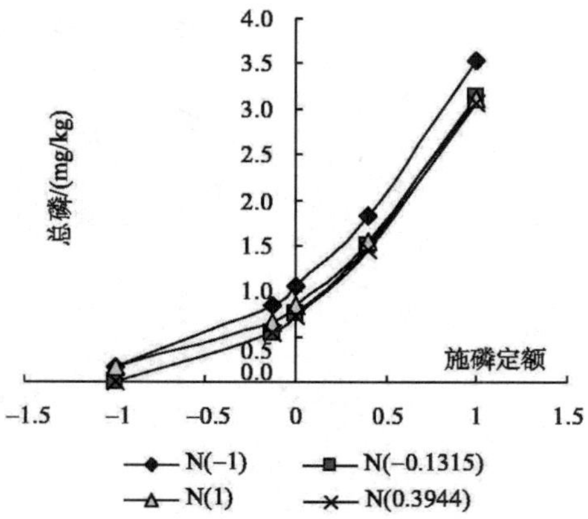

图 4-9　不同施氮水平下施磷定额对淋溶水中总磷浓度影响

由图 4-8 可以看出，无论磷固定在哪个水平，当施氮定额小于 0 水平时，随着施氮量的增加，淋溶水中总磷浓度有降低趋势，当施氮定额大于 0 水平时，增加施氮量淋溶水中总磷浓度基本不变。此结果说明在草坪施氮量较低的情况下，增加施氮量能够减少磷的淋溶，原因可能是施氮水平较低时增加氮肥施用量能够促进草坪草对磷的吸收。由图 4-9 可以看出，无论氮取哪个水平，随着施磷量的增加，淋溶水中总磷浓度均呈增加趋势。但是当施磷量小于 0 水平时，淋溶水中总磷浓度随施磷量的增加而增大的幅度小；施磷量大于 0 水平时，淋溶水中总磷浓度随施磷量的增加而增大的幅度明显增大。

根据回归方程式（4-2）、图 4-8 和图 4-9 中的 8 个一元二次方程，做出淋溶水中总磷浓度（Y）与施氮量 X_1（N）、施磷量 X_2（P_2O_5）相互关系的空间曲面图形。由图 4-10 可以看出，淋溶水中总磷浓度关键取决于施磷量，要降低淋溶水中的总磷浓度，减少根系层淋溶水中总磷污染水环境的可能性，就要降低磷肥的施用量。当氮肥施用量较小时，增施氮肥也能减少部分磷的淋溶。

我国现行《地表水环境质量标准》（GB3838—2002）对地表水中总磷浓度作了限定，规定农业用水区和一般景观要求水域（V 类）水体总磷浓度不得超过 0.4mg/L。将表 4-7 各处理淋溶水中总磷浓度与标准值比较可以得出：处理 1 和处理 2 由于施用量小，全年范围内淋溶水中总磷浓度小于标准值；处理 4 虽然淋溶水中总磷的平均浓度小于标准限定值，但是在降雨量大的 7～9 月其淋溶水中总磷浓度略高于标准值；其余 3 个处理 7～9 淋溶水中的总磷浓度远远超过标准限定值，最大值几乎是标准限定值的 10 倍，对水环境造成严重污染。

由图 4-8、图 4-9 和图 4-10 可以看出，当氮取较低水平时，增施氮肥能够减少淋溶水中总磷浓度。但是氮肥的施用量不能无限制增加，否则又会导致硝酸盐的淋溶。通过对硝酸盐的淋溶研究表明当施氮量 X_1 小于 −0.47 水平时，淋溶水中硝酸盐浓度（Y）小于 25mg/L 这个限定值，不会对地表水造成污染。因此，将 X_1 取 −0.47 水平，淋溶水中总磷浓度（Y）临界值 0.4mg/L 带入式 4-2，求出淋溶水中总磷浓度（Y）小于

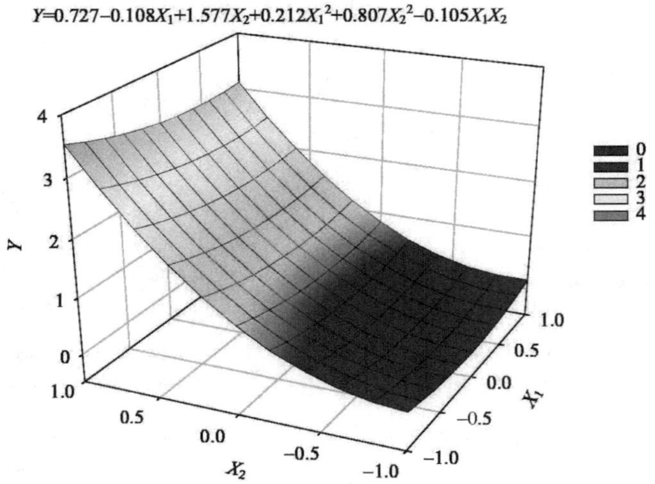

图 4-10　施氮量和施磷量与淋溶水中总磷浓度的关系

0.4mg/L 条件下的施磷量 X_2（P_2O_5）的取值范围为：$-1\leqslant X_2\leqslant -0.31$，故当施氮量 X_2 小于−0.31 水平时，淋溶水中总磷浓度（Y）就小于 0.4mg/L 这个限定值，不会对地表水造成污染。将 $X_2=-0.31$ 带入码值计算公式得

$$X_2=\frac{Z_2-22.5}{17.5}$$

计算得实际年施磷量（P_2O_5）为 17.1g/m^2，由于本研究磷肥共计施用 7 个月，故可得出 8 月份果岭草坪纯磷施用量不能超过 2.4g/m^2，磷酸二氢钾施用量不能超过 4.7g/m^2。由于各处理淋溶水中总磷浓度均在 8 月份达到最大值（表 4-7），所以可以认为在草坪上如果将月施磷量（P_2O_5）控制在 2.4g/m^2 以内，就不会发生磷淋溶污染地表水水环境。

二、多菌灵、甲霜灵在高尔夫球场根系层和淋溶水中的残留研究

（一）多菌灵在高尔夫球场根系层和淋溶水中的残留研究

多菌灵（Carbendazim）是一种高效低毒内吸性杀菌剂。它能防治子囊菌、半知菌和担子菌等真菌引起的多种病害，具有广谱性，并兼有保护与治疗效果，是近年来防治高尔夫球场草坪的铜斑病（Gloeocercospora sorghi）、黑孢枯萎病（Nigrospora sphaerica）、褐条病（Cercosporidium graminis）、红斑病（Laetisaria fuciformis）等真菌病害最理想的杀菌剂之一。其化学名称为苯骈咪唑-2-基氨基甲酸甲酯。

由于高尔夫球场大多建在透水性良好的沙壤土上，在高尔夫球场草坪管理中大量施用农药是否会对环境产生影响越来越受到关注。花日茂等研究了多菌灵在不同土壤中的吸附和移动，认为多菌灵在砂质土壤环境中容易进入地下水。目前国内外还没有关于高尔夫球场草坪施用多菌灵的残留研究。本试验通过建立模拟果岭小区对高尔夫球场根系层和对淋溶水中多菌灵的残留进行测定，参照国外农药残留标准，分析其影响环境的可能性。

1. 材料与方法

50% 多菌灵可湿性粉剂购于北京市植保站，由山东泗水丰田农药有限公司生产。试验设计 3 处理：草坪病害防治常用量的 0.5 倍（$0.10g/m^2$）、1 倍（$0.15g/m^2$）和 2 倍（$0.3g/m^2$）。每处理 3 个重复完全随机排列，共 9 个小区。施药时间为 2002 年 6 月 10 日至 2002 年 10 月 10 日，每周以喷雾方式施用 1 次。

用直径 4cm 土钻采集土样，多点采集混合均匀。处理 1、处理 2 土壤取样深度为 20～30cm，处理 3 的取样深度为表层 0cm，2～10cm、10～20cm、20～30cm。每 2 周取样 1 次。当水样收集瓶中的水达到 50% 时及时收集水样，收集排水水样后记录其体积，放在 4℃温度中保存待测。水样每两周测定 1 次。

根系层土壤在室温下风干后过 20 目筛，称取 40 g 置于 100ml 具塞锥形瓶中，用 40ml 甲醇浸泡过夜，振荡 1 小时，过滤后再加 30ml 甲醇振荡 0.5 小时，合并提取液，旋转挥发器上浓缩至 1ml，过 0.45μm 滤膜后，用 HPLC 法测定农药含量。水样经过滤后量取 500ml 置于 1L 分液漏斗中，加入 10g NaCl，100mlCH_2Cl_2 分 3 次萃取，收集萃取液过无水 Na_2SO_4 柱干燥，旋转挥发器上浓缩至近干，室温下挥发去溶剂后用甲醇定容至 1ml，用 HPLC 法测定农药含量。

采用 LC-3A 液相色谱仪（日本岛津公司）进行研究。0.46cm×25cm C-18 不锈钢色谱柱，UVD 检测器，检测波长为 280nm，柱温 30℃. 流动相为甲醇：0.5mcl/L 乙酸胺水溶液＝70∶30，流速 1ml/min。多菌灵的保留时间为 4.11min。色谱图如图 4-11 所示。根系层中多菌灵的回收率与变异系数分别为 85.3±4.7% 与 5.5%（0.5mg/kg～2.5mg/kg）。水中多菌灵的回收率及变异系数分别为 63.6±5.3% 与 8.3%（0.02mg/L～0.10mg/L）。多菌灵最低检出量为 2E－9g，水中最低检出浓度为 0.4μg/L，根系层中最低检出浓度为 0.020mg/kg。

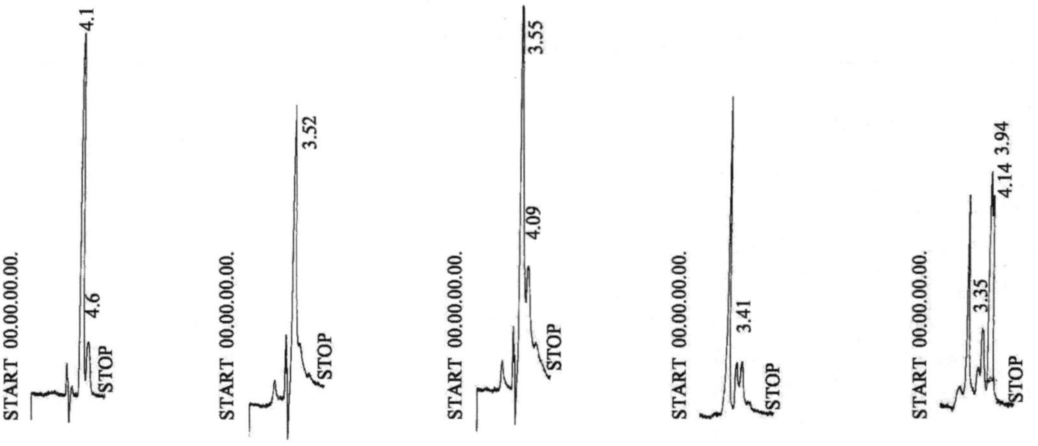

图 4-11　多菌灵液相色谱图

试验小区建立、小区草坪建植与管理等和氮磷耦合效应对新建果岭草坪硝态氮、磷淋溶的影响研究部分一致。

2. 结果与分析

水样中多菌灵的残留检测结果如表 4-9 所示。结果表明，各处理淋溶水中的浓度均小于 0.02mg/L。在试验的 18 周内各处理淋溶水中多菌灵的残留浓度呈现逐渐降低趋势。

表 4-9 各处理水样中多菌灵残留水平检测结果 单位：mg/L

处理	测试日期/(日/月)							
	8/7	24/7	5/8	20/8	3/9	20/9	12/10	23/10
1	0.001	0.008	0.005	0.004	0.003	0.001	0.001	0.001
2	0.003	0.013	0.006	0.004	0.004	0.001	0.004	0.001
3	0.01	0.015	0.012	0.007	0.007	0.001	0.011	0.001

各处理根系层中多菌灵残留测定结果如表 4-10 所示。结果表明，在处理 3 根系层表层中有多菌灵残留检出，其最大残留浓度为 0.057mg/kg。各处理 20～30cm 深度处根系层以及处理 3 的 2～10cm、10～20cm 深处根系层按最小检测浓度（0.001mg/kg），土样中均未检测到多菌灵残留。这与花日茂等多菌灵在砂壤土中易迁移的研究结果不一致（黄承嘉，1998），可能是花日茂等的研究是直接把多菌灵拌入土壤后用蒸馏水淋溶，没有考虑生态系统的综合因素的缘故。处理 3 表层根系层中有多菌灵检出，这与 Smith 等研究发现草坪枯草层和草坪草根系能够减少农药的淋溶的结论相一致（金相灿等，1990）。多菌灵的降解主要靠微生物的活动（李相然，1995），而草坪枯草层除了能吸附多菌灵外，草坪枯草层中的大量微生物降解草坪生态系统中残留多菌灵是多菌灵降解的主要途径。虽然本实验没有研究枯草层中微生物的数量和种类，但是各处理根系层和淋溶水中多菌灵的低残留可以说明枯草层在减少农药淋溶方面确实有积极的作用。

表 4-10 各处理根系层中多菌灵残留水平检测结果 单位：mg/kg

取样日期/(日/月)	取样深度/cm					
	处理 1	处理 2	处理 3			
	20～30	20～30	0	2～10	10～20	20～30
8/7	<0.001	<0.001	0.043	<0.001	<0.001	<0.001
24/7	<0.001	<0.001	<0.001	<0.001	<0.001	<0.001
5/8	<0.001	<0.001	0.021	<0.001	<0.001	<0.001
20/8	<0.001	<0.001	0.034	<0.001	<0.001	<0.001
3/9	<0.001	<0.001	0.057	<0.001	<0.001	<0.001
20/9	<0.001	<0.001	0.043	<0.001	<0.001	<0.001
12/10	<0.001	<0.001	<0.001	<0.001	<0.001	<0.001
23/10	<0.001	<0.001	<0.001	<0.001	<0.001	<0.001

我国尚未制定相应的高尔夫球场施用农药及其排放水农药残留物标准，仅对果菜、小粒水果和原粮中多菌灵的最高残留作了规定，均为 0.5mg/kg（GB14870-94）。在我

国《地面水环境质量质标准》（GB 3838-2002）和《渔业水质标准》（GB11607-89）中均未对多菌灵的残留给出标准限定值。参考国外有关防止农药残留污染水质的规定，即采用1988年前苏联（现俄罗斯）地面水标准中对多菌灵的规定标准0.1mg/L。水样中的多菌灵残留结果与国外标准的比较表明，在草坪上以草坪病害防治中常用量的2倍（0.3g/m^2）施用多菌灵，淋溶水中多菌灵的最大残留浓度为0.02mg/L，远远小于0.1mg/L，说明在草坪上施用多菌灵不会对环境产生影响。

虽然多菌灵在草坪中的淋溶较小，但在高尔夫草坪管理过程中，也应该科学合理地、交替地施用各种农药。国家有关部门也应该制定高尔夫球场相关农药的残留标准，并对高尔夫球场水域和土壤中的农药残留加强检测，以防止残留农药对高尔夫球场及其周边环境的影响。

（二）甲霜灵在高尔夫球场根系层和淋溶水中的残留研究

霜灵（metalaxyl）化学名称为N-（2-甲氧基乙酰基）-N-（2,6-二甲苯基）-D，L-丙氨，是由瑞士汽巴—嘉基有限公司开发的内吸性杀菌剂，具有高效、低毒、残效期长及用药量低等特点。它能防治藻菌冈真菌引起的多种病害，具有广谱性，并兼有保护与治疗效果，是近年来防治高尔夫球场草坪的霜霉病（Sclerophthora macrospora）、腐霉枯萎病（Pythium spp.）、褐条病（Cercosporidium graminis）等真菌病害最理想的高效内吸性杀菌剂。Branham，B. E等研究发现在模拟果岭条件下施用甲霜灵虽然对地下水不会产生显著影响，但是甲霜灵能够随淋溶水穿过果岭草坪下30cm的根系层。国内目前还没有关于高尔夫球场施用甲霜灵的残留研究。本试验通过建立模拟果岭小区对高尔夫球场根系层和对淋溶水中甲霜灵的残留进行测定，参照新西兰农药残留标准，分析其影响环境的可能性。

1. 材料与方法

25%甲霜灵可湿性粉剂购于北京市植保站，由江苏宝灵化工股份有限公司生产。试验设计3处理：草坪病害防治常用量的0.5倍（0.10g/m^2）、1倍（0.15g/m^2）和2倍（0.30g/m^2）。每处理3个重复完全随机排列，共9个小区。施药时间为2002年6月10日至2002年10月10日，每周以喷雾方式施用1次，共计施药18次。

采用LC-3A液相色谱仪（日本岛津公司）进行试验。0.46×25cm C-18不锈钢色谱柱，UVD检测器，检测波长为213nm，柱温30℃，流动相为甲醇：水为70：30，流速1ml/min。甲霜灵的保留时间为5.74min。

小区建立、水样土样采集以及提取浓缩等和多菌灵在高尔夫球场根系层和淋溶水中的残留研究部分相同。

2. 结果与分析

各处理根系层中甲霜灵残留测定结果见表4-11。结果表明，甲霜灵在根系层中的残留浓度与施用量有关。施用量越大，甲霜灵残留浓度也越大。处理1和处理2根系层20～30cm中甲霜灵的残留在试验期内均低于0.1mg/kg，而处理3根系层20～30cm中甲霜灵的残留在10月12日（连续施用16周后）超过0.1mg/kg（图4-12）。根系层表层中甲霜灵的残留浓度高于 2～10cm、10～20m 和 20～30cm 的浓度。除了 8 月 20 日的测试结果外，处理 3 其他日期的测试结果表明甲霜灵的残留浓度随砂土深度逐渐降低，出现分层现象（图 4-13）。8 月 20 日的结果出现异常可能与取样前 1 周的暴雨有关。

表 4-11 各处理根系层中甲霜灵残留水平检测结果 单位：mg/kg

取样日期/(日/月)	取样深度/cm					
	处理 1	处理 2	处理 3			
	20～30	20～30	0	2～10	10～20	20～30
8/7	<0.001	<0.001	0.059	<0.001	<0.001	<0.001
24/7	<0.001	<0.001	0.036	0.012	<0.001	<0.001
5/8	0.002	0.010	0.122	0.101	0.052	0.054
20/8	<0.001	0.055	0.028	0.049	0.076	0.063
3/9	0.004	0.058	0.083	0.072	0.064	0.047
20/9	<0.001	0.017	0.109	0.102	0.048	0.050
12/10	0.034	0.022	0.184	0.173	0.141	0.114
23/10	0.006	0.058	0.131	0.155	<0.001	0.119

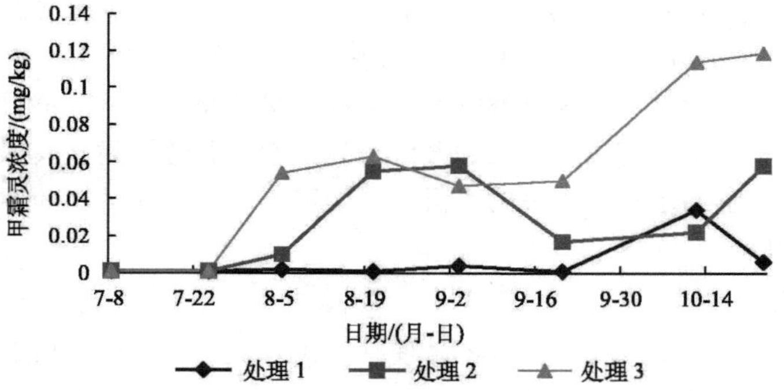

图 4-12 20～30cm 根系层中不同时期甲霜灵残留

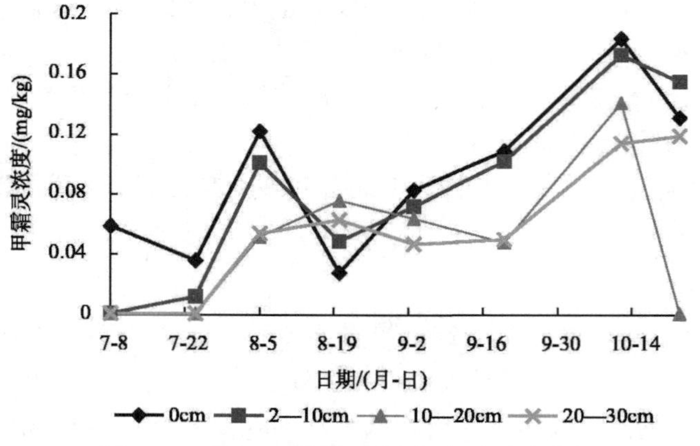

图 4-13 处理 3 不同根系层深度甲霜灵残留

水中甲霜灵的残留检测结果如表 4-12 所示。结果表明，甲霜灵的淋溶残留与其在根系层中的残留规律基本一致。施用量越大，甲霜灵残留浓度也越大。各处理淋溶水中甲霜灵的残留浓度在北京降雨量最大的 9 月中上旬达到最大值。处理 3 淋溶水中甲霜灵残留浓度 9 月 3 日（连续施用 11 周后）开始超过 0.1mg/L，而处理 2 和处理 1 淋溶水中甲霜灵残留浓度在整个试验期内（连续施用 18 周）均低于 0.1mg/L。

表 4-12　各处理水样中甲霜灵残留水平检测结果　　单位：mg/L

处理测试	测试日期/(日/月)							
	8/7	24/7	5/8	20/8	3/9	20/9	12/10	23/10
处理 1	0.008	0.007	0.010	0.017	0.016	0.033	0.028	0.018
处理 2	0.035	0.021	0.023	0.027	0.054	0.083	0.050	0.070
处理 3	0.010	0.026	0.027	0.056	0.123	0.102	0.100	0.106

每周在甲霜灵的施药量等于或低于 0.15g/m^2 的条件下，甲霜灵在根系层和水中的残留浓度小于 0.1mg/kg（mg/L）。如果连续以 0.3g/m^2 的施用量施用甲霜灵，其在草坪根系层和淋溶水中的残留浓度分别在 16 周和 11 周后超过 0.1mg/kg（mg/L）。此结论说明草坪微生物和草坪根系层对甲霜灵的降解和吸附存在临界点，超过该临界点，甲霜灵就会在草坪根系层中发生累积。

我国尚未制定相应的高尔夫球场施用农药及其排放水农药残留物标准，仅对果菜、小粒水果和原粮中甲霜灵的最高残留作了规定，分别为 0.5mg/kg、1.0mg/kg 和 0.05mg/kg（GB1633-1996）。在我国《地面水环境质量质标准》（GB 3838-2002）和《渔业水质标准》（GB11607-89）中均未对甲霜灵的残留给出标准限定值。为此，本文参考 2000 年新西兰饮用水水源标准中对甲霜灵的规定标准值 0.1mg/L。水样中的甲霜灵残留结果与 2000 年新西兰饮用水水源标准中规定值的比较表明，在每周甲霜灵的施药量低于 0.15g/m^2 的情况下，其在水中的残留不会对球场地表水产生污染。连续数周内以 0.3g/m^2 的施用量施用甲霜灵，其在淋溶水中的残留 11 周后超过 0.1mg/L，对球场水环境产生污染。在高尔夫草坪管理过程中，应该交替施用各种农药，并且将每周甲霜灵的施用量控制在 0.15g/m^2 以内。国家有关部门也应该制定高尔夫球场相关农药的残留标准，并对高尔夫球场水域和土壤中的农药残留加强检测，以防止残留农药对高尔夫球场及其周边环境的影响。

三、北京七家高尔夫球场地表水水环境状况调查

从 1984 年我国第一家高尔夫球场开业至今，我国的高尔夫产业已发展成拥有 500 余家高尔夫球场、150 万球手以及 10 万从业人员的朝阳产业。但也有一些人对此提出异议，认为高尔夫球场草坪养护施用农药和化肥会对环境造成污染和破坏，将高尔夫球场称为“绿色荒漠”。2004 年国务院办公厅下发【2004】1 号文件——《关于暂停新建高尔夫球场的通知》，决定我国高尔夫球场建设暂缓立项和审批，原因之一就是政府认为高尔夫球场污染环境。

虽然几十年来国外对高尔夫球场施用农药化肥对环境的影响进行了深入的研究，并且将这些研究应用到实践中指导高尔夫球场草坪总监科学施用农药和化肥，但是国内高尔夫球场的气候条件、草坪管理水平、农药、化肥产品与发达国家不尽相同，而这些因子又是决定高尔夫球场施用农药化肥对水体产生影响与否的关键因素，因而我们只能在借鉴国外的研究成果的基础上，开展相关研究。中国高尔夫产业发展时间较短且研究资金缺乏，目前国内仅有少数几篇有关高尔夫球场环境问题的零星报道，并且大多都是分析比较研究或环境评价，还未见对高尔夫球场水环境的相关立项或系统研究。由于国内没有有关高尔夫与环境的实际调查研究，政府也无法判断高尔夫球场对环境造成了哪些恶劣影响。本研究在 2003 年 9 月至 2004 年 10 月分别对北京不同开业年限的 7 家高尔夫球场内人工湖中水体中的硝酸盐、亚硝酸盐、氨氮、总磷的浓度变化以及球场常用的多菌灵、百菌清、五氯硝基苯和呋喃丹四种农药的残留情况进行了取样测试，以期获得高尔夫球场地表水水环境状况的第一手资料，为深入开展相关研究奠定基础。

取样地点为草坪地下排水系统排水管道向人工湖排水的入出口处，每个球场地下排水管的具体选择情况如表 4-13 所示，每个取样口随机取 5 个点采集水样，水样采集深度为水面以下 10cm，每个采样点采样 500mL，将多个采集点的水样混合，取 2L 混合水样为该球场的水样。

表 4-13　取样高尔夫球场情况表

球场编号	营业年数/年	建坪草种			取样地点
		发球台	球道	果岭	水域（人工湖）
C_1	18	草地早熟禾 Poa pratensis	日本结缕草 Zoysia japomca	匍匐翦股颖 Agrostis stolonifera	3＃，7＃，9＃
C_2	17	匍匐翦股颖	日本结缕草	匍匐翦股颖	9＃，6＃，12＃，18＃
C_3	7	草地早熟禾	草地早熟禾	匍匐翦股颖	1＃，2＃3＃，5＃
C_4	4	草地早熟禾	草地早熟禾	匍匐翦股颖	环形湖 Loop-lake
C_5	3	草地早熟禾	草地早熟禾	匍匐翦股颖	18＃
C_6	1	匍匐翦股颖	草地早熟禾	匍匐翦股颖	9＃
C_7	1	匍匐翦股颖	草地早熟禾	匍匐翦股颖	8＃ ，13＃

水样用塑料瓶密封，放在 4℃冰箱置暗处保存待测，但保存时间不超过 24h。样品送交北京市理化中心检测，北京市理化中心通过中国实验室国家认可委员会认可（CNAL）和认量认证，其出具的报告具有权威性。

硝酸盐、亚硝酸盐、氨氮、总磷分别采用酚二磺酸分光光度法、分光光度法、纳氏试剂比色法和钼酸铵分光光度法测定。

多菌灵和呋喃丹采用 LC-10AT 高效液相色谱仪（日本岛津公司生产）测定。采用 0.46×25cm C-18 不锈钢色谱柱，UVD 检测器，检测波长为 280nm，柱温 30℃。多菌灵检测流动相为甲醇：0.5mol/L 乙酸胺水溶液＝70：30；呋喃丹检测流动相为甲醇：0.5mol/L 乙酸胺水溶液＝60：40。流速均为 1mL/min。百菌清、五氯硝基苯采用 GC 法测定，GC-ECD 气相条件为初温柱温 100℃，以 10℃/min 速度升至 220℃，以 8℃/min

速度升至 250℃，保持 10min，进样口温度 230℃，检测器温度 300℃，流速 30mL/min。

各球场草坪地下排水系统排水管出水口处人工湖中硝酸盐浓度的测定结果如表 4-14 所示。从表 4-14 可以看出，各球场草坪地下排水管道排水口处人工湖中硝酸盐浓度均以 2004 年 8 月 24 日为最高，均在 10mg/L 以上。在测定期限内的其他各月，除了 C_1 高尔夫球场 2004 年 5 月的测定值为 18.50mg/L，高于 10mg/L 外，其余各球场的各次测定值均小于 10mg/L。

表 4-14　各球场草坪地下管道排水口处硝酸盐浓度　　单位：mg/L

球场编号	采样日期（年．月．日）					
	2003.9.3	2003.10.22	2004.5.19	2004.6.30	2004.8.24	2004.10.27
C_1	1.24	0.17	18.50	0.38	36.10	2.97
C_2	0.05	<0.01	<0.01	<0.01	45.90	2.46
C_3	0.73	0.19	4.93	<0.01	12.50	3.76
C_4	0.52	<0.01	2.03	<0.01	37.80	3.10
C_5	—	—	2.21	<0.01	35.20	4.11
C_6	—	—	1.34	<0.01	30.90	3.89
C_7	1.01	<0.01	2.43	<0.01	44.50	2.14

注：—表示没有取样

现行的《地表水环境质量标准》（GB3838—2002）未对地表水中硝酸盐浓度作出明确限定，只限定集中式生活饮用水地表水源地水体中硝酸盐浓度不能超过 10mg/L。需要指出的是，本研究仅对地下管道排水口处硝酸盐浓度作了调查，没有对高尔夫球场的草坪管理施肥措施和氮肥的其他损失途径进行研究。从调查结果来看，北京高尔夫球场施氮后在降雨量大的夏季人工湖中硝酸盐浓度会超过 10mg/L，如果高尔夫球场建造在集中式生活饮用水地表水源地，就会使周边饮用水地表水源地受到季节性污染。在调查的 7 个高尔夫球场中，C_1 球场经营年限最长，且该球场就位于十三陵水库周边，目前十三陵水库水体功能为一般鱼类保护区及游泳区，从调查结果看 C_1 球场地表水中硝酸盐不会对十三陵水库水质造成影响。调查的其余 5 个球场均位于城市绿化带或潮白河下游，球场地表水中硝酸盐也不会对周边地表水水质造成影响。

各球场草坪地下排水系统排水管道出水口处人工湖中亚硝酸盐测定结果如表 4-15 所示。由表 4-15 可以看出，在测定期限内各球场草坪地下排水管道排水入水口处人工湖中亚硝酸盐浓度大多小于 0.03m g/L，许多还在检出限以下。仅 C_1 球场在 2004 年 5 月和 8 月较大，分别为 0.061mg/L 和 0.040mg/L。

表 4-15　各球场草坪地下管道排水口处亚硝酸盐浓度　　单位：mg/L

球场编号	采样日期（年．月．日）					
	2003.9.3	2003.10.22	2004.5.19	2004.6.30	2004.8.24	2004.10.27
C_1	<0.003	<0.003	0.061	0.007	0.040	0.004
C_2	<0.003	<0.003	<0.003	<0.003	0.015	0.006

续表

球场编号	采样日期（年．月．日）					
	2003.9.3	2003.10.22	2004.5.19	2004.6.30	2004.8.24	2004.10.27
C_3	<0.003	<0.003	<0.003	<0.003	0.005	0.007
C_4	<0.003	<0.003	<0.003	0.005	0.005	0.005
C_5	—	—	<0.003	<0.003	0.023	0.006
C_6	—	—	0.005	<0.003	0.007	0.004
C_7	<0.003	<0.003	0.005	<0.003	0.013	0.004

注：一表示没有取样

现行的《地表水环境质量标准》（GB3838—2002）未对地表水中亚硝酸盐浓度作出明确限定，但是现行的《景观娱乐用水水质标准》（GB12941—91）中限定一般景观用水水体（C类）亚硝酸盐浓度不能超过1.0mg/L，限定天然浴场和其他与人体直接接触的景观娱乐水体（A类）亚硝酸盐浓度不能超过0.15mg/L。高尔夫球场草坪的地下排水系统都是将水分从地下排水管道排入球场人工湖中，人工湖在球场中既作为击球障碍和草坪浇水的水源，又作为水体景观娱乐水体。将表4-15中7个球场的亚硝酸盐浓度调查结果与《景观娱乐用水水质标准》（GB12941—91）限定值比较，各球场人工湖中亚硝酸盐浓度均达到A类景观水体的标准限定值，可以认为北京高尔夫球场人工湖中亚硝酸盐不会对周边水体造成污染。

各球场草坪地下排水系统排水管出水口处人工湖中氨氮浓度的测定结果见表4-16。由表4-16可以看出，在对7个球场共计38场次的调查过程中，共计有8场次人工湖中氨氮浓度接近或者超过2.0mg/L；有12场次人工湖中氨氮浓度超过1.0mg/L；有14场次人工湖中氨氮浓度超过0.5mg/L；有30场次人工湖中氨氮浓度超过0.15mg/L。从时间上看，各球场在2003年9月氨氮浓度测定值最大，均在2.0mg/L以上，其次是2004年8月，氨氮浓度均在0.5mg/L以上。

表4-16 各球场草坪地下管道排水口处氨氮浓度 单位：mg/L

球场编号	采样日期（年．月．日）					
	2003.9.3	2003.10.22	2004.5.19	2004.6.30	2004.8.24	2004.10.27
C_1	4.30	0.46	3.06	0.21	3.00	0.08
C_2	2.00	3.60	0.26	0.30	0.84	0.07
C_3	2.20	0.38	0.36	0.32	1.20	0.12
C_4	2.00	0.30	0.08	0.36	0.76	0.12
C_5	—	—	0.26	0.23	1.10	0.17
C_6	—	—	0.15	0.40	1.00	0.10
C_7	2.40	0.43	0.13	0.31	1.00	0.09

注：一表示没有取样

我国现行《地表水环境质量标准》（GB3838—2002）对地表水中氨氮浓度作了限定，规定Ⅴ、Ⅳ、Ⅲ、Ⅱ和Ⅰ类水体中氨氮浓度不得超过 2.0mg/L、1.5mg/L、1.0mg/L、0.5mg/L 和 0.15mg/L。将表 4-16 中 7 个球场的氨氮浓度调查结果与《地表水环境质量标准》限定值比较，发现 2003 年 9 月的测定值超过标准中限定的Ⅴ类水体中的氨氮浓度，造成地表水环境污染。全部 38 场次调查测定中，有 30 场次人工湖中氨氮浓度接近或者超过 0.15mg/L，说明球场草坪地下排水系统排水管道出水口处人工湖中氨氮浓度超过《地表水环境质量标准》Ⅰ类水体限定值的概率很高。虽然本次调查的 7 个球场均不在源头水或国家自然保护区的Ⅰ类水体区域内，但是如果在这些区域建造高尔夫球场，其人工湖中的氨氮会对周边水质造成影响。

从单个球场来看，C_1 高尔夫球场人工湖中氨氮浓度 3 次超过 2.0mg/L，最高达 4.30mg/L，是《地表水环境质量标准》中Ⅴ类水体限定值的 2 倍多，可以认为 C_1 球场人工湖地表水氨氮会对十三陵水库水质造成影响。

各球场草坪地下排水系统排水管道出水口处人工湖中总磷浓度的测定结果见表 4-17。我国现行《地表水环境质量标准》（GB3838—2002）对地表水中总磷浓度作了限定，规定Ⅴ、Ⅳ、Ⅲ、Ⅱ和Ⅰ类水体中总磷浓度不得超过 0.4mg/L、0.3mg/L、0.2mg/L、0.1mg/L 和 0.02mg/L。由表 4-17 可以看出，在对 7 个球场共计 38 场次的调查过程中，共计有 8 场次人工湖中总磷浓度超过 0.4mg/L，已经对周边地表水水质造成影响。有 15 场次人工湖中总磷浓度接近或者超过 0.2mg/L，会对地表水或集中式生活饮用水地表水源地水体造成影响。从单个球场来看，C_1 高尔夫球场人工湖中总磷浓度测定结果全部超过 0.2mg/L，并且 5 次超过 0.4mg/L，说明该球场人工湖中水体总磷已经对周边地表水水质造成影响。此外，C_5 高尔夫球场和 C_2 高尔夫球场水体中总磷浓度分别有 2 次和 1 次超过 0.4mg/L，对地表水水环境造成季节性影响。

表 4-17　各球场草坪地下管道排水口处总磷浓度　　单位：mg/L

球场编号	采样日期（年.月.日）					
	2003.9.3	2003.10.22	2004.5.19	2004.6.30	2004.8.24	2004.10.27
C_1	0.44	0.76	0.25	0.400	0.50	0.75
C_2	0.09	1.9	0.04	0.004	0.06	0.07
C_3	0.08	0.35	0.07	0.007	0.14	0.09
C_4	0.05	0.21	0.04	0.006	0.15	0.15
C_5	—	—	0.06	0.006	0.85	0.67
C_6	—	—	0.22	0.110	0.35	0.10
C_7	0.08	0.36	0.05	0.006	0.14	0.18

注：一表示没有取样

近年来，有关高尔夫球场因施用磷肥影响水环境的报道也增多。因为高尔夫果岭草坪都建植在沙质果岭上，根系层土壤黏粒含量较低，土壤孔隙较大，所以高尔夫球场草坪管理者应该改变施肥后只有氮素会对水环境造成威胁，磷不会污染水环境的传统观念，一定要根据土壤有效磷测定结果来确定施磷量，并且尽量多次分施。

本研究还在2003年9月对2003年少量施用过多菌灵、百菌清、五氯硝基苯和呋喃丹防治草坪病虫害的5个球场水体中四种农药的残留作了测定，各球场草坪地下排水系统排水管道出水口处人工湖中四种农药残留的结果如表4-18所示。由表4-18可以看出，发现球场水体中有多菌灵、百菌清、五氯硝基苯和呋喃丹残留，表明这5家高尔夫球场草坪管理施用这四种农药后未对地表水造成污染，这与国内多家媒体认为高尔夫球场施用农药会严重污染地下水或者导致高尔夫球场周边地区环境污染的报道并不相符。

表4-18　各球场果岭、球道、发球台根系层土壤和人工湖中农药残留

球场编号	测定项目			
	多菌灵 Carbendazim	百菌清 Chlorothalonil	五氯硝基苯 Qudintozene	呋喃丹 Furadan
C_1	＜0.001	＜0.000 4	＜0.000 2	＜0.000 7
C_2	＜0.001	＜0.000 4	＜0.000 2	＜0.000 7
C_3	＜0.001	＜0.000 4	＜0.000 2	＜0.000 7
C_4	＜0.001	＜0.000 4	＜0.000 2	＜0.000 7
C_7	＜0.001	＜0.000 4	＜0.000 2	＜0.000 7

由调查可以看出，北京高尔夫球场草坪管理施用氮肥和磷肥后草坪排水中的一些指标会使球场地表水体受到轻度影响或者潜在威胁，尤其是氨氮和总磷两个指标影响最大。另外，从各个指标看，C_1 高尔夫球场草坪地下排水系统排水管道出水口处人工湖中硝酸盐、亚硝酸盐、氨氮、总磷浓度平均值最大，氨氮和总磷两指标最为明显，说明球场开业年限越长，其影响或者潜在威胁周边的水体环境的可能性越大。

1983年以来，美国高尔夫球协会共计投入2100多万美元资助了125个高尔夫与环境的相关研究项目，其研究结果认为高尔夫球场施用农药化肥对环境存在潜在影响，而气候条件、草坪管理水平以及草坪管理者的环保意识等因素也是决定影响发生与否的关键因素，如果漫不经心地施用农药化肥确实有可能造成环境污染，但在大多数情况下农药化肥的含量低于美国环保署规定的健康安全标准。调查结果显示球场地表水体受到轻度影响或者潜在威胁，尤其是氨氮和总磷两个指标影响最大，表明草坪管理者在提高草坪质量的同时，也需要提高环保观念。

此外，我国幅员辽阔，高尔夫球场分布在不同的气候区域，各地区草坪草种、果岭根系层土壤理化性质、施用肥料种类和施用量差别很大，且我国高尔夫球场建在风景区、度假胜地甚至水源地的比较多。因此，有必要对全国500余个高尔夫球场地表水水体状况立项进行实地调查，弄清并监测高尔夫球场水体水质状况，查明高尔夫球场草坪管理中施用氮磷肥后发生淋溶的可能性，提出相应的管理和监测体系。

四、北京某高尔夫球场人工湖富营养化及其成因

高尔夫球场通常球道长度为6400～7000m，占地面积40～60hm^2，由18洞构成。其中，草坪和树木占整个球场面积的70%左右，剩余面积由沙坑和水塘构成，而水面面积接近整个球场的30%。水体的生态环境健康，是提高球场景观表现的重要部分，

对球场的声誉也十分重要。但是，因为高尔夫球场对草坪草高质量的养护，农药化肥的施用比例逐年递增，土壤有机质含量逐渐降低，土壤保肥能力减少。每逢降雨，大量的营养物质以溶解态和吸附态随地表径流汇入球场人工湖，对水质造成严重污染，导致湖泊形成富营养化。这种由农田氮磷流失所引起的农业非点源污染已引起广泛关注，化肥的过量施用是农业非点源污染的主要原因。Miller 的研究显示，在美国，即使点源污染得到全面控制，湖泊的水质达标率也仅为 42%，而农业非点源污染源占美国所有湖泊营养物质负荷总量的 57%。国内关于湖泊富营养化的研究及治理也有报道，但关于高尔夫球场的水环境管理与湖泊富营养化研究的则报道鲜见。

从研究浮游藻类群落变化的角度出发，对北京某高尔夫球场人工湖的浮游藻类组成、密度和优势种进行调查，结合湖泊水质的理化性质监测，评价人工湖水体富营养化的现状，并分析高尔夫球场人工湖富营养化产生的原因，以期为高尔夫球场水环境保护和改善其生态服务功能提供理论依据。

1. 研究地的概况与研究方法

研究地点选在北京某高尔夫球场，东经 131°08′，北纬 34°30′。该高尔夫球场年降水总量为 540.8mm，主要集中在 4～10 月。年均气温 13.0℃，最高气温 35.8℃，最低气温 −10.3℃。地表水体的面积为 74 000m^2，研究的两个子人工湖水体面积分别为 4500m^2 左右和 5000m^2 左右，人工湖最大水深为 5m，所有人工湖水源均来自地下水。

根据该高尔夫球场人工湖的不同位置和功能，试验选取两个人工湖（1 号湖和 4 号湖）共设置 6 个采样点位。其中 1 号湖属于全封闭型的湖泊，湖泊入水口位于湖底；4 号湖属于半封闭型的湖泊，6 号、8 号球洞湖泊水体最终汇入 4 号湖。试验取样均在水面下 0.5m 处进行。采样点位的设置参照《水和废水监测分析方法》进行。采样时间为 2008 年 4～10 月，每月进行 1 次采样。浮游藻类水样的采集使用容量为 1L 的塑料瓶，其他水体理化指标的样品采集均用 600mL 的塑料瓶。所有样品瓶使用前应彻底清洗干净，装入水样前，先用水样冲洗样品瓶 2～3 次。

浮游藻类的水样采集后立即用鲁哥氏液（Lugols solution）固定，沉淀 24h，去除上清液、收集藻类细胞、定容至 30mL，用浮游植物计数框在光学显微镜下 40 倍观察计数。对于水体理化性质的监测，监测的项目选取与水体富营养化密切相关的水温、透明度（SD）、pH 值、高锰酸钾指数（COD_{Mn}）、总磷（TP）、总氮（TN）、叶绿素 a（Chla）这 7 个指标。对叶绿素 a 的采集同样要立即固定，固定液为 1% 的碳酸镁溶液。将理化性质水样的检测样品立即送往北京市地表水理化监测中心进行检测。

2. 结果与讨论

利用浮游藻类对湖泊水体进行富营养化的监测与评价，主要是通过对浮游藻类的种群种类和数量变化的测定和分析，判定水体的污染和富营养化状况。其主要原理是生态系统及群落层次可通过生物多样性效应来指示水体污染物对水环境内群落及系统进化的影响，以实现对水污染的生物监测。系统及群落对水质变化产生的生态效应主要表现在以下几个方面：某些指示种的出现或消失；水生生物群落种类数量的增减及结构的改变；个别种群内部数量与结构的变化；生产力高低程度的变化等。应用浮游藻类对湖泊水质进行监测，与传统的理化检测方法相比，最主要的优点是可以直接监测出生态系统已经发生的变化或已经产生影响而还没有显示出不良效应的信息。

该高尔夫球场的两个人工湖水体中的浮游藻类共有 7 个门，62 种。两湖浮游藻类的群落组成和细胞密度的监测结果如表 4-19 所示。由表 4-19 可以看出，两湖浮游藻类的比例均为：蓝藻门（*Cyanophyta*）>硅藻门（*Bacillariophyta*）>绿藻门（*Chlorophyta*）>隐藻门（*Cryptophyta*）>裸藻门（*Euglenophyta*）>甲藻门（*Pyrrophyta*）。试验期内，两湖蓝藻门浮游藻类细胞密度的平均值分别为 182.92×10^6 和 64.78×10^6 个/L，各占其整个浮游藻类细胞密度的 92.93% 和 85.29%，蓝藻门的浮游藻类占绝对优势。这说明湖泊水体中含有大量的营养物质，两湖均呈现富营养化的状态。此外，由结果还可以看出，4～7 月，4 号湖存在 1 号湖中没有出现的金藻门（*Chrysophyta*）的锥囊藻属，根据《中国淡水藻类——系统、分类及进化》中的记载，金藻门的浮游藻类是能够反应湖泊贫营养状态的优势种，锥囊藻属（*Dinobryon.*）通常生长在清洁、贫营养的水体中，可以看出，在这个时期内，4 号湖与 1 号湖的营养水平相比略低。

由表 4-19 可以得知，两湖藻类的细胞密度均较高，试验期内两湖浮游藻类细胞密度的平均值分别为 196.84×10^6 个/L 和 75.95×10^6 个/L。根据有关文献水质营养型的单项评价指标：以 10^4 个/L 为单位，浮游藻类量 30 以下为贫营养，30～100 为中营养，100 以上为富营养。根据上述评价指标，两湖每个月的藻类细胞密度都远远超过 10^6 个/L，说明两湖均已处于富营养化状态。

表 4-19　两湖区浮游植物群落构成与细胞密度　　单位：10^6 个/L

区域	采样时间	蓝藻门	隐藻门	甲藻门	金藻门	硅藻门	裸藻门	绿藻门	小计
1 号湖	04-21	1.47	0.93	0.13	0	17.54	3.67	5.54	29.28
	05-13	9.44	0.71	0.13	0	11.26	0.41	5.86	27.82
	06-11	15.67	0.98	0.10	0	6.71	0.03	12.27	35.76
	07-02	123.41	2.44	0.18	0	7.64	0.29	11.79	145.74
	08-04	273.04	0.27	0.10	0	0.60	0.13	2.23	276.37
	09-09	547.30	0.20	0.13	0	0.13	0.33	2.79	550.89
	10-14	310.16	0.13	0.13	0	0.07	0.20	1.33	312.01
	平均	182.92	0.81	0.13	0	6.28	0.73	5.97	196.84
	比例/%	92.93	0.41	0.06	0	3.19	0.37	3.03	100
4 号湖	04-21	17.51	0.82	0.10	4.12	7.49	0.37	3.16	33.58
	05-13	7.74	1.09	0.18	0.14	12.79	0.12	4.05	26.11
	06-11	17.82	0.48	0.27	2.44	11.08	0.09	5.09	37.28
	07-02	29.17	0.21	0.28	0.15	0.23	0.15	1.37	31.55
	08-04	36.47	0.10	0.50	0	2.20	0.13	6.29	45.69
	09-09	271.27	0.63	0.17	0	0.42	1.43	1.30	275.22
	10-14	73.49	0.68	0.15	0	2.92	0.35	2.88	82.22
	平均	64.78	0.57	0.24	0.98	5.30	0.38	3.45	75.95
	比例/%	85.29	0.76	0.32	1.29	6.98	0.50	4.54	100

由浮游藻类细胞密度的季节变化来看，随着光照增强、水温升高，两湖水体中浮游藻类细胞密度逐渐增加，于夏季达到最高值，但10月开始明显下降。其中1号湖在4～6月变化平稳，数量保持在27.82×10^6～35.76×10^6个/L，而在7～9月，浮游藻类的细胞密度急剧增加。在4号湖中，7个月中浮游藻类细胞密度的变化比较平稳，平均值为75.95×10^6个/L，只在9月出现激增，其细胞密度是4号湖藻类细胞密度平均值的3.6倍，总的来说，4号湖的富营养化程度较1号湖低。

浮游藻类为单细胞或群体，对水体理化与生物性状的变化反应较敏感，其优势种群对水体的营养程度有指示作用。从该高尔夫球场试验期内对各点位浮游藻类优势种的调查结果来看，春季时，该高尔夫球场人工湖的优势种（属）有针杆藻（*Synedra*）、平裂藻（*Merismopedia*）和鱼腥藻（*Anabaena*）。到了夏季，蓝藻门的铜绿微囊藻（*Microcystis aeruginosa*）、平裂藻和惠氏集胞藻（*Synechocystis crassa*）成为优势种（属）。从金相灿等在不同营养状态湖泊、水库中的常见浮游植物优势种类的分类标准来看，两湖的优势种显示人工湖的营养状况已达到富营养化或重富营养化程度。这种结果主要随着季节的变化而来。春季水温低，两湖出现了以硅藻门的针杆藻为优势的种群；夏季蓝藻和绿藻随着水温升高增长较快，取代硅藻成为优势种，而硅藻数量有所下降，也表明了蓝藻的生长需要更高的温度 。蓝藻门中的微囊藻属、鱼腥藻属是淡水中常见的有潜在危害性的藻类，可分泌毒素，是典型的污染指示种。

试验选取简便准确的综合营养状态指数法TLI_Σ作为评价方法，在监测球场两个人工湖不同点位各季节的叶绿素a（Chla）、高锰酸钾指数（CODMn）、总氮（TN）、总磷（TP）和透明度（SD）的基础上，计算其综合营养状态指数。

综合营养状态指数的计算公式为

$$TLI_\Sigma = \sum_{i=1}^{m} W_j TLI_j$$

式中，TLI_Σ为综合营养状态指数；TLI_j为第j种参数的营养状态指数；W_j为第j种参数的营养状态指数的相关权重；m为评价参数的个数。以Chla作为基准参数，则第j种参数的归一化的相关权重计算公式为

$$W_j = \frac{r_{ij}^2}{\sum_{j=1}^{m} r_{ij}^2}$$

式中，r_{ij}为第j种参数与基准参数Chla的相关系数。

中国湖泊的Chla与其他参数之间的相关关系r_{ij}及r_{ij}^2如表4-20所示。

表4-20　中国湖泊部分参数与Chla的相关关系r_{ij}及r_{ij}^2值

参数	Chla	TP	TN	SD	COD_{Mn}
r_{ij}	1	0.84	0.82	−0.83	0.83
r_{ij}^2	1	0.7056	0.6724	0.6889	0.6889

营养状态指数计算式为

(1) $TLI_{Chla}=10\ (2.5+1.086\ \ln Chla)$

(2) $TLI_{TP}=10\ (9.436+1.624\ \ln TP)$

(3) $TLI_{TN}=10\ (5.453+1.694\ \ln TN)$

(4) $TLI_{SD}=10\ (5.118-1.94\ \ln SD)$

(5) $TLI_{CODMn}=10\ (0.109+2.661\ \ln CODMn)$

综合营养状态指数中，以 0～100 的一系列连续数字将湖泊营养状态进行分级：$TLI_{\Sigma}<30$ 为贫营养；$30=TLI_{\Sigma}=50$ 为中营养；$TLI_{\Sigma}>50$ 为富营养，其中 $50<TLI_{\Sigma}=60$ 为轻度富营养，$60<TLI_{\Sigma}=70$ 为中度富营养，$TLI_{\Sigma}>70$ 为重度富营养。该高尔夫球场两湖的 TLI_{Σ} 指数值及营养状态如表 4-21 所示。

表 4-21　2008 年 4～10 月两湖综合营养状态指数比较

采样时间（月-日）	1 号湖		4 号湖	
	TLI_{Σ}	营养状态	TLI_{Σ}	营养状态
4-21	60.14	中度富营养	52.67	轻度富营养
5-12	56.47	轻度富营养	56.64	轻度富营养
6-11	49.47	中营养	52.86	轻度富营养
7-02	57.32	轻度富营养	54.93	轻度富营养
8-04	59.78	轻度富营养	61.39	中度富营养
9-09	65.56	中度富营养	68.39	中度富营养
10-14	64.29	中度富营养	56.97	轻度富营养
平均	59.00	轻度富营养	57.69	轻度富营养

该高尔夫球场人工湖水体中氮磷等营养物质的输入主要来自于对球场草坪草施用的化肥等。由于化肥的施用量过多，造成土壤养分失衡，当化肥施用量超过一定水平以后，其养分流失量显著增大，则引起氮素、磷素和钾素对环境的潜在威胁。

该高尔夫球场的肥料施用以复合肥为主，草坪生长后期逐步加适量的微量元素。复合肥主要为追肥（25-0-5），叶面肥（15-5-10）和果岭肥（18-6-15），其中叶面肥主要施用于球道和高草区，追肥则用于几乎所有的草坪草生长区域。果岭肥的施用量为 $34g/m^2$，叶面肥的施用量为 $30g/m^2$，追肥的施用量依据球场的不同区域而不同。就一般水平而言，我国草坪每年应施肥两次，N、P、K 之比约为 10∶6∶4（质量比，其中但氮总量的 1/2 应为缓效氮），一次施用量约为 7～10g/m。由此可看出，该高尔夫球场的施肥量对湖泊水体存在威胁。再加上高尔夫球场除果岭和发球台为人工土层，其他为在自然土壤上覆砂，而土壤具有透水性强的特点，以及存在地势坡度等因素，所以土壤养分易流失成为湖泊富营养化的重要原因。

氮磷营养因子是造成水体富营养化的主要元素。7 个月的水体理化检测结果显示，两湖 TN 含量的平均值分别为 1.45mg/L 和 1.88mg/L，TP 含量的平均值各为 0.08mg/L 和 0.11mg/L。一般认为湖泊水体 TN 浓度为 0.2mg/L，TP 浓度为 0.02mg/L 是湖泊富营养化的发生浓度。按此标准来看，两者都远高于国际上公认的富营养化水体 TN 和 TP 的初始浓度，表明两湖已处于湖泊富营养化的状态。

鸿华高尔夫球场 TN、TP 含量会发生季节变化是：1 号湖的 TN、TP 含量季节变化不明显，8 月中的 TN 含量和 9 月中的 TP 含量均在 4 号湖中出现。由浮游藻类的季节变化（表 4-19）可以看出，1 号湖从进入雨季以来，其浮游藻类的细胞密度逐步增加，而 4 号湖只在 9 月显示出浮游藻类急剧增加。许多研究表明，湖泊富营养化的发生与 TP 含量的关系更为密切。通过对 4 号湖浮游藻类的细胞密度和 TN、TP 含量进行相关性分析可知，浮游藻类的细胞密度与 TP 含量有极显著的相关性（$r=0.9943$），而与 TN 含量的相关性不明显（$r=-0.1653$），这说明 TP 含量的增加是 4 号湖藻类暴发更为主要的原因。

1 号湖中 TN 含量的平均值为 1.45mg/L，其中在 4～5 月，7 月、9 月出现了 3 个阶段 TN 含量增加；TP 含量的平均值为 0.08mg/L，增加值主要出现在 4 月及 9～10 月。在 4 号湖中，TN 含量逐渐增加，8 月达到高峰后，9 月回落于平均状态；TP 含量在 5 月出现小幅上升之后，于 9 月达到最高值，后回落。

人工湖水体中氮磷含量的季节变化与高尔夫球场的日常养护管理密切相关。对该高尔夫球场施肥状况的调查显示：春季和夏末秋初是球场主要施肥时期，球场在 3～4 月，即草坪草需要返青和生长的时期，人工湖水体氮磷含量小幅上升；7 月下旬和 9 月上旬施用了缓释肥，这些主要用于促进草坪草根系生长，增强草坪草的抗逆和抗病能力的草坪生长调节剂，同样促进了 TN、TP 含量的增加。

浮游藻类在湖泊中都是存在的，但其在流动性好的湖泊中不易大量繁殖，仅存在于人工湖泊边缘的静水区内，不会对水体产生大的威胁。对比两人工湖泊水体，1 号湖主要承担储水的任务，因水流速度减缓，静水面积大，为浮游生物的生长提供了很好的繁殖条件。所以，在营养物质输入相似的情况下，流动性差的湖泊中静水浮游生物激增，会对水质形成威胁。

王孟等在对长江流域大型水库富营养化成因的分析中也指出，以底层水为出水量的水库，水位落差较大，水流量大，水滞留时间短，水的自净能力强，不利于浮游藻类的生长，水质较好；而以表层水为出水量的水库，水滞留时间相对较长，水位变化较小，是对浮游生物的生长有利的水文条件，通常水质相对较差，富营养化现象较严重。据调查，该高尔夫球场的 4 号湖是与球场其他人工湖连通的水域，水位低于临近水体，当临近水域水位增高时，过多的水体会汇入 4 号湖；4 号湖湖底设有抽水泵，当湖水增加时，4 号湖的水体被用作灌溉水源，起着补充浇灌的作用。参考王孟等对水库的研究，比较各采点位浮游藻类细胞密度可以得知（图 4-14），4 号湖的藻类细胞密度较小，富营养化程度较轻，因为 4 号湖的出湖水流影响了湖泊的水流及分层，从而影响湖泊的水动力过程，使水质发生变化。特别是在雨季，由降雨产生的地表径流带来大量的营养物质，汇入人工湖水体中，

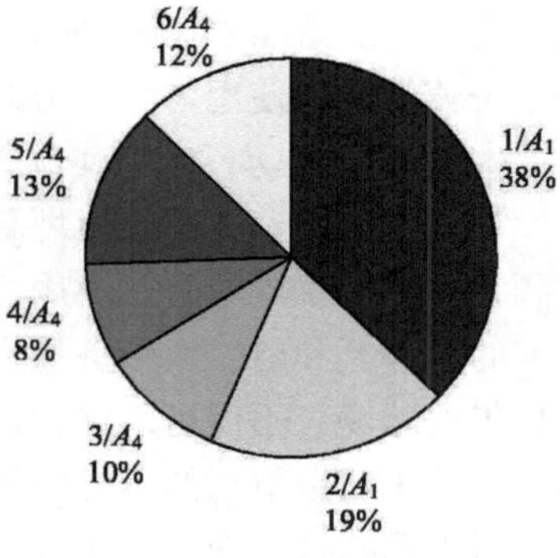

图 4-14　各点位浮游藻类细胞密度分布

导致藻类水华，形成湖泊富营养化。对比这段时间内1号湖中的浮游藻类细胞密度（表4-19）可知，4号湖对藻类暴发的抑制性强于1号湖。

水生植被在浅水湖泊生态系统自然演替过程中具有特殊意义，水生高等植物不仅能够快速吸收水体和沉积物中的营养盐，抑制底泥中营养物质的释放，分泌产生他感物质抑制浮游植物生长，而且对湖泊生态系统的物理、化学及生物学特征有重要影响。该高尔夫球场的湖底因铺设防渗膜，影响了水生植物种群的自然生长，破坏了水生生态系统的稳定性。所以，当湖泊水体有氮、磷等营养物质输入时，再加上有适宜水文、气象等条件，湖泊自净能力低，浮游藻类大量增长，湖泊的富营养化状况也就相应加重。

五、再生水灌溉高尔夫球场潜在的问题及解决方法

水是很有限的自然资源，随着我国经济的发展和城市化的加快，城市水资源问题日益严重。据水利部统计，2003年我国人均水资源为2140m^3，接近中度缺水线，其中北方人均水资源仅为990m^3，属于严重缺水地区。高尔夫球场灌溉需水量较大，为节约饮用水源，球场管理者必须考虑使用可替代资源。再生水是工业废水与生活污水进入城市污水处理厂经二级或二级以上处理后排放的水的总称，是一种相对稳定的潜在水资源，可以代替饮用水灌溉高尔夫球场。在发达国家的缺水地区，如美国加州、佛罗里达州，已被大量使用。因此，使用再生水灌溉高尔夫球场是缓解水资源短缺状况，提高水的利用效率的有效方法之一。

1. 使用再生水灌溉高尔夫球场的优点

我国城市居民生活用水价格为2～4元/m^3，绿地用水作为工商业或行政事业用水价格更高，而且由于缺水问题日益严重，许多城市都在计划提高水价，如北京正准备实施新水价，其工商、服务用水价格由3.2～4.2元/m^3提高到3.6～4.9元/m^3，而包括再生水的中水价格则维持不变，还是1元/m^3，相比饮用水有着巨大的价格优势。虽然使用再生水灌溉高尔夫球场需专门铺设管线、进行人员培训等，但从长期看，费用无疑是相对较低的。使用再生水可以节省大量的饮用水，尤其在干旱季节水供应短缺时，使用再生水灌溉球场，能为其他更需要饮用水的地方缓解供应上的限制。

再生水中的养分可给草坪草的生长带来益处，尽管数量低，但因为频繁和有规律的灌溉，可以被草坪草有效利用。在大多数情况下，再生水灌溉可以使草坪草和植物获得所需的全部氮和磷，大多数再生水还能提供充足的微量元素。用处理消毒后的再生水灌溉高尔夫球场，不仅可以减少污水的排放，降低环境污染，而且草坪草可以利用其中的养分，减少对地下水的可能污染。

污水不断被处理成再生水，就需要被连续应用，球场和绿地可以满足这一要求，不会像其他农作物因耕作、播种或收获而中断，而任何中断都会停止灌溉很长时间。草坪草与其他植物相比，对再生水中的有害物质有更强的抗性，通过其固定的抗性或频繁的修剪可以防止盐分或毒素等的积累，从而减少可能产生的问题。

2. 再生水灌溉高尔夫球场出现的问题

使用再生水灌溉高尔夫球场时，打球者最关心的是健康问题。其风险包括传染性疾

病的传播，如细菌（伤寒症、痢疾、破伤风）、病毒感染（脑膜炎、肝炎、呼吸道疾病）、蠕虫感染（蛔虫、鞭虫、绦虫）和其他疾病。此外，再生水中也可能含有有害的化学和其他有毒物质，在环境中逐年积累，达到一定浓度后对植物、动物或人类产生毒害，如果在灌溉过程中，直接接触这些病源和有害物质，则有可能带来健康问题，影响球场正常经营活动。

再生水中含有可溶性矿物盐，一些可溶性盐可作为营养成分，并对草坪草生长有利，其他则可能对植物产生伤害作用。在土壤中盐分是否会累积到伤害程度取决于再生水中的浓度、每年的供应量、年降水量和土壤物理化学性质。盐度常用电导率（EC）或总可溶性盐（TDS）表示，受高盐分影响的草坪草株体矮小，根系变浅，叶呈蓝绿色或紫色，出现叶枯萎状况，严重情况下甚至枯焦，同时吸收水分困难，出现生理干旱。在树木和观赏植物中，过量盐造成的伤害症状类似于干旱或根系伤害造成的症状，如植株矮小，叶发黄，叶尖或叶边缘灼伤，在应用解决措施前应注意分别。

再生水中钠含量较高时，会置换土壤中的+2价阳离子，如钙、镁离子。随着置换的增加，个体粘土微粒开始离散，大孔隙（直径大于1000 A的孔隙）被破坏，而小孔隙占据优势，减少了土壤的渗透性。即使在沙土中，分散的黏土微粒也能随着水分迁移，堵塞孔道，减少水的渗透、渗漏和排水，导致土壤紧实。此外，高钠还会导致高碱度，使土壤pH升高，而高pH会溶解一些有机物质，这些有机物在水蒸发时积累于土壤表层，外观呈黑色，影响球场的美观。

钠毒害时的叶症状和盐害造成的症状相似，钠离子在细胞壁中的累积会导致脱水、细胞膨压减少和细胞死亡。典型的叶灼伤在叶尖或边缘较为明显，但即使叶伤害不明显，新陈代谢活动也会减少。由于钠置换钙，会导致细胞膜的完整性下降，造成渗漏。在受影响的根区，水和养分吸收都会受到明显影响，光合作用减少，呼吸作用增加，碳水化合物合成也可能受到限制，造成生长、活性和功能减少。此外，还会造成蛋白质合成减少和激素活动的变更等。在高尔夫球场使用的草坪草中，一年生早熟禾和翦股颖最易受钠毒害影响，草坪草通常被剪得很短，修剪就不再提供保护，而此时积累的钠在保留很少的叶组织中将占有相当大的比例。

氯化物对草坪的毒害作用不显著，但大多数树和灌木对氯化物浓度10meq/L就非常敏感。氯化物被植物根系吸收并转移到叶中，产生积累，在敏感植物中这种积累会导致坏死（枯斑），较轻的叶边缘枯焦，较重的整叶死亡脱落。如果通过高处喷灌，相似的症状也会出现在敏感植物上，因为氯化物既能被植物根系吸收，也能被叶吸收。

硼是植物生长所必需的微量元素，但需要的量很小，即使再生水中的硼浓度低达1mg/L～2mg/L，也会对大多数景观植物产生毒害，并能导致叶灼伤。草坪草较其他植物更耐硼，但过高则可能会在叶边缘或尖梢产生萎黄病。

再生水的pH虽然符合安全标准，如果用于球场灌溉，应定期监测pH。灌溉水的pH能影响营养元素的可利用性，使某些元素缺乏或过多，导致胁迫症状，如灌溉水中较高的碳酸氢盐水平能增加土壤的pH，从而引起植物叶中的铁或镁缺乏，导致叶发黄，最终使叶和枝条死亡。

3. 主要解决措施

再生水经污水处理厂处理消毒后，各种病源菌已基本不存在，细菌总数、总大肠菌群、粪大肠菌群都在安全范围内，而且在两次灌溉之间土壤表面变干时，粪大肠菌会很快死亡，因此健康问题不是影响再生水灌溉高尔夫球场的主要因素。但为了将风险降至最低，必须建立一个完全分开的水供应系统，防止饮用水受到污染，避免再生水和人体的直接接触。灌溉应尽量安排在夜间进行，使打球者不受影响。同时要建立警示标牌，防止人们饮用再生水。同时，应尽快制定再生水灌溉标准，规定再生水用于高尔夫球场或其他景观灌溉时的各项指标限值，使再生水利用规范化。

不同草坪草之间耐盐性存在显著差异，因此，在使用再生水灌溉的高尔夫球场时，为减少土壤中的过量盐分，降低可能的伤害，应尽量选择耐盐性强的草坪草。周期性、大量地使用水灌溉是个可行的方法，多余的灌溉水可以溶解根区积累的可溶性盐，并将它们向土壤根区以下移动，灌溉水量取决于土壤中的盐类和需要滤取的土壤深度。

为了从土壤中移去过量钠，要经常使用改良剂如石膏、硫黄和其他含硫物质。硫和含硫物质能和土壤中的碳酸钙起反应形成石膏。改良剂中石膏是最常使用的，施到土壤中作用好施用量为 500～3000kg/hm^2，但也可以撒播于草坪表面，施用量为 250kg/hm^2。石膏中的钙离子在土壤中替换钠离子，然后钠离子就可以从土壤中被滤取。施用石膏后，为避免叶伤害或顶层土壤酸性过强，应立即灌溉冲洗草坪草，几天后，应持续灌溉滤取掉土壤中过量的钠离子。

再生水中的离子浓度本身没有超标，产生毒害多是由于离子在土壤或植物中的积累。因此应通过周期性地增加灌溉水量以减少危害，尤其是在天气炎热的夏季，夜间灌溉以减少草坪草叶上水的蒸发，降低可能的毒害。喷灌对草坪和植物的影响较大，使用地下滴灌可以显著减少伤害。另外可以将再生水和饮用水按一定的比例混合后进行灌溉。对球场内的其他植物，应尽量降低灌溉高度，可旋转喷头避免或减少直接喷撒植物。使用低压、低剖面灌溉系统以确保水分均衡，调整喷灌角度和弧度等。

养分失衡时，首先要弄清楚是什么原因造成何种元素缺乏，从而找到解决方法。如因高盐分引起的元素缺乏，可以通过滤取土壤、改进排水解决。因高钠含量导致的钠和钙镁比例失衡可通过施用石膏和其他含硫物质改善。至于降低土壤 pH，可通过周期性地应用硫中和来实现。或者在确定哪种元素缺乏时，施用该元素以减轻症状和促进健康，如一些高尔夫球场长期使用再生水，会导致植被缺铁疾病——铁萎黄病，可通过局部施用铁化合物来恢复。

4. 使用再生水的几点建议

为了防止和减少再生水灌溉带来的问题，最好在使用再生水之前全面了解其性质，注意哪些水质参数可能对球场产生影响；要调查污水处理厂，了解污水的处理程度和处理工艺，关注什么变化能影响处理水的输出质量。高尔夫球场每月至少应检测水样 1 次，注意采样设备、时间、地点和样品处理，以决定水质是否有季节和年度变化。

土壤测试同样重要，可以以此弄清楚土壤中有害元素的含量。应对高尔夫球场的每个典型区域取样，如果岭、发球区、球道和高草区等。针对这些区域可能有的不同的土壤类型和不同的有害元素及浓度，制定出相应的管理措施。

值得注意的是，由于污水处理厂和高尔夫球场关注水质参数的侧重点不同，如污水处理厂关心的是化学需氧量（COD）、生化需氧量（BOD）、悬浮物（SS）和细菌总数等，而高尔夫球场管理者更关注的是电导率（EC）、钠吸附比（SAR）等。因此，在和污水处理厂签订供应合同时，必须详细说明各项水质参数，如电导率、钠吸附比、氯化物、碳酸氢盐、碳酸盐、硼和重金属等的最高限值。如果指标浓度超过限值持续一段时间，球场应行使断开再生水供应、使用其他水源灌溉的权利，直到污水处理厂解决问题。

第六节

高尔夫球场是保护环境的生力军

高尔夫球场的建设完善了土地利用结构，恢复了地貌，有效地利用了废弃地、荒山荒坡和河滩地，改善了高尔夫球场所在地的生态环境。高尔夫球场已经成为保护生态环境的生力军。

以北京为例。北京的 20 多家高尔夫球场在北京城市生态保护方面起到了不可替代的积极作用。北京市环保局和北京市园林局首次利用卫星遥感技术对北京市的绿化覆盖率的测定表明，2002 年，北京园林绿化面积已达 26 680hm^2。北京已建和在建的高尔夫球场的绿地面积约为 3500hm^2，约占城市绿化用地的 13%，是对北京市绿化工程的一大贡献。

已经立项建设的北京鸿华绿苑运动休闲中心、北京观澜体育休闲俱乐部、北京克莱希施绿色体育俱乐部、东方休闲中心和丰台花乡葆泰体育俱乐部等 5 个项目，是在北京绿化隔离带中的绿色产业经营项目，以上这些项目的所在地，按照城市规划应该进行大面积绿化。而绿化作为一项公益性的工程，完全由政府投资很难做到，即使由政府投资进行了绿化，其养护管理费用也是一项很大的负担，没有任何经济效益是行不通的。如果由一些有实力的企业投资兴建高尔夫球场进行绿化，首先可以减少政府的投入，其次绿化水平较高，最后会给政府带来可观的社会、经济和生态效益，“以绿养绿”的模式是企业、政府和生态环境三赢的举措。

在绿化植树方面高尔夫球场也作出了一定贡献。如北京乡村高尔夫球场原为潮白河的河滩，地面有 20cm 厚的河沙，当地政府曾经多次在此种植树木或农作物，都因当地沙层太厚导致存活率极低。乡村高尔夫球场建设之初，先挖走大量大粒经碎石，再运来小粒经沙土和腐殖质进行土壤改造，并种植了大面积的树木和草坪。十几年来，球场致力改造环境，每年投资 30 万～40 万元，在球场内部及周边种植了大量的杨树、松树等树木。(虽然土壤经过改造，树木存活率比建场前大大提高，但是仍然只有 80%）。乡村高尔夫球场为周边生态环境保护作出了较大贡献。

北京市本市地面扬尘大约占到沙尘暴扬沙的三成以上，这些是环境污染的重要部分。北京的高尔夫球场恰恰起到了很大的防沙作用。据调查，北京华彬庄园绿色休闲健身俱乐部地处北京西北郊县平南镇，是北京的上风口。该地段为过去的老河滩，后为采砂场、垃圾场，常年的采挖对地表造成了严重的破坏。区政府公告严禁采砂后，偷采仍不止，西北风起时，沙尘弥漫，废弃垃圾塑料袋满天飞扬，是北京市的沙尘起始地之一。自从华彬高尔夫球场建成后，当年寸草不生的灰土地变成了现在的绿洲，结果是抑制了扬尘，改善了当地的生态环境。位于北京南郊的北京京城高尔夫俱乐部，占地原为永定河冲积出的河滩地，是30年没有水的废弃水库南岸。未建高尔夫球场前，水库底积满了“烟尘土”，人走上去，像走在干水泥上，当时这片土地没有农业利用价值，也是大片沙尘的聚集地。1999年3月，库区管委会和投资商从东北运来腐殖质土，将整个场地内的土壤改造，加入膨化鸡粪，种植草坪和树木。建场后，这片土地再也没见扬尘。

从以上的例子可以看出高尔夫球场有利于保护生态环境。近年来，由于高尔夫业内人士环境意识提高，高尔夫球场管理者主动对球场进行环境检测，不仅保证高尔夫球场的运营不危害生态环境，而且努力使其成为净化环境的重要力量。

占地3000多亩的大上海国际高尔夫度假村，位于江苏省昆山正义镇的阳澄湖畔。为了研究清楚球场的运营是否对阳澄湖的水体造成污染，俱乐部于1998年8月开始委托国家环境总局南京环境科学研究所进行全面深入的调查。调查结果表明，球场施用的毒死蜱、百菌清、2，-4 D、朴海因和三唑酮农药均不会对阳澄湖水体造成污染。北京万柳俱乐部也于2004年委托北京市食品质量监督检验三站对球场内人工湖中的淡水鱼进行检测，结果表明，人工湖内的淡水鱼完全符合《淡水鱼卫生标准》，且实测值远远低于标准值。

国际社会已经深刻认识到人类赖以生存的自然环境必须切实被加以保护，并应科学合理地解决资源与环境问题。各国政府除了继续加大环境保护的宣传力度，还会通过制定各项环境保护政策及绿色立法进行强制性的绿色管理及治理。ISO14000系列标准以及绿色标志将成为企业市场经营的绿色“通行证”。可喜的是观澜湖高尔夫球会于1999年成为全国首家通过ISO 14001认证的球会。

观澜湖高尔夫球会早在1998年5月就策划建立ISO 14001环境管理体系，并于1999年3月正式成立了环境管理委员会，1999年12月，观澜湖深圳球会顺利通过了ISO 14001环境管理体系认证，成为全国首家通过ISO 14001认证的球会。通过认证后，球会严格按照ISO 14001标准、相关法律法规进行环境的保护与建设，故此顺利通过了每年的监督审核，并在3年期满后的2004年3月通过了复评并保持了认证证书。观澜湖东莞球会在建设之初，秉承观澜湖深圳球会的先进管理模式，严格按照ISO 14001国际环境管理体系的标准进行科学、有效的管理，2004年4月观澜湖东莞球会全面完成后，即于2004年4月21日成功通过ISO 14001认证。

自1998年5月份观澜湖高尔夫球会开始推行ISO 14001环境管理体系以来，非常重视环境管理工作，采取多项环境管理措施，使各项环境因素指标均达到了ISO 14001及国家、地方各项法律、法规（与球会有关的法律、法规及其他要求有40多个）要求。

ISO 14001环境管理体系是一个组织内全面管理体系的组成部分，它包括制定、实施、实现、评审和保持环境方针所需的组织机构、规划活动、机构职责、惯例、程序、过程和资源，还包括组织的环境方针、目标和指标等管理方面的内容。它通过有明确职责、义务的组织结构来贯彻落实，目的在于防止对环境的不利影响。环境管理体系是一项内部管理工具，旨在帮助组织实现自身设定的环境表现水平，并不断地改进环境行为，不断达到更新更佳的高度。ISO 14001 是 ISO 14000 系列标准的龙头标准。这个标准的核心是规定了环境管理体系的要素（共五个部分，17 个要素），也就是说对环境管理体系提出规范性要求，一切组织的环境管理体系必须遵照本标准的要素、规定和模式。

实施 ISO 14000 系列标准，不仅可以促进球会节能、降耗、降低成本，还可以降低污染物的排放量，减少污染事件的发生，降低环境风险和环境费用开支，为球会主动保护环境创造了条件。

实施 ISO 14000 系列标准，有利于提高球会及其产品在市场上的竞争力，促进国际贸易。ISO 9000 质量认证作为一种市场行为仅向消费者表明了企业产品的质量，而 ISO 14000 系列标准的实施向消费者提供了这样一种信息，即谁取得了 ISO 14001 认证，谁就为环境保护作出了贡献，一个能对环境负责的企业所生产出的产品也一定能对消费者负责。球会实施 ISO 14000 系列标准，势必提高产品的环境价值，有助于改善球会的环保形象，提高球会在国内外的环境效益与经济效益。

环境保护工作需要千百万民众的共同参与。因此提高全民的环境保护意识就显得十分重要。实施 ISO 14000 系列标准，建立环境管理体系要求对球会全体员工进行系统的环境方面的培训，并要求员工在观念、行为方式和思考过程等方面有所改变，需要知道球会面临的环境问题，怎样做才能影响球会的环境行为。如果众多的球会都能够实施 ISO 14000 系列标准，建立环境管理体系，就会有相当多的球会员工和管理者了解环境保护工作，重视环境保护工作，就会使全民的环境保护意识有一个大的提高。

我们有理由相信，随着高尔夫管理者环境保护意识的提高和高尔夫市场的不断成熟，会有越来越多的高尔夫球会通过 ISO 14000 系列标准认证，使高尔夫球场成为主动保护生态环境的重要力量。

GOLF

第五章

高尔夫运动与经济

第一节

高尔夫运动的经济属性

高尔夫的诞生，为人们提供了一种可以终身享受的体育运动，自第一个高尔夫球场1744年在苏格兰诞生至今，全球高尔夫运动经历了起起落落的发展，期间经历了被禁的低谷，也有蓬勃发展的阶段。随着高尔夫偶像的出现和电视的普及，高尔夫运动通过科技手段被带进千家万户。今天，高尔夫已经拥有自己的巡回赛事，有独立的转播频道和宣传杂志，有专业的品牌服饰和球具，有像泰格·伍兹一样的超级明星。通过这些品牌和文化，高尔夫正在对日常的经济生活产生不可小觑的影响。

经济是一个循环的链条，通过供给和需求联结。那么高尔夫究竟是通过什么方式对经济产生影响的呢？就宏观经济而言，由于高尔夫产业规模庞大，涉及面广，投资量大，因此在国民经济产值中占有一定的比例。以美国为例，2000年，美国高尔夫产业总值达622亿，超过了煤炭业的516亿和博彩休闲娱乐业的559亿（表5-1）。

表5-1 美国高尔夫经济与其他经济的比较 单位：亿美元

产业	产值
煤炭业（不包括石油和天然气）	516
娱乐、博彩和休闲	559
影视唱片业	578
高尔夫产业	622
电子电器业	702
家具业	741

数据来源：美国统计摘要

就微观经济而言，作为经济链中的一环，高尔夫经济可能跟很多人的生活密切相关。例如，打球者向球会支付果岭费、会费，球会利用这些收入购置或更新日常养护的设备，这些设备的制造商收到这些钱后也会相应地投入一部分用于再生产，而将另一部分作为薪水发给员工，员工则需要用薪水购置生活必需品。如果制造生活必需品公司的老板就是一个十足的高尔夫爱好者，那么这就构成了一个最简单的高尔夫日常经济的循环。这样看来，每个人的经济生活中或多或少，都或直接或间接地与高尔夫有着千丝万缕的联系。

高尔夫经济是指以高尔夫球场设施及其服务为核心的，包括球场服务、相关制造业、媒体、赛事等在内的核心产业以及房地产和旅游接待等衍生产业构成的经济整体，是指以高尔夫文化为基础的各种社会生产和经济活动所形成的社会集团化生产的市场部门群生产的价值。高尔夫产业发展以高尔夫运动为基础和主导，因此对高尔夫运动经济属性的研究和准确把握有利于高尔夫产业的稳定健康快速发展。

按照马克思主义政治经济学的观点，人类社会生产出的产品可以分为两大类，一类是精神产品，一类是物质产品。他们的最根本区别在于产品是否是有形的、是否会因为人们的使用或者消费而损耗。马克思指出，非物质生产领域的劳动成果有两种情况，一种是产品是具有离开生产者和消费者独立存在性质的艺术作品，另一种则表现为产品同生产行为不能分离，如表演艺术家、演员、医生、教师等。根据这一标准，高尔夫运动是一种无法离开运动员的精神产品。

根据美国经济学家萨缪尔森提出的公共物品理论，即依据社会产品效用的不可分割性以及在消费上是否具有竞争性和排他性，可将社会产品分为公共物品和私人物品或混合物品。其中，公共物品由政府提供，私人物品由市场提供，混合物品由政府和市场共同提供。从国内外来看，高尔夫球场是由市场来提供，或由政府和市场共同提供，因此大多数属私人物品或混合物品、准公共物品。

在经济学上，外部性被认为是导致"市场失灵"的一个主要原因，它是指外界旁观的福利受到某一个经济利益主体的影响，而这种影响，不需要旁观者支付任何费用。当然这种影响可能是积极的，也可以是消极的，因此外部性有正负之分，对旁观者有利的影响被称为"正外部性"，反之被称为"负外部性"。高尔夫运动的外部性主要体现在高尔夫球场的外部性上，包括环境外部性和经济的外部性两个部分。

在环境外部性方面，美国 USGA 等多个全球高尔夫研究机构的研究结果表明，对于高尔夫球场而言，成熟的高尔夫球场管理体系对环境有良好的改善作用，包括提高绿化率，改善空气质量等。在经济方面，高尔夫球场的建成对周边房地产的价值的有效提升和对当地旅游业的刺激和带动作用也被市场所证实。

在城市建设方面，高尔夫球场及产业的发展不仅大大改善了当地的投资环境，也提高了整个城市的品质与韵味，促进了城市的可持续发展，推动了人与环境的和谐建设。在房地产的投资与建设方面，高尔夫球场促进了房地产投资，在美化环境的同时，提高了房地产的附加值，提升了楼盘的经济价值，同时带动了旅游、餐饮、住宿、娱乐等消费服务行业，为城市提供了更多的就业岗位。

第二节

世界高尔夫经济发展现状

高尔夫对于中国来说是舶来品，世界公认的最早的高尔夫出现于苏格兰，后经历了詹姆斯四世的兴盛。由于英国国王大多喜爱高尔夫运动，因此不列颠帝国的兴盛很大程度上推动了这项运动的发展。19 世纪后期，随着英国国王到各地访问，高尔夫运动也迅速在全世界传播开来。1887 年，被称为美国高尔夫之父的约翰·里德（John Reid）建立了第一个高尔夫球场，取名为圣·安德鲁斯，以期其能像苏格兰圣·安德鲁斯高尔夫俱乐部一样把这项运动在美国发扬广大。该俱乐部于 1893 年迁至新泽西州，定名为纽约圣·安德鲁斯高尔夫俱乐部。从此，高尔夫开始了在美国的蓬勃发展。

1953 年，全世界进行了第一次的高尔夫赛事现场直播，这可以算是高尔夫发展史上的又一里程碑式的事件，它把阿诺德·帕尔默（Arnold Palmer）、杰克·尼克劳斯

(Jack Nicklaus) 以及泰格·伍兹 (Tiger Woods) 这些明星球员带进了千家万户，高尔夫不再是大众遥不可及的体育项目，越来越多的人通过电视这一媒介接触并且喜欢上了这项运动，也为媒体、广告、球场、球员等带来了巨大的经济效益，促使高尔夫进入了革命性飞速发展的时期。例如，已有高尔夫球手跻身全球薪酬前十位的行列，身价不输跨国公司的首席执行官。高尔夫球选手一场大奖赛的奖金高达上百万美元，年收入超过千万美元，全球每年球手奖金达 3 亿美元之多，泰格·伍兹已成为全球收入最高和最有价值的体育明星。

高尔夫运动在全球范围内的蓬勃发展，不仅丰富了高尔夫文化的发展内涵，也进一步强化了高尔夫在现代休闲文化社会发展进程中的主体形象，为高尔夫产业化社会发展开拓了更加广阔的空间。在这样一个社会发展背景下，高尔夫产品的开发与生产制作，也呈现出快速增长的繁荣景象。有人估算，全世界高尔夫产业的年产值在 650 亿美元左右。而其中，高尔夫产品创造的产值将占 20% 左右，并且以每年几个百分点的速度递增。有人统计，每年仅高尔夫球杆制造业的全球总产值就在 40 亿美元左右。

全球的高尔夫发展呈现出几大趋势，第一是与国民经济的相关性高 (表 5-2)。全球经济最发达的国家——美国也是高尔夫运动最发达的国家，在经济发达的国家或地区，高尔夫球场的数量、高球人口占总人口的比例都是相当高的，高尔夫运动的推广程度与国家经济状况、富裕程度密切相关。

表 5-2　世界十大富国高球情况 (以人均国民收入为序)

国家	人均收入/万美元	全国人口/万	高球人口/万	球友比例 (国民/球友)
瑞士	4.3	700	2.3	300
卢森堡	4.1	41	0.1	410
日本	3.8	13 000	1 700	8
挪威	3.6	430	1	430
丹麦	3.5	520	6	90
新加坡	2.9	310	10	31
美国	2.8	26 000	2 600	10
德国	2.8	8 100	40	200
奥地利	2.8	800	2.4	330
比利时	2.7	1 000	2.6	380

第二，高尔夫运动的发展速度与发展中国家的经济发展速度密切相关 (表 5-3)。宏观经济环境对高尔夫运动的发展具有决定性的作用。经济的发展必然带动高尔夫运动的推广和普及，作为一项已经在发达国家的发展过程中受到广泛认可并且在商务谈判中扮演重要角色的运动，高尔夫运动不仅仅停留在竞技体育层面，而是更多地推广到了商务人士中，并且通过媒体的进一步宣传，在大众中传播。而在高尔夫兴起的一些国家，高尔夫球产业也越来越成为这些国家拉动国民经济的重要因素，如亚洲的泰国、印尼、新加坡等。在亚洲国家中，中国每 18 洞所承担的人口数量为 594 万，这个数字排在亚洲的第 14 位，是亚洲平均水平的 69.4%，世界上排名在 45 名之后。

表 5-3　亚太高球十强（以球场数量排序）

产值排名	国家（地区）	球场数量/座	球场密度 /(平方公里/座)	球友数量/万	球友密度 (球友/球场)	球友比例 (人口/球友)
1	日本	2 500	150	1700	6 800	8
2	澳大利亚	2 000	3 900	140	700	13
3	新西兰	450	600	25	550	15
4	印尼	350	5 400	80	2 300	250
5	泰国	300	1 700	100	3 300	60
6	马来西亚	250	1 300	60	2 400	33
7	中国台湾	150	240	100	6 700	21
8	韩国	140	710	150	10 700	30
9	新加坡	15	43	10	6 700	31
10	中国香港	5	220	10	20 000	62

以全世界范围来说，高尔夫经济可以主要分为三大区域：美国、欧洲和亚太地区。其中美国的发展最为繁荣，亚太地区发展速度很快，后生可畏，而欧洲作为高尔夫的老前辈，发展平稳。

一、美国高尔夫经济发展现状

美国是当今世界的高尔夫发展的中心，就凭高尔夫界四大满贯赛中有三项在美国举办，就可以看出美国高尔夫在世界球坛举足轻重的地位。美国著名杂志《体育商业》（*Sports Business Journal*）的调查显示，在高尔夫、橄榄球、赛车、篮球等各种大赛中，高尔夫四大满贯赛之一的美国名人赛是在美国体坛最富声望的赛事，而调查也证明举办美国名人赛的奥古斯塔国家高尔夫俱乐部在美国闻名遐迩。美国有近 6000 万高尔夫球迷和近 20 000 家球场，高尔夫球在男女爱好的体育活动中排名第一，其次才是网球和游泳等。

1988 年，麦肯锡与美国国家高尔夫基金会的联合报告预测高尔夫 2000 年的经济总值将在 252 亿～578 亿美元，而 2000 年美国的高尔夫经济总量达到了 622 亿美元，其中包括核心产业 388 亿美元以及连带产业的 234 亿美元。显然实际结果要比预期好得多，这也从另一个角度说明了高尔夫经济的迅速发展。

2000 年美国高尔夫基金会的研究表明美国高尔夫经济产值已达 620 亿美元，年增长率为 10%，占其国内生产总值的 6%，比博彩、矿产及电影等行业在经济中占的比重还要大。其组成部分包括：高尔夫设施 204 亿美元，高尔夫资本投资 7.8 亿美元，球手用品 59 亿美元，以及相关的媒体、赛事、协会、慈善机构 44 亿美元，度假旅游 134 亿美元，房产 99 亿美元等。

高尔夫产业对美国经济的影响是全方位的，其中包括就业率、贸易、经济、税收等。2005 年，高尔夫为美国创造了 760 亿美元的物品和服务，200 万个就业岗位。每年全球高尔夫产品贸易额超过 20 亿美元，美国以 6.1 亿美元高居榜首（2003 年）。但是由于受到互联网泡沫和 9·11 事件的冲击，美国整体经济受到较大的影响，近年来美国高尔夫经济的发展主要依靠三个方面：球场的日常运营发展、高尔夫房地产的兴盛以及高尔夫旅游业的发展。

二、日本高尔夫经济发展现状

日本是亚太地区高尔夫运动的重要国家，虽然日本的国土面积不到中国的4%，但是球场数量却是中国的8倍多，对于日本这样一个寸土寸金的岛国，高尔夫在国民经济中的地位不言而喻。

从20世纪70年代起，日本的高尔夫球场数量就呈稳步上升的趋势，从1970年的583个发展到2002年的2460个，增长了300%，年增长率达到14%，球场的总面积比纽约、洛杉矶和波士顿的土地面积总和还要大。高尔夫市场的兴盛与整体的日本经济环境密切相关。历史上日本高尔夫球场的增长出现过两次高峰，分别是1975年和1991年。1991年后，日本经济泡沫破灭对高尔夫球场造成了沉重的打击，从1991年到2006年年末，近25%的球场申请破产——许多会员因为自身债务要求返还会费，支付不起会费的球场只能申请破产。2002年，日本高尔夫球场的破产数量达到了102家，这是历史上第一次超过100大关，所有申请破产球场的负债总额达到了2.44万亿日元，是前一年的两倍还多。于是2002年成为日本高尔夫大转折的一年。自2003年起，日本高尔夫球场的数量出现负增长，球场的开张速度不及球场倒闭的速度。当前日本的高尔夫球运动设施中80%以上是由企业和个人投资者出资兴建的，市政建设投资建成的（主要是高尔夫球练习场）不足20%。

日本高尔夫爱好者众多，统计报道显示，1992年，日本高尔夫打球者达到1.02亿，相对于日本1.27亿的人口而言，80%的人都参与到了这项运动中来，对推动日本国内的高尔夫运动发展起了很大作用。2004年，日本球场共接待打球人数0.85亿人次，平均每个球场年接待量为3.5万人。

虽然日本高尔夫球场数量总体在增加，打球人数也在平稳发展，但是自1992年后，日本的高尔夫经济规模在不断萎缩，2004年，日本的高尔夫经济规模已经回落到1988年的水平以下，究其原因，一方面是由于近年来日本整体经济实力的下滑，造成大多行业发展停滞不前甚至倒退，高尔夫也未能幸免；另一方面是土地资源的稀缺抬高了日本高尔夫运动的成本，阻碍了高尔夫的进一步发展。与此同时，韩国、中国、泰国等高尔夫市场的开发对日本国内的高尔夫爱好者有极大的吸引力，低廉的价格促使日本国内的高尔夫客源外流。专家指出，日本高尔夫产业目前的状况在短期内恐怕难以扭转。

在日本高尔夫经济的发展中，日巡赛是非常重要的组成部分。日巡赛创立于1973年，得到了日本本土企业的大力支持，三菱、索尼等公司都对高尔夫表现出兴趣，并且给予极大的支持。2009年日巡赛共25站，历时9个月，总奖金额达到了37.1亿日元。高额的奖金吸引了众多高手前来参加比赛，到2006年日巡赛已经在奖金总额和选手水平等方面超过了亚巡赛，成为继美巡、欧巡之后的世界第三大巡回赛。2008年日巡赛首次走出日本，在中国北京华彬庄园举办分站赛。日巡赛的成功举办也相应地带动了日本高尔夫媒体、旅游等产业的发展。

第三节

中国内地高尔夫消费状况

国外研究表明，高尔夫消费状况、高尔夫消费人口数量和群体组成与国民人均收入具有高度的一致性，国民人均收入越高，其高尔夫消费人口就越多，球友比例也越高。

一、中国内地高尔夫消费者基本状况

消费者是国内高尔夫现在和未来发展的主要支持者，他们的特征（性别、年龄、职位、收入水平等）是各个球场市场部门乃至整个国内高尔夫市场颇为关心的问题。

对主要高尔夫省、市地区（北京、天津、上海、福建省、广东省）球场的119名消费者进行问卷调查，结果如表5-4所示，高尔夫球男性参与数量明显比女性多，男性占78.99%，女性占21.01%，比例接近4∶1。这些消费者以36～45岁的年龄段为多数，占调查人数的36.13%；其次是46～55岁和6～35岁两个年龄段，分别占调查人数的21.01%和20.17%；再次则是25岁以下的青年人；56岁以上的打球者占极少数。其中，总经理，董事长和总裁，董事和副总裁，以及其他职位人员是球场消费的主要人群，所占比例分别为21.01%、16.81%、15.97%、13.46%，占据了消费人群的67.25%；被普遍认为极具高尔夫消费空间的人群（企业所有人/合伙人、部门经理和专业人员）目前占据了消费人群的24.36，较为可观；剩余的文艺界人士占5.88%；政界人士占2.52%。其收入水平以年薪20～50万元人民币的最多，占调查人数的28.57%；年薪10～20万元人民币的次之，占21.01%；接下来的是年薪50～100万元人民币的，占16.81%；年薪4万元人民币以下的占14.29%；年薪4～10万元人民币的占11.76%；年薪100万元人民币以上的占7.56%。来自于本市的占40.34%；其余59.66%均是外来消费者；其中外市（本省）的占21.85%；外省的占26.05%；外国的占11.76%。可见外来消费者是球场主要客源。

表5-4 高尔夫消费者基本特征

指标	内容	总计
性别	男性占78.99%；女性占21.01%	100%
年龄	25岁以下18.49%；26～35岁20.17%；36～45岁36.13% 46～55岁21.01%；56～65岁4.20%；65岁以上0%	100%
职位	董事长、CEO、总裁16.81% 董事、副总裁、CTO、COO、CFO、CIO15.97% 总经理21.01%；企业所有人/合伙人8.40% 部门经理7.56% 专业人员（律师、会计师、银行家）8.40% 政界人士2.52% 文艺界人士5.88% 其他13.46%	100%

续表

指标	内容	总计
年收入	4 万元以下 14.29%；4 万～10 万元 11.76%；10 万～20 万元 21.01%；20 万～50 万元 28.57%；50 万～100 万元 16.81%；100 万元以上 7.56%	100%
来源	本市 40.34%；外市（本省）21.85%；外省 26.05%；外国 11.76%	100%

高尔夫消费者的运动情况也是不可忽视的，因为不同的高尔夫消费者的打球经验、打球频率、打球时间影响着高尔夫球场的运作（表 5-5）。被调查者中，开始打球时间在 1990 年以前的占 2.52%；在 1991～1995 年的占 10.08%；在 1996～2000 年的占 41.18%；2000 年至今的占 46.22%。这是高尔夫参与者不断增加、高尔夫运动不断发展的过程，由此也反映出近几年高尔夫消费人数不断增多的事实。被调查者绝大多数为打球频率较高的高尔夫运动者，除极少数半年打一次（占 2.52%），其余打球频率都是大于等于一月一次；一星期打一次的占 39.50%；半月打一次的占 26.89%；一个打月一次的占 31.09%。他们每次打球所用时间分别为：用半天时间打球的占 47.9%；用一天时间打球的占 42.02%；用两天的占 8.40%；用两天以上的占 1.68%。可见，约九成的消费者可在一天和一天之内打高尔夫。这对高尔夫球场附属设施的建设也是具有参考价值的，如球场内酒店、住宿等配套设施的实际使用率低、建设成本和经营成本高，完全可以根据情况舍弃这些使用少、成本高的设施降低球场用地和建设成本。

表 5-5　高尔夫消费者运动特点

指标	内容	总计
最早打球时间	1990 年以前 2.52%；1991 年～1995 年 10.08%；1996 年～2000 年 41.18%；2000 年至今 46.22%	100%
打球频率	一星期一次 39.50%；半月一次 26.89%；一个月一次 31.09%；半年一次 2.52%	100%
每次打球所用时间	半天 47.9%；一天 42.02%；两天 8.40%；两天以上 1.68%	100%

关于消费者偏好的调查结果如表 5-6 所示。调查中认为消费价格便宜的占 27.73%，认为适中的占 53.78%，大多数认为球场价格合理，但仍有 17.65% 的人认为较贵，有 0.84% 的人认为太贵。对于进标准高尔夫球场消费一次的合理价位的认同程度，有 16.81% 的认同价位在 1500 元以上；7.56% 的认同价位在 1001～1500 元；13.45% 的认同价位在 800～1000 元；31.93% 的认同价位在 601～800 元；30.25% 的认同价位在 600 元以下。由此看来，标准高尔夫球场消费一次的合理价位在 800 元以下是被大多数高尔夫运动者所认同的。关于被调查者对于球场需完善方面的意见，处于首要有待完善位置的是打球场地（主要是草坪质量）及设施，认同度达 57.98%；接下来是服务和价格，对二者的认同程度均为 26.05%。看来高尔夫参与者最为看重的是打球场地及设施。在对现有球场喜欢原因的调查中，中意场地好的占 25.44%；中意服务好的占 42.98%；中意价格适中的占 26.05%；中意交通便利的占 25.21%。看来，面对着现实中场地不理想、价位不便宜的国内球场，高尔夫消费者将球场的场地、服务、交通的喜

欢程度排在后面，偏重考虑服务质量。

表 5-6 消费者偏好

指标	内容	总计
收费评价	便宜 27.73%；适中 53.78%；较贵 17.65%；太贵 0.84%	100%
满意收费	1500 元以上 16.81%；1001～1500 元 7.56%； 801～1000 元 13.45%； 601～800 元 31.93%；600 元以下 30.25%	100%
球场需完善方面（多选）	打球场地（主要是草坪质量）及设施 57.98%；服务 26.05%；价格 26.05%；其他 8.40%	—
喜欢原因（多选）	打球场地及设施好 25.44%；服务好 42.98%；价格适中 26.05%；交通便利 25.21%	—

二、中国内地高尔夫消费特征

1. 消费价位区域化

由中国高尔夫球场目前的整体分布来看，存在以下态势：京沪粤三足鼎立，是中国高尔夫运动最普及和发展最成熟的三个地区；沿海经济发达地区作补充；东北、西北、西南等地区相对较少，少数省份甚至没有高尔夫球场。中国高尔夫球场分布几乎与国家经济发展的地区分布状况相一致。国内高尔夫价格也与球场分布存有一定程度的相关性。

调查结果（图 5-1）表明，以访客身份在 18 洞球场平均打一场球的消费（果岭费、球童费、租车、球杆、衣柜、鞋），全国球场平均平日为 916 元，节假日为 1098 元。高于此平均价格的省、市地区亦存在，如广东平均每人每场球价格平日为 927 元，节假日

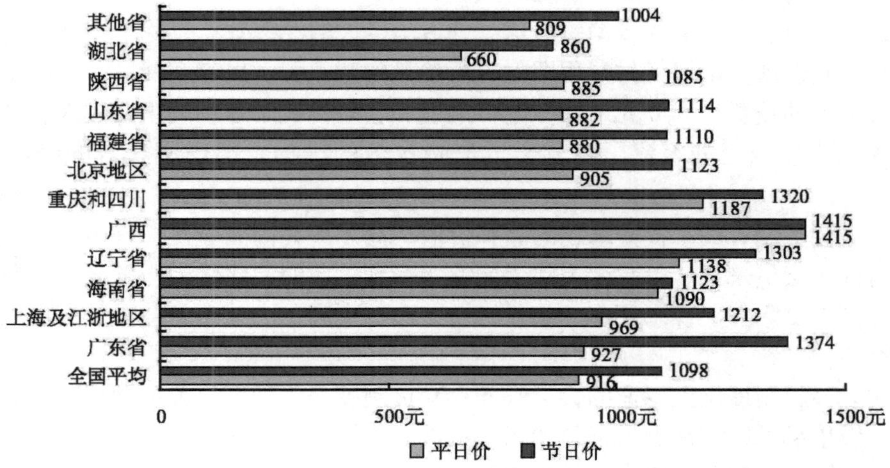

图 5-1 全国球场消费价格比较

为1374元；上海及江浙地区平均每人每场球价格平日为969元，节假日为1212元；海南平均每人每场球价格平日为1090元，节假日为1123元；辽宁平均每人每场球价格平日为1138元，节假日为1303元；广西平均每人每场球价格为1415元；重庆和四川地区平均每人每场球价格平日为1187元，节假日为1320元。和全国平均价格相比，存在一些省、市平日价格低于全国平均平日价格，而节假日价格则高于全国平均节假日价格，如北京地区（包括北京市内、周边，天津）平均每人每场球价格平日为905元，节假日为1123元。福建平均每人每场球价格平日为880元，节假日为1110元。山东平均每人每场球价格平日为882元，节假日为1114元。球场价格低于全国平均价格的省、市地区多身处内陆、经济不很发达区域。例如，陕西平均每人每场球价格平日为885元，节假日为1085元。湖北平均每人每场球价格平日为660元，节假日为860元。其余省份平均每人每场球价格平日为809元，节假日为1004元。

调查发现，不同区域的球场消费定价不仅取决于球场的定位、该区域的经济水平、该区域球场发展数量和水平，还取决于球场的四季可打性、球场的地理位置。因而，价位高的球场多出现在著名自然风景区（如云南、广西），气候宜人、四季如春地区（如广东、海南），及经济高速发达地区（如上海）；经济比较发达、球场密度大的地区球场价位一般中等，如北京、天津、山东等；经济欠发达的内陆地区或偏远地区球场定价都较低，极少数省份甚至还没有高尔夫球场。

2. 会员制消费为主，嘉宾、访客消费为辅

由于高尔夫球场投资成本高、税率高、管理成本高，再加上客源不足，导致国内球场除京粤沪、沿海地区、风景区的球场经营状况较好外，其他地方光靠打球盈利情况并不理想，持平和亏损较常见。会员制的出现有其必然性和必要性，归纳起来，有以下几点原因：

第一，会员制可以快速积累资金。国内18洞投资成本平均为1.53亿元的球场，通过采取严格的会员制度，一次性收取数万美元的会费的方式可以很快地回笼资金，进入二轮投资，有效避免了周转资金不足的风险。

第二，会员制带来的附带消费为球会创造了巨大的经济效益。除了会员卡的免费项目以外很多其他项目都须另付费用即附带消费，如球童费、更衣室费等。在高尔夫球场打球每人每天的花费是600元左右。附带消费和会费构成了球场的主要收入。会员制为球场形成了比较稳定的客流，随着会员消费次数的增加，球场所获得的经济效益就越大。

第三，会员制有助于提升球场的品牌价值。高尔夫在商圈里是“贵族”阶层的身份象征，对许多会员来说，打高尔夫除了能够接受到优质的文化休闲服务之外，更重要的是可借此扩大交际圈，谋求更多的商业机会，而一个高尔夫球会的会员数量也象征了它的品牌价值。

第四，会员制提供更专业的会员服务。会员制度是一种客户关系管理工具，通过会员制度，俱乐部可以掌握会员资料和相关数据，了解会员需求，开发出针对最有价值客户的产品和服务，进而培育客户的忠诚度。

第五，会员制有利于提高球场运营效率。会员制有利于建立健全的监控系统，为制

定球场的经营计划提供根据。高尔夫球场的经营管理中服务程序的设计、人力物力财力的运用等，都需要以最经济的时间和资源达成高尔夫球场的经营目标，这就是效率。顾客的到达是随机的，球场常常忙闲不均，在高峰期不能使顾客等待太长时间。通过会员制可以建立预订系统，快速对客人的需求作出反映并合理安排时间。另外，可以根据客源信息对球场生产要素进行有效配置，减少成本开支，制定出长远目标和合理又切实可行的经营计划，指导高尔夫球场的经营业务活动。因此，只有管理有序的会员制球会才具有长久的生命力。

3. 旅游型消费是亮点

根据目前休闲运动的发展状况，体育休闲大多以户外为主，且呈两极分化趋势，其中一类为挑战生命极限、强调惊险刺激、带有冒险性质的运动，如蹦极、攀岩、轮滑等，多为青少年参与。而另一类则注重人与自然的亲近与交流，如高尔夫、网球、沙滩运动等。而高尔夫运动被认为是最有前景和发展潜力的项目，因为在任何高尔夫赛事中绝无吹哨或喧嚣，它把文明礼貌与健体竞技融为一体，是世界公认的可以接触时间最长、温和、智能的运动。

高尔夫是一项重要的旅游资源，是旅游产业从观光型向休闲度假型调整的重要支撑点。目前韩国、日本大量的高尔夫旅游者组团来中国旅游，进行高尔夫旅游运动，世界旅游组织也把高尔夫运动作为一项专项旅游活动。泰国作为旅游大国，高尔夫运动在其旅游收入中占有很大比例。美国一家休闲杂志曾报道说，1999 年美国每 8 个旅游者当中就有一个进行一次高尔夫旅游，1998 年美国高尔夫旅游总收入就已达到 24 亿美元，高尔夫旅游促使与高尔夫相关的产品一直在世界范围内保持稳定的增长势头。1998 年，美国的高尔夫球产品的销售总额超过 50 亿美元，与高尔夫球相关性的产值超过 200 亿美元。

2005 年后我国高尔夫球场打球人数迅速增加，近年来每年平均增长 20% 左右，而一些地方打球人数增长的速度更快，如广州、深圳、上海、北京等大城市高尔夫球员年均增长 35% 左右。据统计海南省一年就接待高尔夫旅游团达 15 万人次。调查研究表明，旅游型球客已经成为球场重要的客源之一。在球场接待的球客中，常年型球客占 54.62%；球场特邀型球客占 13.45%；短期旅游观光型球客占 21.01%；季节性旅游居住型球客占 10.92%。可见旅游型球客占到总球客人数的 31.93%。

随着旅游球客的增多，高尔夫消费的一种新形式——联盟消费开始出现并已具一定规模。比较典型的是天津国际温泉高尔夫俱乐部、大连金石高尔夫俱乐部、京南永乐高尔夫俱乐部、杭州西湖国际高尔夫俱乐部、武汉金银湖高尔夫俱乐部、海南博敖亚洲论坛国际会议中心高尔夫球会、维信内蒙古高尔夫度假村等七家高尔夫球场，它们于 1999 年 6 月联盟成为姊妹球场，联盟球场实行一卡多用，持卡会员可领略姊妹球场的不同风格，享受多种打球体验。据了解，这样的消费可以满足会员的高尔夫热情，使其在出差、旅游时也能体会高尔夫的轻松之感，享受一定程度的打球优惠待遇，满足其一年四季打球的需要；同时，对身处内地、经济不很发达地区、球客短缺的球场，在一定程度上也是经营效益上的带动和球场形象上的宣传。

4. 消费目的重点突出，但多元化

高尔夫球场是经过修整了的大自然。打高尔夫球时，置身在鸟语花香之中，球员漫步于宽广的草坪上，在阳光的照射下，呼吸着清新的空气，可以嗅到树林、草地和泥土的气息，有时会有动物出现在眼前。高尔夫与众多挑战大自然、超越生命极限的户外体育运动项目不同，高尔夫运动享受大自然和贴近大自然，以大自然所赋予人类的极大恩惠，去体验人与自然和谐共处的最高自然境界。高尔夫运动的表现形式是休闲平和的。高尔夫运动是人与自然完美结合的体育运动。

由于高尔夫球运动本身是“亦动亦静”的运动，而且因人而异，因而并非激烈性运动，球手可以根据自己的体力情况来调整节奏与强度。高尔夫运动只要掌握一定的技术方法，即可从容下场打球，只要经济条件允许，人们都可找机会下场比试，从而达到增进机体健康的目的。高尔夫运动是由徒步行走和以杆击球这两部分构成的。在打高尔夫的过程中，大部分时间的运动动态是徒步行走，这种行走与人日常生活中的行走无异。以杆击球用力最大的是开球，而且每个洞也只开球一次。其次是球道击球，所用力量已比开球减小；在果岭上推杆的用力微不足道。高尔夫球运动形态的两大方面都表现出它并非对耐力、绝对力量都要求很高的激烈性的运动。高尔夫球从其运动方式到运动强度，都不受年龄、性别，以及身体素质、机体的运动能力等主观条件的限制和约束，一般儿童也可以练习打高尔夫；年逾古稀的，只要适度适量，也可上场挥杆，男人可场上较量，女人亦可下场比试；不能长距离徒步行走者，还可以搭乘球车。从孩童到古稀老人，都可以根据自身的兴趣和身体条件，漫步于天地人合一的大自然中，既可结伴对抗，又可单人休闲，既能男女配对参加比赛，又能老少同组。不论以什么方式，人们都可以尽情挥杆，享受快乐。因此不论男女老少都是高尔夫运动的适应人群，所以高尔夫球场的消费群体具有广泛性。

现代社会社交已成为人们谋生与发展的重要行为。寻找良好的社交环境和有效的社交方式是许多人用心考虑的事情。高尔夫球场优美的自然环境，高尔夫运动悠然的休闲特点，使现代社会有一定地位的人将高尔夫球场作为社交场所，以高尔夫运动作为社交媒介。世界上许多重大商务合作都是由各方代表在高尔夫球场上一边切磋球技一边洽谈达成合作共识的。以商务性社交为目的的高尔夫球场消费已在高尔夫场消费群中占有很大比例。在调查中，打球目的千差万别，有 15.13% 的人为谈生意；47.90% 为休闲；12.61% 为比赛；18.49% 为时尚；其他目的占 10.92% 。当然也存在谈生意和休闲一举两得的意图。可以看出，休闲是人们从事高尔夫运动最广泛、直接的目的，因为高尔夫本身为人们提供了良好的休闲空间和高雅的氛围。消费者对比赛兴趣很少的占 31.09% ；兴趣一般的占 29.41% ；兴趣较多的占 28.57% ；兴趣很多的占 10.92% 。可见，我国的高尔夫运动者对比赛的兴趣较为缺乏，这也是我国高尔夫运动处于初级阶段的特征（表 5-7）。

表 5-7 高尔夫运动目的特点

项目	内容	总计
打球目的（多选）	谈生意 15.13%；休闲 47.90%；为了比赛 12.61%；时尚 18.49%；其他 10.92%	—
比赛兴趣	很少 31.09%；一般 29.41%；较多 28.57%；很多 10.92%	100%

三、中国内地高尔夫消费的发展潜力

1. 会员制消费不可少

全国的高尔夫球场大多采用会员制消费，有的采用严格会员制消费，不接待散客，主要是私人球场或高定位的球场；有的则采用以会员制为主、散客消费补充的方式经营，绝大多数球场的经营方式属于此类。

有许多人认为目前国内球会球场采用的“会籍”经营模式，限制了中低端消费者的介入，限制了打球的人数，在某种程度上也限制了高尔夫运动的发展。甚至有人高呼：“改变经营管理模式，取消高尔夫消费会员制！”但仔细分析，目前国内高尔夫运动水平和普及率不高，高尔夫运动处于非成熟的发展阶段。在国内的现实情况是，总经理，董事长和总裁，董事和副总裁，以及其他职位人员是球场消费的主要人群，所占比例分别为 21.01%、16.81%、15.97%、13.46%，占据了消费人群的 67.25%；被普遍认为极具高尔夫消费空间人群（企业所有人/合伙人、部门经理和专业人员）目前占据了消费人群的 24.36，较为可观；剩余的是文艺界人士占 5.88%；政界人士占 2.52%。除以上人等，目前已没多少普及对象。鉴于高尔夫球收费普遍很高，客源不足成为制约这些高尔夫球场盈利发展的瓶颈。而究其根源，经营成本高才是造成高尔夫进入门槛高的最大原因。面对目前球场高成本、高税收的现实，面对目前高尔夫发展的非成熟性，在高尔夫由贵族转向平民的过程中，会员制的消费从很大程度上维系着球场的生存和发展，必不可少。当然，在这个过程中，会员制消费的分量会逐渐减少，公共性质的球场也会增加。

2. 价格大众化诉求

通过对非高尔夫消费群体的调查可知，在大众认为可接受的理想价位中，认为 600～800 元是理想价位的占调查人群的 8.70%；认为 400～600 元理想的占 7.45%；认为 200～400 元理想的占 14.29%；认为 100～200 元理想的占 69.53%。大众心中对高尔夫的定位——100～200 元恰恰反映出对高尔夫平民化的渴望，折射出高尔夫原本是大众运动的本质；同时可以看到平民化的高尔夫非常有市场前景。

对此，应加大宣传，转变国民对高尔夫运动的观念，提高消费意识。健身首先是一种意识，投资健康是积极人生观的一种表现。体育产业化是体育发展的必然趋势，“花钱买健康”也逐渐为民众所接受。高尔夫产业也是如此，必须树立其有效、积极的一面。随着高尔夫产业的发展越来越成熟，高尔夫球场越来越多，竞争也越来越激烈，制定更合理和接近大众的价格成为高尔夫俱乐部生存的要求。深圳龙岗公众高尔夫球场

150 元打一场的消费标准就是一部分人消费得起的价格。只有给人们一个关于高尔夫运动的清晰认识，才能使广大国民逐渐接受它，才是推动中国高尔夫产业健康发展的长久之计。

3. 旅游型消费潜力巨大，球场联盟消费发展空间广阔

高尔夫运动是改革开放的产物。党的十六大，提出了全面建设小康社会的目标，要求旅游业为全面建设小康社会作贡献。中国高尔夫运动旅游的发展对于改善城市投资环境，吸引外来资金，扩大对外交流，活跃地区经济都起到了积极的推动作用。随着旅游球客的增多，球场联盟消费除了满足会员的高尔夫热情和对身处内地、经济不很发达地区、球客短缺的球场经营效益上的带动之外，对联盟球场内部的经营、管理、规范、竞争也是很有益处的。另外，对拉动相关产业如交通、运输、购物、服务行业之类的经济也是大有助益的。球场联盟消费是目前带动和扩大球场消费的必要经营手段，其发展空间十分广阔。

4. 潜在消费人数预测

据中国社会科学院对外公布的信息，我国中等收入阶层正在以每年 1% 的比重增长。1999 年我国中等收入阶层比重为 15%，2003 年达到 19%。按我国 12 亿人口计算，扣除 9 亿农村低收入人群，2 亿中小学生，目前我国潜在（有能力进行高尔夫消费）高尔夫球消费人口近 1900 万，每年将增长 19 万潜在高尔夫消费群。

笔者对非高尔夫消费人群的调查结果（表 5-8）显示，大众对高尔夫运动的了解程度较低，对高尔夫球了解很少的占 22.98%；了解一般的占 49.69%；了解较多的占 21.12%；了解很多的占 6.21%。对高尔夫球无兴趣的占 20.50%；兴趣一般的占 51.55%；较有兴趣的占 21.12%；有兴趣的只有 6.83%。究其原因，未成为高尔夫消费者的主要原因是价格，其次是兴趣。其中有 59% 的人认为高尔夫消费价格定位太高，无法接受；有 23.6% 的人对此不感兴趣；剩余的 17.4% 对高尔夫球不了解。若使这 17.4% 对高球不了解的人加强对高尔夫运动的了解，则目前高尔夫运动的人口可大大增加。

表 5-8 制约高尔夫消费因素

项目	内容	总计
对高球了解程度	很少 22.98%；一般 49.69%；较多 21.12%；很多 6.21%	100%
兴趣程度	无兴趣 20.50%；兴趣一般 51.55%；较有兴趣 21.12%；非常有兴趣 6.83%	100%
未参与的主要原因	价格定位太高 59%；不感兴趣 23.6%；不了解 17.4%	100%

另外，调查显示，在大众对高尔夫运动的态度和评价的来源渠道中，报纸、杂志占 40%；感觉占 36.43%；正规文献占 12.14%；道听途说占 11.43%。由此产生了对高尔夫球的评价不一，认为其健康、文明的占 40.71%；认为其奢侈的占 37.86%；认为其内涵腐败的占 10%；认为其破坏环境的占 6.25%。

第四节

中国内地高尔夫运动的经济特征

近年来，随着我国社会主义经济体制改革的进行，国民经济逐步发展，人民生活水平也相应得到了提高，以绿色、氧气、阳光、散步为主要特点的高尔夫运动在我国有了迅速的发展。中国的高尔夫球场数量近年来有了明显的增加，参与高尔夫运动的人数也在逐年增加，这与国民经济的发展是密不可分的。高尔夫与国民生产总值和实际利用外资有着直接的关系，同时，经济发达、吸引外资多的地区也成为高尔夫发展的主要地区。中国的经济发展正经历着一个重要的时期，高尔夫的发展同样也经历着一个重要的时期。

一、高尔夫运动与国民经济的关系

世界高尔夫基金会（World Golf Foundation）资助的研究表明，美国2000年的高尔夫产业总产值已经达到620亿美元，研究认为美国高尔夫产业已成为美国经济发展的新增长点。要达到这个产值必须有足够的高尔夫球场，美国高尔夫基金会（National Golf Foundation）为此资助了专门的研究，由Golf 20/20承担的这项研究在2001年的报告中对美国高尔夫数量作了详细的调查和分析。研究表明美国1998年、1999年、2000年和2001年标准球场总数分别数为14 444个、14 887个、15 357个和15 709个，年增长率为1.8%～2.9%，每年新开业球场为285～400个。该研究还发现美国2001年关闭球场32个，其中5个是整顿以便重开，22个因经营不善倒闭，其余5个是由于高尔夫球场地皮要用于其他用途而关闭。在这些研究的基础上，美国高尔夫基金会制定了2020年高尔夫产业发展的三大远景目标，具体为到2020年，打球人数由现在的3500万人增加到5500万人，每年增加100万人；打球场次由现在的5.18亿轮次增加为10亿轮次，年增加2500万轮次；到2020年，高尔夫在美国的风靡程度达到美国橄榄球的水平。2000年，美国有球场18 000余座，就国土面积来说，这个数字无疑位于世界之首。

日本由于土地资源短缺，其高尔夫产业已经向美国渗透，投资在美国建设球场并经营。在中国台湾地区，由于其经济快速发展，球场数量目前已达85，高尔夫球场面积已占中国台湾地区总面积的2%。高尔夫产业的发展与经济发展息息相关，只要是经济发达或者发展迅速的国家和地区，其高尔夫产业发展也一定较快。

经济发达的国家或地区，其高尔夫球场的数量、高尔夫人口占全国或地区总人口的比例都是相当高的，高尔夫运动的推广程度与国家经济状况、富裕程度密切相关。在亚洲国家中，中国每18洞所承担的人口数量为594万，这个数字排在亚洲的第14位，是亚洲平均水平的69.4%，世界上排名在45名之后。

由中国高尔夫球场目前的整体分布来看，存在以下态势：京沪粤三足鼎立，是中国高尔夫运动最普及和发展最成熟的三个地区；沿海经济发达地区作补充；东北、西北、西南等地区相对较少，少数省份甚至没有高尔夫球场。中国高尔夫球场分布几乎与国家经济发展的地区分布状况相一致。

研究表明，中国内地各省市 GDP 的多少和实际利用外资情况与其高尔夫球洞数目高度相关。从省份来讲，各省（自治区、直辖市）的高尔夫球洞数与其 GDP 的相关程度为 55%，与实际利用外资的相关程度高达 89%。从拥有高尔夫球场的城市来讲，各城市的高尔夫球洞数与其 GDP 的相关程度为 64%，与实际利用外资的相关程度也高达 75%。京沪粤三区高速的经济发展和迅速崛起的高尔夫产业遥相呼应，总体来看，GDP、实际利用外资额与高尔夫球场的发展规模相比已基本达到平衡状态。

二、中国内地高尔夫运动发展的经济和社会效益

高尔夫球场在兴建之前大多为空置废地，不可能为社会和人民创造任何经济价值，更不可能为社会就业作出贡献。目前，我国的已建、在建的部分高尔夫球场或前一段时期申请的球场中的确存在占用一定数量农田、耕地的事实，这无疑成为今天的热点话题。但具体有多少家球场占用了良田、有多少良田被占用，目前尚无可靠数据说明。为全面了解国内高尔夫球场的建设占地情况，清晰认识高尔夫在国内的发展状况，我们在全国范围内展开了全面的调查。

我们对广东 25 家球场、湖北 3 家球场、北京及其周边地区 15 家球场、上海及周边地区 17 家球场、大连 4 家球场进行实地踏查，其中 80% 的球场的大部分土地在建球场之前为河滩地、海滩地、荒坡、荒山、荒地、疏林地、绿化带、废弃鱼塘，甚至还有臭水沟和垃圾场等；20% 的球场中极少部分用地涉及低产农田和果园。例如，深圳世纪海景高尔夫俱乐部就坐落于海边的丘陵地带，深圳龙岗公众高尔夫建立在龙岗镇周边的荒山上，深圳航港高尔夫球场就建立在海滩地上；武汉市的金银湖高尔夫球场建立在荒地和河滩地上；北京市的东方天星乡村俱乐部建在垃圾场和废鱼塘上，北京馨叶高尔夫即将开业的后 9 洞也建在垃圾场上。这些往日人们印象中的“不毛之地”如今却是绿意盎然、生机勃勃、人气直升的高尔夫球场；高尔夫球场的建设和经营从很大程度上将空置废地变为了“宝地”、“金地”。在亲自实地踏查的 64 家球场中，北京的万柳高尔夫球场、鸿华高尔夫球场、北辰高尔夫球场和馨叶高尔夫球场等都建在城市绿化带范围内，深圳中信绿世界高尔夫球场是在原有的植物园上改建而成的，这些原本需要政府每年花费相当数量金额维护的绿地以高尔夫的形式出现，不但没有减少绿地面积，而且降低了政府对绿化养护方面的费用，还为当地利税颇多，成为了“扭亏为盈”的典范。

中国内地各省市 GDP 的多少和实际利用外资情况与其高尔夫球洞数目相关。从省份来讲，各省（自治区、直辖市）的高尔夫球洞数与实际利用外资的相关程度高达 89%。从拥有高尔夫球场的城市来讲，各城市的高尔夫球洞数与实际利用外资的相关程度也高达 75%。高尔夫球场的建设在很大程度上作为投资环境吸引着外商的目光，有利于招商引资；反过来，招商引资带来的变化进一步改善了投资环境，吸引了更多的资金，这也为当地球场扩大了客源（图 5-2）。

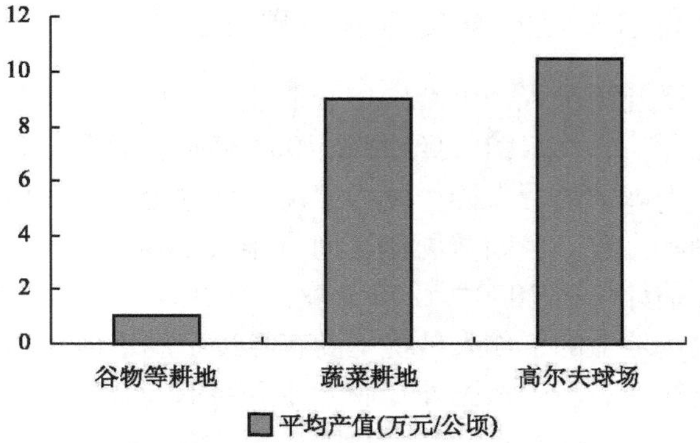

图 5-2　不同用地的平均产值

以广东省为例，2003 年 9 月，广东省共有球场 54 家，球洞 1293 个。目前的珠三角地区已经成为世界制造业中心和国际资本云集之地，跨国公司和国际投资者的集聚、珠三角国际化都市圈的构建，要求有国际化的生活和工作环境配套与之相适应，形成国际生活社区，以巩固外商长期投资的心态，所以高尔夫球场在选址时就考虑与外资企业靠近。反过来，高尔夫球场的建立也影响着外资企业的地点定位。深圳观澜湖球场就是一个很好的例子，近几年，富士康、富士施乐、和记黄埔等国际大企业纷纷落户观澜镇，使观澜镇的体育休闲业、物流仓储业、高科技产业形成突出优势。而球会所在地东莞塘厦镇，每年都有 150 多个外资企业进驻，对高尔夫球情有独钟的中国台湾和日本投资者数量更有显著上升。其中日本富士施乐公司总经理须藤表示，他是先买了观澜湖高尔夫球会会员证，然后才决定在当地投资的。

根据调查结果，按照每 18 洞标准球场中有员工 250 人计算，我国直接从事高尔夫行业的人数约为 12 万人左右，间接从业人员超过 25 万人。北京市直接从事高尔夫行业的人数约为 13 000 人，照此推算间接从业者应超过 26 000 人。每个高尔夫球场几乎都安置了当地农民或外地青年就业，如北京顺峰高尔夫球场有员工 200 人，其中 150 人是当地农民；北京京城高尔夫有员工 280 名，其中 140 人是当地农民；北京乡村高尔夫共有员工 600 余名，大部分为当地农民。从总体上看，高尔夫球场安置当地人员的比例在 70% 以上，相当于增加北京就业机会 18 000 个以上。

在广州，在调查的高尔夫 18 洞标准球场中，每个高尔夫球俱乐部的员工平均为 250 人。资料显示，一般来说，一个高尔夫球场至少需要 200～300 人，一些规模大的高尔夫俱乐部需要的工作人员则更多，像深圳的观澜湖高尔夫俱乐部这样的大型高球场便为 3300 人提供了就业机会。此外，高尔夫为相关产业也提供了大量的就业机会。

税收方面，高尔夫球场可谓缴纳利税大户。北京市窑上高尔夫乡村俱乐部 2001 年第一年营业就上缴乡政府 60 万元税费，相当于窑上乡财政收入的 15%；截至 2001 年 9 月，北京第一家开业的北京国际高尔夫球场 15 年共上缴税费 4007 万元；北京万柳高尔夫俱乐部从开业至今平均每年上缴税费 200 万元，是海淀区的利税大户；深圳世纪海景高尔夫 2003 年利税 148.6 万元。

三、中国内地高尔夫经济发展前景预测与建议

当前，我国经济已开始步入一个新的增长阶段，2003年GDP增速为9.1%，GDP总量达到11.67万亿元，人均GDP已经突破1000美元，即人均GDP为1090美元。这就意味着，我国高尔夫球场消费人群、球场建设在理论上，每年将增长9.1%。从高尔夫消费人群的增长趋势上看，我国球场建设尚有很大的市场空间。在未来10年，我国球场建设数量，保守估计将达1000～1200余座。

目前许多高尔夫场地上的工作人员基本没有经过正规培训，高尔夫人才目前在我国可谓奇缺。一些企业往往高薪聘请国外专业人才，要不就派员工到国外专业学校进行培训。比照国外高尔夫运动的普及率，结合我国自身经济、社会和体育发展的需要，未来10到20年，我国将需要高尔夫高级管理、教育、科研、产业人才约10万至15万人。

高尔夫运动是一项有利于我国社会及经济的发展、对我国全民健身和体育产业化进程起促进作用的体育活动。高尔夫运动的普及有助于提升国民生活素质，有助于扩大内需、刺激消费，符合社会发展的要求。此外，高尔夫运动还有助于满足完善招商引资环境配套的需要，吸纳社会就业，以及满足体育健身市场日益多样化的社会需求。但目前居民消费意识跟不上；高成本、高税收使高尔夫价格难以实现“平民化”；专业人才短缺；国内高尔夫配套产业尚幼嫩；市场运作及管理机制欠妥等因素的存在，使现阶段高尔夫的发展受到了制约。因此，本书提出以下建议：

（1）发展总思想：因地制宜，在需求的基础之上进行建设。中国经济存在明显区域性差异的现实造成了中国高尔夫地区发展的不平衡，造就了国内以北京、上海、广东为首“三足鼎立”的高尔夫发展形势。因而，作者认为高尔夫今后的发展不应盲目地全面大力发展，也不应实行“一刀切”的做法。应该按照各地的实际情况，根据地区国民生产总值、各地不同的发展需要、高尔夫人群的需求等因素综合考虑高尔夫的发展，从而因地制宜地建设和发展高尔夫。

（2）建立良好的发展平台：加大政府支持力度；建立和完善人才培养机构；积极发展高尔夫配套产业。政府对高尔夫的态度，主要表现在税收和政策上。高尔夫的税收目前高达23%，包括20%的娱乐税和3%的文化建设费，这是制约高尔夫运动走向大众化的主要因素。在综合考虑可以大力发展高尔夫的地区，政府应加大支持力度、适当降低税收，建议根据高尔夫球场的不同经营模式（私人会所型和公众型）分别制定税收制度，以促进高尔夫面向大众的长远发展。人才也是高尔夫发展的基础，人才的短缺势必会阻碍高尔夫的发展，应在现有基础上建立和完善人才培养机构。高尔夫配套产业（如草坪机械、高球设备）的发展在我国尚幼嫩，相关技术在我国不成熟或缺乏，需要积极发展。

（3）提高和完善高尔夫产业本身素质：降低价格使高尔夫走向大众；提高高尔夫行业服务水平；完善高尔夫产业的市场竞争与运作机制；构筑大市场的发展格局。高尔夫目前在我国的发展还存在一些不可忽视的非市场因素，如管理法规滞后、行业指导缺乏法规条例与具体的操作细则等，需要成立管理机构，完善其市场竞争与运作机制。高尔夫产业是一个多关联的行业，有一些与自己密切相关的产业面，包括建材业、制造业、

旅游业、饮食业、交通业、房地产业、广告业和服装业等，它们互相影响，互相促进。抓好各方面资源和优势的整合是高尔夫产业大发展的关键，只有将各地区蕴涵的资源优势和潜力充分挖掘出来，形成行业发展合力，才能真正构筑起高尔夫产业大市场的发展格局。

（4）针对消费者：加大宣传，转变国民对高尔夫运动的观念，提高消费意识。健身首先是一种意识，投资健康是积极人生观的一种表现。体育产业化是体育发展的必然趋势，“花钱买健康”也逐渐为民众所接受。

GOLF

第六章

高尔夫运动与旅游

第一节

高尔夫旅游的产生

高尔夫是在户外草坪上进行的一种运动。高尔夫球员站在绿草坪上，使用各种型号的球杆，从发球台把一个质地坚硬、有一定弹性的小球，依次击入球洞。高尔夫运动是一项古老的运动，今天高尔夫圈内大多数人都认为，高尔夫起源于15世纪甚至更早以前的苏格兰。到15世纪中叶，高尔夫运动在苏格兰已十分盛行，那里山区多，气候湿润，多雾，牧业发达，特别适于高尔夫运动的发展。相传，当时苏格兰人在放牧闲暇的时候，用木板玩游戏，比赛将石子击入兔子窝或者洞穴中。久而久之，这便演变成了一项使用不同球杆，并按照一定规则击球的体育运动。

“高尔夫”是英文golf的译音，实际上golf是来自苏格兰的方言，意思是击、打。同样有人发现golf这个词是由绿色（green），氧气（oxygen）、阳光（light）和步履（foot）四个英文单词的词头字母组成的。这完美地体现了高尔夫是在充满空气和阳光的绿草地上漫步击球的一项运动。

高尔夫球场一般占地1000～1500亩，依照当地的地形特征和自然风光设计而成，所以世界上没有两个一样的高尔夫球场，这也是打高尔夫的乐趣所在。高尔夫以其独特的运动方式受到大众的喜爱，这项运动一向被称为“绅士”运动，参加高尔夫运动可以提高人们的素质，包括增强体质，陶冶情操，锻炼意志及开发智力，主要运动特点是与对手没有身体接触，相对篮球、足球等其他项目来说没有强烈的对抗性，在打球过程中主要是自己跟自己比，运动量的大小也可根据运动者的要求自己定，置身于高尔夫球场这么优越的环境中本身就是一种放松。可以说，这项运动适合任何年龄的人群参加，在众多体育项目中是最适合搞大众化的运动。

与绿色、自然、健康无限贴近的高尔夫运动，不仅是一种锻炼的方式，更成为许多人的生活方式和交友平台，甚至是选择生意伙伴的途径。高尔夫球场上的青草绿水成为了上流阶层休闲娱乐、洽谈生意的主要场所。高尔夫是一项老少皆宜的绿色、健康、时尚的运动，对人的身体、心理、性格的健康发展都有好处。

一、旅游及旅游业

旅游（tourism trip travel），在新华字典中的定义为外出旅行、游览。《韦伯斯特大学词典》对旅游的定义是：“以娱乐为目的的旅行；旅游业则是为旅游者提供行程服务的行业。”旅游一词来源于拉丁语的“tornare”和希腊语的“tornos”，其含义是“车床或圆圈；围绕一个中心点或轴的运动”。这个含义在现代英语中演变为“顺序”。后缀“ism”被定义为“一个行动或过程；以及特定行为或特性”，而后缀“ist”则意指“从事特定活动的人”。词根“tour”与后缀“ism”和“ist”连在一起，指按照圆形轨迹的移动，所以旅游指一种往复的行程，即离开后再回到起点的活动，完成这个行程的人也就被称为旅游者（tourist）。

旅游最早起源于古代的商人。世界上最先从事旅游活动的是海上民族腓尼基人。中国早在公元前22世纪就有旅游活动了。古代时期比较典型的旅行家有大禹、老子、孔子、郑和，他们在当时游览各地景色、传道讲学、出征国外、远航西洋。只是古代时期的人们没有将这些活动定义为旅游。1936年国家联盟统计专家委员会首次提出：外国旅游者是指离开其惯常居住地到其他国家旅行至少24小时以上的人。1945年，联合国（取代了原来的国家联盟）认可了这一定义，但是增加了“最长停留时间不超过6个月”的限定。

1963年联合国国际旅游大会提出使用“游客”（visitor）一词，指离开其惯常居住地所在国到其他国家去，且主要目的不是在所访问的国家内获取收入的旅行者。其中游客包括两大类：旅游者（tourist）和短期旅游者（excursionist）。前者指在所访问的国家逗留时间超过24小时且以休闲、商务、家事、使命或会议为目的的临时性游客；后者指在所访问的目的地停留时间在24小时以内，且不过夜的临时性游客（包括游船旅游者）。

旅游业是以旅游资源为依托，以旅游设施为条件，以旅游者为对象，为旅游者的旅游活动、旅游消费创造便利条件并提供其所需商品和服务的综合性产业，它是连接旅游者（旅游主体）和旅游资源（旅游客体）的重要纽带。人们的旅游活动主要包括旅行、游览、住宿、饮食、购物和娱乐六个环节，涉及社会的各个方面，需要许多相关的经济部门来提供相应的服务。在市场经济条件下，社会分工明确，为旅游者的旅游过程服务的相关经济部门就会在国民经济中形成与旅游相关的产业，即旅游业。

近年来随着居民生活水平的不断提高，旅游休闲活动渐渐成为人们生活中重要的一部分。旅游业是周期性消费品行业，它的增长率和GDP增长率具有很强的相关性。与此同时，旅游业在很多发展中国家是一个名副其实的朝阳产业，旅游业总供给和总需求均处于不断上升过程中，周期性和成长性并存使得旅游业总收入长期处于高于GDP的上升趋势的同时，也经常出现大幅度波动态势。随着社会的发展，旅游业已经成为了全球经济发展势头最强劲和规模最大的产业之一。旅游业在城市经济发展中的产业地位、经济作用逐步增强，对城市经济的拉动作用、对社会就业的带动力以及对文化和环境的促进作用日益凸显。

旅游业的构成是指旅游业内部的企业类别或经济部门的构成。旅游业作为第三产业的一个经济部门，与第一、二产业的经济部门，以及与第三产业的其他经济部门相比，产品涉及面更广。构成旅游业的各类企业，又可划分为直接旅游企业和间接旅游企业。对旅游业构成的一般看法是建立在直接旅游企业这一基础上的，而较为全面的看法则既包括直接旅游企业，也包括间接旅游企业，还包括支持发展旅游的各级旅游组织。

旅游活动需要涉及交通运输业、餐饮业、旅馆业、商业和娱乐业等多项产业提供的服务，这些旅游服务在旅游产品的前提下统一起来，为旅游者提供服务。通过世界旅游组织公布的资料可以看出，旅游部门每直接收入1美元，相关行业收入能增加4.3美元。从2002年到2008年，旅游业一直保持增长和多样化发展的态势，并成为全球规模最大、发展最快的经济实体之一。许多国家的旅游目的地数量越来越多，政府大力投资本国的旅游产业，将其打造成为社会经济发展的重要驱动器。旅游业现今已经成为国际商业范畴的一部分。旅游出境游为国家带来的经济收益已经排在继能源、化工、汽车制造之后的第四位。对于众多发展中国家来说，旅游业已经作为本国经济收入的重要来源，并且创造了大量的就业机会和发展机遇。

国内外常规旅游休闲活动场所和设施，无论是对公众开放或是对私人开放的，诉求形式都较为单一，如游泳池、保龄球馆、主题公园等；而适合全家人同去的旅游景区，每逢节假日游客拥挤，且缺少个性化的休闲旅游设施，表现为吸引力不足无法满足游客们多元化的旅游消费需求。近年来兴起的休闲度假村的功能相对多元，包含住宿、餐饮、游憩、会商等，并且积极响应全家度假休闲的号召。随着人们对物质生活的不断追求，旅游业也面临着巨大的挑战。众多常规旅游项目逐渐对游客失去了吸引力，相应地，特色旅游越来越受到广大旅游爱好者的追捧。

二、高尔夫旅游的概念和属性

关于高尔夫旅游的属性，国内外学者都有各自的解读：郁小平认为高尔夫旅游是指高尔夫运动的爱好者离开自己所居住的城市（国家），前往异地（异国）的高尔夫球场打球、度假、参会、交友等而进行的活动；石美玉认为，高尔夫旅游是一种指向明确具体的特殊休闲旅游，无论人们参与高尔夫运动的程度如何，如果旅游的目的地就是球场，那么则理当属于高尔夫旅游。这两种定义主要从旅游的目的的角度来定义。而国外学者认为高尔夫旅游是体育旅游的一种形式，认为高尔夫球旅游者可以分为两类，一类是体验型参与者，另一类是利用旅行机会打高尔夫的游客。世界旅游组织已把高尔夫运动作为一项专项旅游活动，高尔夫旅游者可以是以打高尔夫为主要目的的旅游者，也可以是在商业活动或休闲过程中偶然进行高尔夫活动的旅游者。高尔夫旅游是由专门策划运营高尔夫旅游的专业旅行机构为高尔夫球爱好者或高尔夫游客提供的一项高尔夫旅游行程服务。在此行程中，高尔夫爱好者、高尔夫游客会前往异地或异国的高尔夫球场、高尔夫度假村进行打球、会务、休闲活动亦可前往当地的旅游景点和商场参观、购物等一系列的旅游休闲活动的特性均可作为高尔夫旅游的属性。

高尔夫爱好者在从事高尔夫运动的同时，也在进行旅游、休闲活动。也就是说高尔夫运动和旅游休闲活动存在很多交集。从旅游的定义角度来讲，多数国家基本上采用国际通用旅游定义中的三方面要素：一是具有出行目的；二是存在一定距离的外出行程；三是要停留一定时间。

以中国地区的气候差异为例，我国北方冬季寒冷，夏季凉爽；南方冬季阴冷，夏季湿热。我国南北方气候差异促使很多高尔夫爱好者产生高尔夫旅游动机。一到冬季，北方的高尔夫球爱好者经常借假期前往南方的高尔夫球场打球、度假。在炎热的夏季，南方温度较高，空气较为潮湿，而我国北方气候相对凉爽，那些无法忍受酷热夏季的高尔夫爱好者便纷纷北上，享受北方地区高尔夫旅游。由此分析，此类高尔夫旅游是以适应差异气候而往返南北为出行目的的。

从打球兴趣的角度分析，众多高尔夫球爱好者对于征服全世界各地的高尔夫球场充满了好奇心。每个高尔夫球场的设计、景观、造型都不相同，全世界绝对找不到两家相同或类似的高尔夫球场，这些球场独特的魅力也深深地吸引了众多高尔夫爱好者的好奇心和击球欲望。在体验不同地区高尔夫球场乐趣的同时，高尔夫爱好者也可跨国家享受不同高尔夫旅游目的地的旅游行程。例如，日本、泰国、爱尔兰、美国等都是国际高尔夫游客首选的高尔夫旅游目的地。由此可见，此类高尔夫旅游是以征服各类特色的高尔夫球场为出行目的的。

高尔夫运动通常也是旅行社安排的因公行程的一项重要组成部分。旅游出访通常分为因私和因公出访。商务旅游通常也是因公出访的一种特殊形式。众所周知高尔夫运动具备一定的文化属性和商务属性。高尔夫运动不仅是一项健身运动，而且可作为商务人士良好的沟通、交流平台。在商务旅游活动中，不乏商界人士的参加，那么高尔夫球场恰好是商界人士交际、沟通、建立感情的最佳场所。近年来，很多商务人士热衷于参加带有高尔夫运动的国内外行程。

同时，高尔夫旅游活动需要一定的出行距离。高尔夫球场一般都建造在远离城市的郊区，一些球场建造在风景优美的自然景区、海边、雪山下，巧夺天工的建筑设计与自然景观相辅相成、融为一体。从高尔夫球场建造选址的角度上讲，高尔夫爱好者在击球的过程已经远离自己的长期居住地前往异地或异国从事高尔夫运动或高尔夫旅游。这样，高尔夫爱好者或高尔夫游客的出行行程存在一定的距离。

根据气候差异类型产生的高尔夫旅游，我国南北各地的高尔夫爱好者在反季节会离开自己的居住地前往远离自己的南方或北方进行高尔夫旅游。这样就潜移默化地产生了一定距离的出行行程。

高尔夫旅游还需在某地停留一定的时间。通常，进行高尔夫旅游多数会离开自己居住的国家或地区前往异地或异国打球度假。那么专门服务于高尔夫游客的旅行社一般在设计行程时通常会安排三天以上的高尔夫旅游行程。因为如果行程短暂，那么很可能会给高尔夫爱好者带来一种仓促感。

在某些高尔夫旅游行程中，旅行社通常还会为高尔夫游客安排一些除高尔夫运动以外的休闲娱乐项目，如观赏特色景区、游览名胜古迹、前往商场购物、品尝本地小吃等，共同组成一套完善的高尔夫旅游行程。这样高尔夫游客在当地必然会停留一定的时间。那么整套行程全部下来基本上在 2 天以上，必然会在当地居住、游玩、停留。

三、高尔夫旅游发挥的作用

1. 直接推动旅游业的发展

热爱旅游的高尔夫球客在饱览大好河山的同时，也可以欣赏到不同地区各具特色的球场风光，尽情体验征服不同球场的乐趣。对常规旅游来说，如果将高尔夫和旅游相结合，那么高品质的旅游度假行程和专业的高尔夫配套服务必将成为高尔夫旅游产品吸引游客的亮点。例如，南非有一家高尔夫俱乐部建在一个死火山口上，世界各国的高尔夫球爱好者前往猎奇，不仅产生了轰动效应，而且带动了当地旅游业、服务业的迅速发展。开展高尔夫旅游不仅可以为当地高尔夫俱乐部增加收入，对当地的宾馆、酒店、航班、政府税收等方面也起到了积极的拉动作用，特别是对第三产业的促进作用十分明显。

云南省旅游局局长罗明义先生作过这样的统计：每年到云南的异地高尔夫游客接近5万人。而一个高尔夫旅游者的消费，相当于3至4个前往云南的常规旅游观光消费者的消费总和。由此可见，高尔夫旅游是一项附加值很高的旅游休闲活动。更重要的是高尔夫旅游可以使游客停留的时间更长。云南昆明鸿阳高尔夫有限公司的调查数据显示：来昆明的高尔夫客人平均停留时间为3～4天，其中机票、通信、餐饮、住宿及娱乐费用在整个旅游消费份额中占50%以上。通过发展高尔夫旅游，我国旅游的经济效益可以得到大大地提高。推广高尔夫旅游，对国内旅游市场来说，可以调整客源结构，更大地促进入境旅游市场的发展；对国外旅游市场来说，可以增强我国旅游业的核心竞争力，在吸引客源上具有更大吸引力。

我国旅游业正在由常规观光型旅游向观光复合型旅游发展。高尔夫运动围绕着绿水青山的主题，正是21世纪人类追求的生活景象，发展高尔夫旅游对于实现我国成为世界旅游强国的目标有着重要的战略性意义。高尔夫旅游对于我国入境旅游业和国内旅游业的发展起到了特殊的作用。日本一年就有150万人出国打球，在韩国，100多个高尔夫球场也满足不了韩国人的需求，许多人在旺季根本无法预定球场，于是纷纷出国打球。韩国关税厅的统计数据显示，2003年前6个月，携带高尔夫运动器材向海关申报赴国外打高尔夫的游客为53 087人，比2002年同期的43 328人增加了22.5%。韩国人主要前往威海、烟台、青岛等地打球。这些地方不仅离韩国比较近，而且风光秀美，是非常好的休闲度假地，而且这里的球场收费比韩国便宜三分之二。我国广东省一年就有境外的10万人次来打球，可为广东带来10亿元的旅游收入。另外据云南省的统计，到云南进行高尔夫运动的海外球团对该省入境旅游的贡献率是5%。而在西班牙，该国的270座高尔夫球场通过高尔夫旅游每年为西班牙带来30亿美元的收入。由此我们可以设想，在自然条件比较优越的云南（气候原因）和海南等地多建球场，积极发展高尔夫旅游，可以有效地推动我国入境旅游的发展。

2. 增加就业机会

首先，发展高尔夫旅游可以增加就业机会，增加社会稳定性。据调查中国南方某地区正常营业的四个高尔夫球场就为当地居民提供就业岗位1680个；北京乡村高尔夫俱乐部培养当地的农民作为球童，很大程度上改善了农民的物质生活水平。这充分说明发展高尔夫旅游有利于社会的稳定发展。

其次，发展高尔夫旅游可以增加国家外汇收入和政府税收。在中国，高尔夫旅游入境客源市场主要以日本、韩国球客为主。随着外汇的增长，我国的国际支付能力得到提高，这有助于平衡我国的国际收支。在税收方面，以春城高尔夫球场为例，它曾向宜良县政府缴税756万元；北京的万柳高尔夫球场某年曾向海淀区政府缴税300余万元，成为该区的缴税大户。税收增加，有助于增加国家对公共事业的支出，为社会谋取更大的福利。

最后，发展高尔夫旅游可以产生推动当地经济发展、带动相关产业链等一些连锁效应。中国高尔夫球协会某位官员就曾对记者表示："高尔夫产业对经济将会产生一系列积极的推动作用。高尔夫除了是一项竞技运动之外，还涉及球场、服装、球具、机械等关联产业，对旅游、航空、媒体等其他行业也都会起到推波助澜的作用。"以上内容都充分显示了在中国发展高尔夫旅游是具有重大意义的。

3. 高尔夫旅游可以改善投资环境

从事高尔夫旅游的消费人群一般以商界人士居多。他们通常在高球之旅的过程中关注市场、寻求商机。据资料显示，云南春城湖畔高尔夫度假村在已正式营业的 5 年时间里，接待了数以万计的商界名人，他们有的是来昆明考察投资环境的，有的是因慕“球场”之名来旅游打球，在发现商机之后屡次往返进行洽商投资。昆明一位旅游局官员说春城湖畔高尔夫球会是云南招商引资的一颗最美的“绣球”。广东东莞长安高尔夫球俱乐部云集了大批的台、港、澳、日、韩商，长安镇不仅被外商球员们誉为“投资乐土”，还曾获得“中国乡镇投资环境 100 强”的荣誉称号。

在一流的高尔夫球场开展高尔夫旅游其实也在帮助当地打造城市名片。通过推广高尔夫球会或高尔夫旅游项目来打造城市形象的例子比比皆是。著名旅游城市迪拜就是一个良好的典范。20 世纪 60 年代迪拜的石油“黑金”未被开采前，迪拜只是中东沙漠中一座普普通通的小城。此后，迪拜因石油而富有，因物流而崛起，又因高尔夫运动而扬名。迪拜作为中东地区的高尔夫先驱，拥有“迪拜湾高尔夫球会”（Dubai Creek Golf and Yacht club）及“酋长国高尔夫球会”（Emimtes Golf Club）等著名球会。“迪拜湾高尔夫球会”号称沙漠球场的圣殿，1999 年及 2000 年的迪拜世界高球锦标赛就是在那里举办的。深圳观澜镇之所以名冠深圳、享誉世界也是因为这里坐落了一家全球最大的观澜湖高尔夫球会。

4. 高尔夫旅游可以转变生活观念

很多高尔夫爱好者都发现高尔夫旅游改变了自己的生活方式，自从着迷于高尔夫后，自身观念茅塞顿开，顿悟人生，将“不良嗜好”全部戒掉，全身心投入到绿色的海洋中。有人说，这就是生活观念和生活情趣的转变，是个人素养的提高、精神境界的升华。对普通百姓而言，高尔夫运动和高尔夫旅游同样能增强他们的自豪感。一位昆明的读者就曾这样描述：“昆明的大多数普通百姓虽然暂时还无缘一睹春城湖畔高尔夫球场的风采，但有关春城湖畔的佳话却广为流传：‘某国政界要人，一下飞机就直奔春城湖畔高尔夫球场；西方某公司总裁，乘专机直飞昆明，仅仅是为了来海边打一场高尔夫球；第一个乘宇宙飞船飞上太空的美国人偕夫人不远千里远道而来，虽然没有上场挥杆，但一睹这里的芳容已经足以让他流连忘返……’。这些传说在昆明人心头平添了一种从未有过的自豪感：原来高尔夫竟有如此之大的魅力，原来祖祖辈辈生息于斯的故土，竟有如此之强的吸引力。于是，不知不觉间，一种自重与自强的竞争精神和发展欲望，油然而生。”

四、国内外高尔夫旅游的相关研究

（一）国外有关高尔夫旅游的研究

随着高尔夫旅游在国内外的迅猛发展，高尔夫旅游市场的竞争日益激烈，此方面的研究在高尔夫旅游实践中逐渐受到专业学者以及行业从业人员的重视。20 世纪中后期，高尔夫旅游的文章就已经出现在国外的各类学术刊物上。20 世纪 90 年代美国、英国在此学科内侧重运用管理学、统计学、旅游学、市场营销理论等来研究高尔夫旅游的各个方面。其中有关市场营销理论的研究主要针对高尔夫旅游动机、高尔夫旅游目的地、高尔夫旅游的经济影响、高尔夫游客等最早。

1. 高尔夫游客

以 James、Coleman 为代表的外国学者最早开始针对高尔夫休闲需求展开研究并提出了“新颖性尺度”来评估高尔夫游客：他们发现相比于年长的高尔夫游客，年轻的高尔夫游客更容易成为高尔夫旅游目的地的好奇尝试者，同时发现打球的频率也是影响高尔夫旅游好奇的重要因素。James 认为好奇新颖是影响高尔夫游客从事高尔夫旅游的重要因素并利用数学模型量化了高尔夫游客人口特征、高尔夫特征、高尔夫旅游游后评价与好奇新颖程度的关系。

Golf20/20 在全美 2000 年高尔夫经济报告中指出：同年时期，包括在本国和赴境外进行高尔夫旅游的高尔夫游客年度总共支出 135 亿美元；据 NGF 的统计，美国高尔夫游客数量以 4.6% 的增长率从 1989 年的 790 万增至 1998 年的 1180 万；高尔夫旅游支出可分为四类：住宿、交通、饮食和娱乐。2000 年，美国高尔夫游客在本国内从事高尔夫旅游期间住宿花费 51 亿美元，交通花费 39 亿美元，餐费 26 亿美元，在其他休闲娱乐方面花费 14 亿美元。

2. 高尔夫旅游目的地

自 2000 年开始，美国和韩国开始使用需求系统管理（demand system management，DSM）来识别韩国高尔夫游客的高尔夫旅游目的地并运用数学统计软件分析表明澳大利亚和夏威夷是韩国高尔夫旅游人群主要的境外高尔夫旅游目的地；Coleman 等人发现夏威夷是最理想的高尔夫旅游目的地；而在 2004 年，Samuel Seongeseop Kim 利用 DSM 分析系统分析韩国游客高尔夫旅游目的地的选择，总结出澳大利亚、夏威夷、菲律宾、泰国、中国是韩国高尔夫游客最经常去的高尔夫旅游目的地，并作出 SWOT 分析，结果显示澳大利亚和夏威夷在高尔夫旅游特色方面无显著差异，需定制突出本国特征的高尔夫旅游市场策略以区分自己的竞争对手。Marion C. Markwick 则以马耳他为考察对象，探讨了土地紧缺、人口众多的地区的高尔夫球场建造者、当地官员、管理者之间的利益矛盾，对其他类似地区的旅游开发具有一定的借鉴意义。Mintel 国际数据调研机构的国际高尔夫旅游报告中提出：临时打球的高尔夫爱好者数量在全球范围内猛增，为此高尔夫旅游运营商和高尔夫相关度假机构除了为这些特殊游客提供高尔夫运动服务外，还可以提供会议、奖励旅游这些称为 MICE（meetings，incentives，convention，incentives）的活动。

3. 高尔夫旅游对本土经济的促进作用

国际高尔夫旅游运营商协会（IAGTO）2006 年的数据显示：全球高尔夫旅游市场总价值超过 170 亿美元。在全世界约有 5600 万高尔夫爱好者：美国 2670 万，加拿大 500 万，欧洲 550 万，日本 1400 万，英国 380 万。在这 5600 万高尔夫爱好者当中，每年有 5%～10% 的高尔夫游客参与高尔夫旅游活动，为国际高尔夫旅游提供了 280 万～560 万美元的市场价值。根据 Golf20/20 对美国 2000 年高尔夫旅游对经济影响的报告，可以发现个人高尔夫旅游与年度巡回赛带动的高尔夫旅游为美国经济贡献了130亿美元的经济价值。英国、美国的学者在研究高尔夫旅游经济影响的课题时，经常选用某个地区特定的球场作为具体的研究对象。Ayele建立了一个数学模型来量化出英国公开赛对当地经济的影响，并得出量化的数据。Robert着重从经济利益角度分析了英国高尔夫球场的现状，并针对是否继续大量兴建球场的问题进行了讨论；安德森经济研究小组的Scott在爱尔兰莱德杯高尔夫球赛经济报告中，也详细地探讨了该比赛对当地经济的影响，并首次提出了直接经济影响和间接经济影响的理念，指出间接经济影响参数为0.6，即间接经济影响为直接经济影响再乘以间接影响参数。

（二）我国有关高尔夫旅游的研究

与欧美国家相比，我国有关高尔夫旅游的研究较少，涉及面并不是很广。大部分研究都集中在高尔夫球场土壤、草坪、生物的研究以及高尔夫经济、高尔夫房地产、高尔夫文化等研究内容。对于高尔夫旅游的研究内容而言，并非单纯地以高尔夫旅游内容为主，而是将高尔夫旅游作为高尔夫宏观产业发展的一部分来探讨。

1. 高尔夫旅游认知度

高尔夫运动在20世纪80年代首次进入中国，发展时间不长。虽说本土高尔夫人口的增长速度很快，但占总人数比例较少。媒体近年来对高尔夫文化的消极传播，造成了国民对高尔夫运动以及高尔夫旅游缺乏认识和了解。此外高尔夫运动和高尔夫旅游已经作为高端品牌或奢侈品被媒体宣传，使得公众在对高尔夫缺乏认知的同时又产生了对高尔夫运动和高尔夫旅游的偏见和错误认识。再者，高尔夫球会对自身的宣传推广工作做得不到位。一般情况下产品或品牌要让大众的认知，必须让大众与传播的媒体产生互动，必须让大众接触到目标信息。当今企业或机构做宣传推广，大多通过现代的几种传播渠道，如电视、广播、互联网、平面媒体、宣传单页、新媒体等。但笔者了解到，高尔夫在大众心目中的认知更多是通过口碑宣传而获得的，这样也说明了媒体对高尔夫运动及高尔夫旅游的宣传并没有深入人心。

2. 高尔夫旅游对中国经济的促进作用

由于高尔夫球场配置了各种景观设计，其本身就是一种特色的旅游资源。随着中国本土高尔夫旅游资源的不断丰富，越来越多的境外游客来华的原因之一就是要感受中国高尔夫旅游度假的乐趣。郁小平在分析高球尔夫对经济发展的作用的研究中提出高尔夫球俱乐部对旅游产业的发展带动作用，并举例海南、珠三角和环渤海地区最能体现高尔夫运动对旅游经济的促进作用。将高尔夫运动和当地旅游资源同时开发，可最大限度地整合旅游资源和营销资源，使高尔夫球场最大化地发挥品牌效应，吸引更多的高尔夫游客参与高尔夫旅游，从而为高尔夫球场长期的有效经营开辟另外一条更为重要的途径。

李舟分析在中国适合全年打球的地区可吸引大量海内外高尔夫游客，并以海南为例，指出2003年海南高尔夫旅游接待人数超过15万人次，年均增长超过30%，且单凭海南地区的高尔夫旅游行业就大大地支撑了海南地区的旅游经济。全球高尔夫旅游热不断升温，除欧美国家的高尔夫旅游设施外，中国的具有本国特色的高尔夫旅游目的地也正在浮现。2008～2009年中国高尔夫市场研究咨询报告指出，随着我国高尔夫产业的迅速发展，高尔夫旅游市场不断扩大。与临近的东南亚国家相比，我国高尔夫旅游具有时间距离、气候条件、交通直航等便利条件，我国高尔夫旅游的发展潜力和优势十分显著，并因此涌现出了云南和海南这两个高尔夫旅游大省。

3. 高尔夫旅游分时理论

高尔夫分时度假借用了分时度假概念：专门选择有高尔夫球场设施的度假村作为网络交换单位，以此来形成高尔夫球场的分时度假营销模式。把高尔夫球场一个完整会员证的使用权分成若干时段，根据球场的运作情况按10年甚至更长的期限，以会员证的方式一次性出售给客户，会员获得每年到球场消费一个时段的休闲方式，通过交换服务系统，把自己的球会时段使用权与其他球会使用权进行交换，以此实现消费者低成本到各地旅游打球的目的。

随着高尔夫旅游的不断发展，分时度假理论也逐渐被应用到高尔夫球会的运营和管理实践中。大量的专业团队开始介入各个高尔夫俱乐部之间分时会员的运营和管理中。郁小平在针对国内高尔夫俱乐部发展战略研究现状中提到：2000年成立的深圳朝向高尔夫管理公司开始运用NGF提出的分时度假共享理论，将此理论实践到现实的球会运营管理中，发起建立了中国高尔夫球俱乐部分时共享联盟，并取得了一定效果。

4. 高尔夫旅游数学模型的建立

我国在研究高尔夫旅游课题方面，多采用定性分析法。而丘萍等人针对当前高尔夫休闲供需结构性失衡的现象，选取球龄和休闲成本两个因素建立了高尔夫休闲的需求数学模型，并以桂林某高尔夫球会为研究对象通过调查问卷的形式采用数理统计工具和灰色关联度排序方法进行分析，证明了高尔夫休闲需求模型具有一定的合理性。

第二节

世界高尔夫旅游发展现状

高尔夫运动在全球范围内广泛流行。全世界约有32 000家高尔夫球场可供高尔夫游客选择，每年保守估计约有5600万高尔夫爱好者遍及全球。国际高尔夫旅游运营商协会估计全球高尔夫旅游价值100亿欧元。全世界人口中有1%的人口打高尔夫球。美国总人口数量的10%为高尔夫球爱好者。目前职业巡回赛已经遍布世界各个角落，从苏格兰的圣安德鲁斯到中国上海，到处都有高尔夫运动的身影。

美国是全球最大的高尔夫市场，2005年的数据显示全美拥有18 000多家高尔夫球场，几乎占全球高尔夫球场数量的一半。美国国内高尔夫人口数量超过2700万人，其中有1300万核心高尔夫球员。美国国家高尔夫基金会（the National Golf Foundation）将每年至少打8场球的球员称为核心高尔夫球员。

2005年的统计数据显示欧洲拥有800万高尔夫爱好者，当时在全世界排名第二，有 800 万高尔夫人口，接近一半的高尔夫球员注册成为当地高尔夫俱乐部的会员。其他高尔夫球员没有注册，也就同俱乐部之间不存在会员关系。欧洲一半以上的高尔夫爱好者居住在英国和爱尔兰，这两个国家的高尔夫运动非常发达（表 6-1）。

英国和爱尔兰居住的 400 万高尔夫爱好者当中有 30% 是注册会员，70% 没有注册。一旦球员在俱乐部注册了个人信息，英国和爱尔兰便可以通过营销手段准确传递高尔夫旅游、高尔夫球会的推广信息。当然这些高尔夫群体也十分乐意参与境内外高尔夫旅游。在英国，参与高尔夫运动的人数占本国人口总数的 7%，这一数据表明英国的高尔夫运动发展和美国还是存在一定的差距，也说明英国国内的高尔夫运动推广空间仍然很大。整个欧洲地区参与高尔夫运动的人数仅占整个欧洲人口总数的 1%。

表 6-1　2006 年欧洲地区高尔夫球场数量及注册球员数量

序号	国家或地区	球场数量/个	注册球员数量/人
1	英格兰	1 911	937 451
2	德国	658	506 746
3	法国	548	359 141
4	苏格兰	546	261 075
5	瑞典	442	544 817
6	爱尔兰	406	280 240
7	西班牙	297	267 122
8	意大利	238	81 100
9	威尔士	161	70 521
10	挪威	155	122 00

数据来源：2005 EGA

表 6-2　高尔夫游客到达其他高尔夫旅游目的地的百分比　　单位:%

达到国（地区）	法国高尔夫游客	德国高尔夫游客	英国高尔夫游客	瑞典高尔夫游客
澳大利亚	—	0.5	0.6	0.3
奥地利	0.3	10.5	—	—
加拿大	—	1.0	0.5	—
加勒比海	2.3	2.6	0.3	0.3
丹麦	1.3	0.2	—	5.3
迪拜	0.7	1.9	0.5	—
埃及	1.7	3.3	—	1.9
英格兰	—	0.2	26.5	0.5
法国	47.7	2.6	5.2	1.1
德国	—	19.0	0.5	0.5
意大利	0.3	4.0	0.6	3.5
马来西亚	—	0.2	—	0.5
毛里求斯	—	0.5	—	—
摩洛哥	19.3	1.7	—	—
葡萄牙	3	4.5	13.1	6.9
爱尔兰共和国	1.3	1.7	5.1	1.6

续表

达到国（地区）	法国高尔夫游客	德国高尔夫游客	英国高尔夫游客	瑞典高尔夫游客
苏格兰	1.7	2.4	11.7	2.9
南非	1.3	1.7	0.8	1.1
西班牙	4.7	21.9	21.2	15.7
瑞典	0.7	0.5	0.3	41.3
瑞士	0.7	1.0	—	0.3
泰国	—	3.1	0.9	2.7
突尼斯	7.3	4.3	0.2	7.2
土耳其	1.7	3.3	0.8	1.1
美国	1.3	5.0	5.1	1.6
威尔士	—	—	3.2	0.3
其他短行程	0.7	1.2	0.3	3.5
其他长行程	2	1.2	2.6	—
合计	100	100	100	100

数据来源：2005 年 SMS 高尔夫假日

斯堪的纳维亚地区（瑞典、挪威、丹麦、冰岛四个国家的统称）的高尔夫运动也非常发达；德国高尔夫运动也比较受欢迎，但是德国本国民众也认为高尔夫旅游是一项高端消费品，所以整个国家的高尔夫参与率较低，2005 年的德国民意调查显示高尔夫同其他体育运动相比参与率排在第 15 位。

2005 年欧洲体育营销调研机构的数据表明欧洲地区高尔夫参与率以 7% 的速度增长。如果按此趋势发展，到 2015 年欧洲地区还会增加 2400 万名高尔夫球爱好者。除此之外，非注册高尔夫会员数量也会增加。欧洲也在积极兴建高尔夫球场。根据 SMS 的数据 2005 年欧洲拥有 6229 家高尔夫球场，他们认为到 2015 年整个数字会增加至7639 家。同时，数据指出欧洲每 2 个星期就会有 3 家新的高尔夫球场建成。欧洲高尔夫从业人员在考虑高尔夫旅游竞争对手时非常关注这些数据的变化。

当高尔夫游客选择目的国的高尔夫球场时，专业旅行社会为游客提供高尔夫旅游目的地选择列表。表 6-2 显示了法国、德国、英国和瑞典的高尔夫游客到达其他高尔夫旅游目的地的百分比。由此可见，法国高尔夫游客倾向于待在法国国内打高尔夫球或前往讲法语的国家或地区进行高尔夫旅游；德国高尔夫游客比较喜欢去西班牙的高尔夫旅游目的地，有一部分高尔夫游客会选择前往奥地利；瑞典的高尔夫游客比较中意西班牙和葡萄牙的球场度假胜地，有一些人也喜欢前往丹麦的球场度假。

亚洲高尔夫游客数量在 1700 万至 1800 万之间。亚洲高尔夫游客中有 1300 万高尔夫爱好者分布在日本，该国高尔夫普及率达到 10% 。日本民众对高尔夫运动的热情非常高，日本国内在 2005 年拥有 2200 家高尔夫球场。由于日本国土资源有限，寸土寸金，小型高尔夫练习场应运而生，当年在日本有 10 000 多家练习场。日本高尔夫旅游推广机构巧妙地通过高尔夫练习场的传播渠道宣传高尔夫俱乐部的信息，以此开拓日本国内新的高尔夫游客客源。

一、苏格兰高尔夫旅游发展现状

高尔夫运动据说起源于15世纪的苏格兰。1457年，苏格兰议会颁布法律禁止高尔夫运动，因为当时很多人已经热爱高尔夫运动而忽略了其他用于国家防御的活动，如射箭。这项法律在1470年、1491年同样生效。16世纪苏格兰高尔夫人口数量开始增加，在当时的苏格兰社会中，参与高尔夫运动可获得皇室荣誉。查尔斯国王一世在英格兰推广了高尔夫运动，苏格兰玛丽女王在法国留学期间将高尔夫运动传入了法国。1766年苏格兰以外的第一家高尔夫俱乐部成立，名为Royal Blackheath，该球场目前位于伦敦附近。苏格兰地区2010年拥有超过400家高尔夫球场，包括圣安德鲁斯等知名球场。

在苏格兰高尔夫运动参与率很高，10个人当中就有一名高尔夫爱好者。图6-1为1988年至2000年苏格兰成人参与各项运动人数的比例。

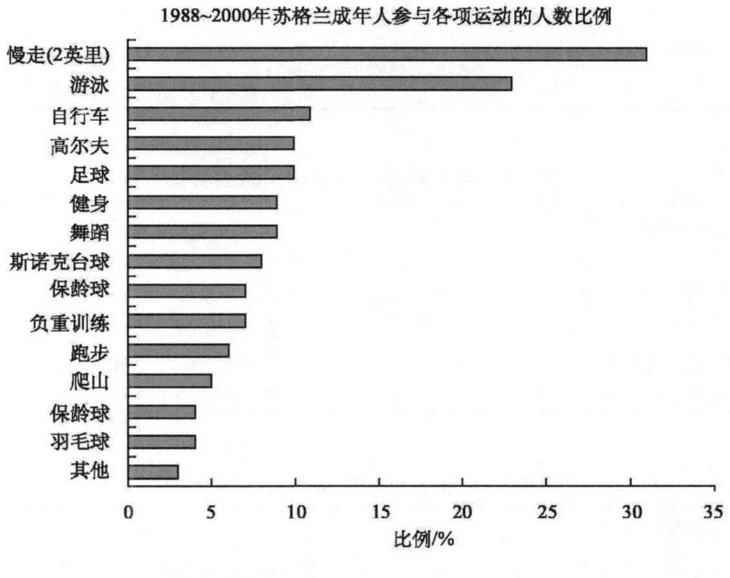

图6-1　苏格兰成人参与各项运动人数百分比

苏格兰高尔夫球场按所有权分为三大类：35%属于商业球场，9%属于地方政府，其余属于私人。苏格兰官方的数据显示当年苏格兰高尔夫旅游经济价值1亿欧元，其中英国高尔夫游客贡献了7000万欧元，海外其他国家的高尔夫游客贡献了2800万欧元。但是20世纪90年代，苏格兰高尔夫旅游在全球高尔夫旅游中的市场份额开始下降。1993年，苏格兰成为英国高尔夫游客首选的目的地，到1998年苏格兰已经降到第四位。苏格兰在英国游客心目中的受欢迎程度同美国相当。

到访苏格兰的高尔夫游客主要分为四大类：32%来自苏格兰本地，40%来自英国，5%来自北爱尔兰和威尔士，剩下的23%来自世界其他国家和地区。2001年苏格兰MW协会负责收集苏格兰60家高尔夫俱乐部游客的客源资料。这60家高尔夫球场各具特色，有海岸型球场、有乡村型球场等。这些高尔夫球场遍布苏格兰地区的丘陵地带、岛屿、东北部、中部、东南部和西南部。按旅游时间分，苏格兰高尔夫游客主要分为两大类：一类是一日游游客，另外一类是长假日游客。长假日游客把高尔夫运动作为出行旅游的一部分行程，我们称为 holiday golfers；而另外一部分将高尔夫运动作为主要的出游目的，被称为 golfing holidaymakers。这些高尔夫游客平均 12 人成团，平均旅行距离为 22 英里（表 6-3～表 6-5）。

表 6-3 苏格兰高尔夫游客的特征比较

golfing holidaymaker	holiday golfers
以男性高尔夫游客为主	高尔夫游客男女兼有
平均 11 人成团，5 月、7 月、9 月、10 月出行	小团体，平均 5 人成团
差点数较低	差点数较高
喜欢林克斯型球场	喜欢小型或新开业的球场
来自英国	来自苏格兰和海外
假日每天打球，停留 4～5 天	停留 8 晚，每 2～3 天打一次球
住宾馆	住招待所或朋友亲戚家

表 6-4 英国赴苏格兰高尔夫游客特征

海外游客	英国游客
停留 10 晚	停留 4 晚至 5 晚
从网上和旅行社获取相关信息	朋友之间口传
上流社会、高端人群	社会层面不高
可能考虑其他的高尔夫目的国	不太可能考虑其他高尔夫目的国
在苏格兰每人消费 600～1300 欧元	在苏格兰消费 160～250 欧元

表 6-5 北美赴苏格兰高尔夫游客特征

北美高尔夫游客	海外其他国家
使用因特网频率较高，事先预定行程	不经常使用因特网获得球场信息
喜爱林克斯球场	各类球场，没有具体要求
住酒店	住招待所
在苏格兰每人消费 1295 欧元	在苏格兰每人消费 605 欧元
对爱尔兰的高尔夫球场感兴趣	对欧洲阳光目的地也感兴趣

苏格兰目的地最大的特点就是高尔夫球场数量多，而且交通非常便利，住宿条件良好，整体行程性价比高。根据 VisitScotland 的官方数据，苏格兰高尔夫旅游客源市场包括英国、瑞典、美国、挪威、芬兰和德国。苏格兰的强劲实力使其称为世界最高级别的高尔夫旅游目的地：苏格兰被成为高尔夫之家（home of golf）。总共 8 轮的巡回赛有 5 轮在苏格兰举办，国内拥有大量专业的高尔夫旅游运营商、高尔夫导游和完善的旅游配套设施。专家指出了苏格兰发展高尔夫旅游的五点建议：运用业界内最先进的技术、瞄准机会市场、提升行业质量、建立旅游技术团队和调整旅游资金结构。

苏格兰旅游局正在同产业内的合作伙伴们积极合作开拓高尔夫旅游机会市场，地区内也相应出台了一系列的苏格兰高尔夫战略。苏格兰旅游局计划投入50万欧元开拓高尔夫旅游客源市场，另外投资65万欧元用于建造更多的高尔夫设施。苏格兰十分重视英国国内的女性和少年高尔夫球爱好者，同时苏格兰许多高尔夫业界内的机构如VisitScotland、Scotland Enterprise、苏格兰高尔夫联盟、地区旅游局、苏格兰入境高尔夫旅游运营商协会、地区高尔夫发展机构等已经共同制定了高尔夫旅游发展战略并实施了一系列的营销活动来吸引海内外高尔夫游客。

二、美国高尔夫旅游发展现状

美国第一个18洞球场始建于1893年。截至2000年，美国已经拥有3600万名高尔夫爱好者。除了高尔夫运动属性外，高尔夫还同时为其他相关产业也带来了巨额的收入。美国高尔夫产业经济非常庞大，2005年其产值已达760亿美元。

1987年之后美国高尔夫产业蓬勃的发展可以归因于很多因素，其中包括国内高尔夫人口数量的增加、高尔夫房地产的发展、出入境高尔夫游客人数的增加和1992～2000年美国国内的经济膨胀。2002年在全美所有行业中，高尔夫的发展规模产业位于唱片业和家电零售业之间。

高尔夫旅游设施投资包括对现有俱乐部的更新维护以及新球场的建造还有其他相关配套设施的翻新和建造。2000年美国高尔夫俱乐部的这项费用约为78亿美元。美国高尔夫球俱乐部是按照高端酒店的管理模式运营的，球会在维护球场设施方面已经花费了大量的资金。场地设施投资主要包括球场会所更新、灌溉系统、草坪维护设备、基础设施建造等。

美国高尔夫旅游产业同样围绕着高尔夫媒体、高尔夫广告业和相关休闲娱乐行业。由此，很多慈善活动也是通过高尔夫赛事活动发起的。PGA-Tour，USGA，LPGA等高尔夫组织一直在主办一些大型的高尔夫巡回赛活动，在2000年直接产生了8.71亿美元的经济效应。这些巡回赛的收入多数来自出售赛事转播权、赛事投资、门票销售以及相关的商品销售。

美国还有针对不同行业细分的行业协会，如球员协会、球会业主协会、经销商协会。这些协会当中也包括很多有关高尔夫旅游的行业协会。协会为会员提供各种增值服务，如更新设备、个人事业发展咨询、退休福利、认证、职业发展、推荐信息咨询等。在2000年这些协会总经济效益大约为1.67亿美元。

作为出入境旅游动机之一，高尔夫旅游近10年越来越风行。高尔夫度假村吸引了很多商务会议和度假人士前往，打高尔夫球也成为美国人在异地异国走亲访友之外一项重要的休闲娱乐活动。

美国的核心高尔夫球迷主要分布在奥古斯塔、佐治亚。莱德杯（Ryder Cup）巡回赛期间高尔夫球迷紧随偶像球员Tiger Woods、Annika Sorenstam亲临各地球场一堵球星风采。有些高尔夫球爱好者甚至到异地异国去打高尔夫或尝试不同高尔夫球场。在2000年，高尔夫旅游的支出总计为135亿美元，包括到异地打球或看球的球迷。根据NGF的统计，高尔夫旅游者从1989年的790万增至1998年的1180万，这也反映出高尔夫旅游游客人数在过去的9年中以4.6%的年平均速度增长。

高尔夫游客的支出大致可分为四大类：住宿、交通、饮食和娱乐。在2000年，美国高尔夫游客在本国进行高尔夫旅游期间，住宿花费51亿美元，交通花费39亿美元，餐费26亿美元，在其他休闲娱乐方面花费14亿美元。美国高尔夫旅游总体来说缺少高尔夫旅游游客的核心信息诸如消费模式、停留时间、团组类型、旅游动机等。

三、澳大利亚高尔夫旅游发展现状

澳大利亚高尔夫产业每年对整个澳洲体育产业的经济增长起到巨大的贡献作用。同其他体育运动相比，澳洲高尔夫球爱好者将这项集技术和体力于一身的休闲活动视为日常生活中重要的一部分。澳大利亚曾委托职业高尔夫协会（PGA）从事澳洲本国国内的高尔夫经济调查，Ernst和Young在2006年共同完成了这项名为*Golf as an industry working together to meet the challenges ahead*的调查报告（表6-6）。此项报告中强调澳洲高尔夫产业涉及范围很广，对澳洲国民经济发展起到了重要的作用。

表6-6　2004年澳大利亚高尔夫经济规模

直接产业	收入/百万澳元	占产业权重/%	每高尔夫球员价值/万澳元
高尔夫设施	1 452.9	54	1 133
高尔夫球场投资	272.8	10	213
高尔夫设备器具	306.9	11	239
协会、慈善、代言和巡回赛	167.1	6	130
直接产业总计	2 199.7	81	1 716
间接产业			
高尔夫房地产	83.6	3	65
高尔夫旅游接待	425.5	16	332
间接产业总计	509.1	19	397
整个高尔夫产业	2 708.8	100	2 113

澳大利亚PGA此项报告的研究不仅涵盖了高尔夫球员、高尔夫设备，还有和高尔夫相关的赛事、活动，而且强调了高尔夫球场建造、高尔夫慈善、球场日常维护、高尔夫房地产以及高尔夫旅游接待在高尔夫产业中扮演的角色（表6-7）。

表6-7　澳洲高尔夫经济规模同其他产业的比较　　单位：亿澳元

产业	产值
免费卫星电视	49.8
高尔夫经济（直接和间接）	27.1
赛马赛狗	19.5
书籍出版物	16.9
广播服务	10
创意产业	7.8
艺术表演中心	3.6

2004 年，澳大利亚高尔夫产业产生了超过 27 亿澳元的经济价值。澳大利亚本国高尔夫产业经济规模位于全国所有产业第二位。位于第一位的是免费卫星电视，排在高尔夫产业之后的分别是赛马赛狗、书籍出版物、广播服务、创意产业和艺术表演中心（图 6-2）。

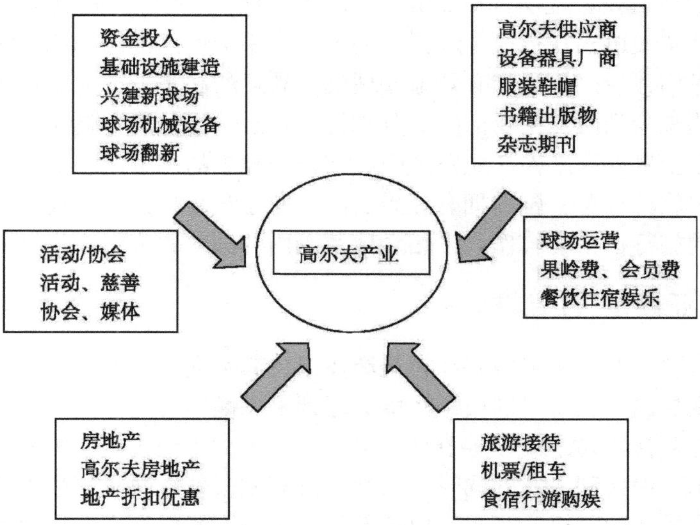

图 6-2　澳大利亚高尔夫产业图

澳大利亚政府了解到高尔夫产业的相关经济数据，更加关注本国的高尔夫产业并将其视为所有体育产业中对经济贡献最大的产业之一。澳大利亚高尔夫产业创造了 23 000 个就业机会，还创造了另外 60 000 多个同产业相关的工作岗位。大家熟知高尔夫运动是一项对身体和心智都有益处的休闲娱乐运动。同其他体育、休闲运动相比，高尔夫运动的参与率非常高，全国上下约有 130 万名高尔夫爱好者。

长远来看，澳大利亚国内高尔夫球场数量逐年增加，相关的旅游配套设施也在积极兴建过程中。澳洲有两家机构（Nick Green Golf Australia 和 the Junior Advisory counsil）积极与职业高尔夫球协会（PGA）、初级高尔夫协会（Junior Golf Association）等机构合作制定了一项全澳洲范围内的高尔夫推广计划。女子高尔夫协会已经开展了大量的推广活动吸引更多的女性参与到高尔夫运动中。澳洲在推广高尔夫旅游的过程中曾考虑过更为激进的方法：他们曾效仿过瑞典等国在此方面的举措，即要求当地高尔夫俱乐部和其他高尔夫旅游机构必须将女性和其他初学者纳入高尔夫推广的目标人群，所有会员类别中要保证 20% 以上的会员为初学者，30% 以上的会员为女性高尔夫球爱好者。如果高尔夫俱乐部为初学者和女性建立会员基础，相关机构会给予这些高尔夫俱乐部一定的奖励和其他政策支持。我们可以发现澳大利亚在开拓高尔夫目标消费人群的过程中十分重视对女性和初学者的客源开拓。

澳大利亚国内学者指出近年来澳洲高尔夫游客数量呈减少的趋势。对此有人认为可能的原因包括人们缺少可自由支配的时间、人们觉得高尔夫运动耗时过长、旅游行程报价过高，甚至有些人认为高尔夫运动属于老年人的运动，属于精英人士的休闲活动，这些原因都有可能造成澳大利亚民众望“高”生畏。澳大利亚高尔夫行业委员会（the Australian Golf Industry Council）在高尔夫市场调研中起到了关键的作用。该机构负责收集、分析高尔夫爱好者、高尔夫游客、供应商、厂商的资料和数据。该机构调研发现目前澳大利亚高尔夫产业所面临的最大结构性障碍表现为行业机构繁多，统一性较差。虽然很多高尔夫机构在行业中起到了关键的作用，但澳洲国内正通过机构合并或收购的方法精简机构数量以便更加有效地管理澳大利亚的高尔夫产业。该举措的目标是将众多高尔夫机构减少到两个主要部门，分别针对业余选手和职业选手。

澳大利亚在全世界高尔夫产业发展中属于较为领先的国家之一，其拥有亚洲、太平洋地区的高尔夫旅游客源、国内拥有业界资深的专家和从事人员。澳大利亚高尔夫俱乐部一直同国内的旅行社密切合作，开拓全球范围内的高尔夫客源市场。

四、东南亚高尔夫旅游概述

东南亚国家政府对高尔夫旅游和相关产业抱持非常支持的态度。在开发商获利的同时，政府也发现高尔夫旅游对国民经济增加起到了关键的促进作用。许多国家总理甚至受邀参加国际电视台的高尔夫旅游节目，当地政府也大力促销高尔夫旅游产品。在引进高尔夫建造技术、设备和人才的同时，当地开发高尔夫球场时也产生了很多问题。1997年东南亚地区爆发金融危机，高尔夫俱乐部和高尔夫度假村还有其他奢侈型别墅都受到了严峻的现实考验。对于泰国和马来西亚两国而言，高尔夫产业的资产开发也是造成地区泡沫经济的一个原因。许多在建的高尔夫球场工程都被搁置，有些高尔夫俱乐部已经申请破产。但是很多人都没有从金融危机中吸取教训。高尔夫旅游还是渗透进了更大范围的地区和国家尤其是发展中国家。曼谷一篇名为“新领域”（New Frontiers 2007 年 7 月至 8 月）的通告指出，美国唯一一家提供高端定制旅游行程的旅游——远着陆（Remote Lands，Inc.）自称可以为游客制定包括去中国、印度尼西亚、马来西亚和其他偏远目的国的高尔夫旅游行程，有些目的地还包括越南、缅甸、泰国和菲律宾。

在越南，一家名为哈龙湾的集团（Ha Long Bay Group）出资规划了三项价值 4.5 亿美元的大型工程，其中包括一座 36 洞的高尔夫球场，一家高尔夫会所，640 座别墅，350 座高档别墅，25 座海岸别墅，一家游艇俱乐部，一座直升机场，一个水下游乐园还有对现有旅游设施的维护升级。

AFP 近期的报告指出越南和柬埔寨已经开始筹建一家横跨两国边境的高尔夫球场，在亚洲这种跨国的球场还属首例。价值约 1 亿美元的工程由马来西亚 CVI 旅游公司投资，该球场在越南和柬埔寨两国各有 9 个球洞为其最大的卖点。该球场也配备 5 星级的酒店、商务中心和文化村。

韩国在柬埔寨吴哥寺（Angkor Wat，柬埔寨古都的一座寺院）投资兴建的一座高尔夫球场曾备受争议，目前据说已经关闭。同时，附近的 Siem Reap 已经进入开发商的视线。时任柬埔寨总理的 Hun Sent 在 Siem Reap 为 Phokeethra 高尔夫俱乐部开张剪彩。负责管理吴哥寺高尔夫俱乐部（Angkor Wat Club）的 Accor Sofitel 宣称有兴趣兴建一系列横跨亚洲太平洋地区的高尔夫度假村。

其间，泰国和马来西亚的高尔夫旅游运营商都在大力开拓更多的游客客源。20 世纪90年代，马来西亚掀起了高尔夫热，某高尔夫俱乐部在杂志上的广告语是“为少数人提供专属的私人高尔夫旅游服务”。最近，其他国家不断吸引外籍高尔夫游客入境打球，马来西亚高尔夫旅游运营商在新闻报道上的广告语为“没有国界的高尔夫行程，马来西亚”。此旅游行程包括“疯狂高尔夫”（Golf Madness）和“食宿行全包在内，115美元至325美元的高尔夫旅游”。像马来西亚这样的小国就有200多家高尔夫球场，其中很多球场与当地的酒店合作共同开发高尔夫旅游。泰国的高尔夫球场比马来西亚多，有人认为马来西亚还不具备同泰国竞争高尔夫客源的实力。

五、日本高尔夫旅游发展现状

日本对高尔夫运动的痴迷渐渐使本国高尔夫球爱好者的眼光瞄准国外。由于日本国土面积较小，人口密度较高，许多高尔夫游客选择出境进行高尔夫旅游。更多的出行机会、低价位的直航机票也促使日本高尔夫爱好者前往其他国家享受异国高尔夫旅游。日方在境外投资的高尔夫球场对被投资国国家的经济发展贡献很大。20世纪80年代正值日本的泡沫经济时代，美国财政赤字，大量美元流入日本。日本并不急于将这些美元花完，日本投资商开始集资向海外地产界扔钱，高尔夫球场和高尔夫度假村当然地成为最受欢迎的一种投资项目。

因为日本国土面积有限，日本众多开发商将高尔夫球场选址于海外。另外一个原因就是越来越多的人反对在山林附近建造高尔夫球场。日本政府在1992年颁布了一项法律：严格控制日本国内的高尔夫球场数量。当时日本国内的1700多家高尔夫球场和练习场还有1200万日本高尔夫爱好者受到了前所未有的发展限制。

日本当时决定投资海外球场的另外一个原因是日本国内高尔夫爱好者在本国球场上打球的花销非常高。在20世纪80年代，日本国内每日的果岭费对于一名非俱乐部会员的价格在20 000～30 000日元；公司会员身份通常作为商品出售，价格为400万日元至4亿日元不等。逐年递增的高尔夫人口数量也是促使高尔夫旅游出境人数增多的一个重要原因。例如，一个星期的高尔夫旅游行程，日本高尔夫游客出境体验高尔夫行程的花销要比国内低很多。日本高尔夫游客通常选择的目的地国家或地区包括东南亚、中国、澳大利亚、夏威夷还有加利福尼亚州。

另外，日本对高尔夫球场建造的环保呼声不断高涨，日本、泰国、马来西亚的市民发起了全球反对高尔夫发展的运动（Global Anti-Golf Movement）。这些民众希望使用一些生态问题和社会问题的论据来改变民意。然而由于这些团体没有良好的组织，因此在全球其他地区没有造成大范围的影响。

文化在日本高尔夫运动推广中起到了重要的作用。可以说日本在模仿美国的模式。高尔夫运动和日本的商务文化关系紧密。随着高尔夫运动在中层群体中的广泛普及，日本高尔夫人口数量也在逐年递增。日本高尔夫球手打球速度很快，但并非急于离开球场。他们将第1洞至第9洞称为后9洞，将第10洞至第18洞称为前9洞。中间半场休息时间很长，通常日本高尔夫球爱好者会去会所休息一个小时，吃午餐。日本国内高尔夫旅游在世界上其他地方都无法比拟。日本排名第一位的球场当属Hirono高尔夫俱乐部。除此之外，在日本高尔夫旅游行程中游客可以体验到日本的名胜和日式料理，还可试坐新干线快速列车。

日本高尔夫球场依靠其设施齐备的球场和优美的自然风光，在世界范围内吸引了大量的高尔夫客源。但是日本国内很多人认为日本并不是一个合理的高尔夫旅游目的地。有一部分原因是因为很多民众认为在日本消费高尔夫是非常昂贵的。但实际上，当前日本高尔夫旅游的消费价格同世界上其他地区的高尔夫旅游目的地相比具有很强的竞争力。现在很多人都能够承担在日本的高尔夫、住宿、就餐和观光旅游的消费支出，甚至其他国家至日本的直航机票价格也在下降。

一位美国高尔夫球协会官员去日本打球时注意到日本的高尔夫球场上本国高尔夫球员非常多，几乎没有太多的外国游客。以前日本的各大高尔夫杂志背面都会刊登高尔夫旅游的广告，但现在没有这些广告。实际上并非日本不欢迎外国高尔夫游客入境日本，而是日本多数高尔夫球场不清楚如何接待外国高尔夫游客。在日本打高尔夫球的经历非常独特，员工基本上都说日语。所以，日本在开拓境外高尔夫客源时正在考虑为高尔夫游客配备会说英语或其他国家语言的导游或领队。目前日本政府正积极推广本国的高尔夫旅游目的地。日本国民素质较高，相对比较保守，但现在日本人已经开始认识到高尔夫旅游是一块巨大的市场，没有原因不将日本推广为全世界知名的高尔夫旅游胜地。

六、捷克共和国及其周边国家高尔夫旅游发展现状

捷克旅游局在2008年曾针对入境捷克境内的高尔夫游客数量进行了专题调查。该国Konopiste高尔夫度假村和Kaskada高尔夫俱乐部在调研过程中给予了大量支持。近年来，捷克共和国的高尔夫球场数量猛增：2008年11月30日捷克高尔夫联盟的官方数据表明当时捷克国内的高尔夫球场大约有90个，有10～15个球场仍在建设中。国内注册的高尔夫球员数量也在逐年增加，截至2008年年底，据估计在捷克境内有4万多名高尔夫球爱好者。

很明显，高尔夫产业和高尔夫旅游当前极易受到金融危机的影响。全球经济衰退一定程度上影响了入境高尔夫游客和捷克当地高尔夫游客的游玩需求。用于球场建设的外部资金数额在减少，由此可认为高尔夫旅游行程性价比已经成为游客挑选高尔夫旅游目的地及相关配套设置的首要考虑因素。

另外，斯洛伐克投入大量资金在国内建造更好的高尔夫球场，匈牙利虽然仅有几家高尔夫球场但是这几家球场质量很高。这两个国家很可能吸引国际高尔夫游客入境打球、旅游，从而成为捷克高尔夫旅游最大的竞争对手。波兰高尔夫市场仍然处在发展中阶段，而奥地利、德国等国家已经可以为高尔夫游客提供很多高质量的高尔夫球场。

入境捷克的国际高尔夫游客的年龄都在40岁左右。这表明65%的来到捷克共和国的国际高尔夫游客多数属于白领阶层。2008年，男性高尔夫游客居多，占74%；女性占19%，7%的高尔夫游客未接受此次调查。而2007年男性高尔夫游客占76%，女性占16%，8%的高尔夫游客未接受调查。预计未来几年女性高尔夫游客占国际总游客的比例不会超过25%。外国高尔夫游客可通过自由行和旅行社的行程安排两种方式入境捷克。51%的高尔夫游客在捷克停留3～5天，37%的高尔夫游客在捷克停留5天以上，平均停留天数为4.45天。80%甚至更多的高尔夫游客要游玩2家甚至多家高尔夫球场，

大约有一半的游客会选择 3 家或更多家球场打球。所有高尔夫游客会选择平均 3.4 家高尔夫球场打球。42% 的国际高尔夫游客选择驾车前往捷克度假，33% 的游客选择乘飞机前往，乘坐汽车的占 25% ，几乎没有游客选择乘坐火车。

捷克在高尔夫旅游推广过程中使用很标准的营销组合，但在 2008 年这些手段并没有起到关键的作用。86% 的国际高尔夫游客是通过口碑宣传而获得捷克高尔夫旅游体验的信息的。77% 的国际高尔夫游客表示在捷克的高尔夫行程非常满意，21% 的人认为比较满意。入境捷克的国际高尔夫游客在果岭费上的花销最大，餐饮休闲和住宿分别占总花销的 18% 和 21% 。由此可发现这些游客对打球、住宿、游玩的要求较高。

七、德国高尔夫旅游发展现状

最近几年德国高尔夫运动已经发展成为全国最受欢迎的体育运动之一，特别是这项运动在年轻人当中广泛普及。德国高尔夫球协会同 GTC 高尔夫旅游咨询机构联合开展了“高尔夫未来展望”（the Future of Golf）的市场调研，报告中指出自从 1999 年以来德国国内的高尔夫人数不断增加，2004 年 1 月德国高尔夫球协会公布的官方数据显示德国国内共有 700 家高尔夫球场、45 万名高尔夫球爱好者。德国在欧洲高尔夫运动国当中已经位居第三。然而同其他国家比较，德国国内的高尔夫仍然有巨大的发展空间。

TdWI 在 2001 年与 AWA 合作围绕着德国高尔夫游客进行分析。我们可以发现高尔夫游客或高尔夫爱好者在很多方面不同于普通民众。

根据 AWA2003 的调研发现那些希望提高球技的高尔夫球爱好者多为德国社会的中层、上层人士。他们具有收入高、教育良好、经济独立等人文特征。如果 6% 的德国家庭每月净收入达到 3750 欧元，那么全德国上下 60% 以上的高尔夫爱好者来自于这个社会阶层。AWA2001 的数据显示德国高尔夫爱好者的家庭平均月收入为 3029 欧元，理所当然这些群体将高尔夫运动排在其他运动的前面。

德国民众认为高尔夫旅游适合短期和更长的假期。德国高尔夫旅游协会（Germany Golf & Tourism Association）发现 1000 名受访高尔夫球爱好者当中有 59% 的人将高尔夫作为旅游度假的动机之一。年龄在 45 岁至 65 岁之间的高尔夫爱好者非常热爱旅游。2000 年 29% 的德国高尔夫游客当年进行了 2 次高尔夫旅游，44% 的人进行了 1 次高尔夫旅游，11% 的人进行了超过 4 次的高尔夫旅游。在 1000 名受访者当中，男性占 58% ，女性占 48% ；36% 的高尔夫球员年龄在 51 岁至 60 岁，20% 的高尔夫球员年龄在 41 岁至 50 岁；42% 的人每月净收入超过 3500 欧元，29% 的人每月净收入在 2500 欧元至 3500 欧元之间；63% 的人具有学士甚至硕士以上学历；36% 的人职业是经理、总监、自由职业者。

受访者当中差点平均数在 20 左右，85% 的人每周要打 2 至 3 次高尔夫球，93% 的人每年要在高尔夫方面花费至少 20 000 欧元。多项数据显示德国高尔夫游客每年要前往异地或异国游玩多次，86% 的人一年当中至少要进行 3 次高尔夫旅游，53% 的人把打高尔夫球作为旅游的主要动机。33% 的人表示喜欢在欧洲进行高尔夫旅游，23% 的人喜欢前往北美地区，18% 的人选择南美国家的高尔夫旅游目的地。他们停留的时间根据不同的目的地而不同，63% 的人在出境高尔夫旅游中停留 7～14 天。34% 的受访者通过一些高尔夫杂志、报刊获得旅游目的地的推广信息，29%的人利用因特网选择度假村，12%的人直接同异国高尔夫俱乐部联系。

八、希腊高尔夫旅游发展现状

提到高尔夫旅游，在希腊显然这个产业不是十分发达。在希腊国内，一家高尔夫球场要服务4百万希腊高尔夫爱好者。在希腊周边地中海的一些国家如葡萄牙，该国国土面积和国民经济状况跟希腊状况相似，然而葡萄牙15.9万名居民就有一座高尔夫球场，西班牙15.1万居民就有1座高尔夫球场，意大利则是25.7万居民有一座高尔夫球场。

事实上不难分析这背后的原因。葡萄牙、西班牙和意大利这些国家非常贴近欧洲本土的习惯，并且受到这些习惯的影响，近些年来本地人口渐渐开始接受高尔夫运动。但是另外一个重要的原因就是这三个国家十分积极地通过高尔夫旅游来增加国民经济收入。

高尔夫旅游属于高端旅游。通常高尔夫游客在旅游行程中的花销是常规观光游客的花销的两、三倍。通常这些地区的高尔夫游客会在本国内天气状况不佳的月份（通常是每年的11月至次年4月）。目前，希腊每年约有1400万国际入境游客。在这些游客当中，有相当一部分数量的高尔夫游客，他们落地希腊以后开始寻找高尔夫球场。

高尔夫旅游同样需要其他相关职能部门配合，高尔夫游客可以单人成团、也可以跟团出行，他们希望前往有特色的高尔夫度假村，具体来说高尔夫游客也会根据自身的高尔夫技术水平来挑选球场。比如一名初学者希望到一些练习场，并得到专业的指导；而技术较高的高尔夫游客希望参观尽可能多的高尔夫球场。但是入境希腊的高尔夫游客的共同点是对球场质量、观光的景色要求较高。并且这些球场之间不会相隔很远，驾车时间最多不超过1个小时。国际高尔夫游客通常在选择酒店时会入住三星级甚至更高级的酒店，这些酒店未必坐落在高尔夫俱乐部内，也可以在球场附近，但是通常这些酒店不会离高尔夫球场太远。

希腊大力发展高尔夫旅游，帮助地区发展经济，并且延长国际旅游周期。因为入境高尔夫游客更喜欢希腊的冬季、春季和夏季。在希腊发展高尔夫旅游还需要开拓当地的高尔夫客源。然而游客和当地高尔夫客源市场不同，需要两种推广方案针对两部分市场细分。希腊人经常认为高尔夫运动是有钱人的游戏，的确这项运动需要昂贵的球具和高昂的会员费。此外一点，雅典地区的高尔夫球场数量不多，也是造成高尔夫运动在大众中没有得到广泛普及的原因之一。

希腊也在积极效仿其他高尔夫旅游发达国家的做法。希腊国内高尔夫旅游机构正积极地改变人们对高尔夫的认知，让大众不再认为它仅仅是精英人士的运动，不再认为它仅仅属于上流社会。人人都可参与高尔夫运动。因此，希腊制定了一系列计划来改变现状，如当地在建造高尔夫球场过程中考虑普通民众的需求，使高尔夫球场跟城区间的交通变得更为便利，有关部门正适当调整高尔夫运动的消费价格，在公众区域建造低成本的高尔夫球场以方便初学者等。随着欧洲地区购买力的增强，巡回赛的影响也大大促进了希腊发展高尔夫旅游。

在希腊国内也面临很多的阻碍，比如会员费、每年的果岭费和其他的必须消费。对于初学者来说，这项运动一定要简单、有趣、便宜。高尔夫运动也应该成为适合全家人、年轻人甚至儿童的一项休闲运动。目前希腊正在着手建造一些适合初学者的小型球场。这些球场考虑到希腊本国的土地资源和政策因素，如 3 杆洞的 9 洞球场。

第三节

中国内地高尔夫旅游发展及其前景

高尔夫旅游实际上是集健康、休闲、国际化运动于一身的综合性休闲活动。如果将高尔夫旅游作为一项新的旅游资源开发，那么我国高尔夫行业和旅游行业的有机结合很可能会迈向国际化的发展道路。

一、中国内地高尔夫旅游的产生

目前我国观光旅游正处于迅猛发展的阶段，为保持我国整体旅游业的可持续发展，为旅游业注入新的活力、开发全新的旅游资源已经迫在眉睫。随着旅游消费多元化需求的增长，特别是旅游个性化趋势的增强，旅游投资新业态不断升温：探险旅游，油轮游艇，海洋旅游、康体旅游、温泉度假、滑雪度假等相关的个性化旅游以及相关设施的建造将吸引大量的投资，“十一五”规划期间我国旅游新业态将达到 1400 亿元人民币。

中国已经成为世界第四大入镜旅游接待国，亚洲第一大出境旅游国，2006 年实现了我国城乡居民人均出游一次的历史性跨越。当前是我国旅游业的战略转型期，据联合国世界旅游组织预测，到 2015 年中国将成为世界第一大入镜旅游接待国和第四大出境旅游客源国。近年我国的经济发展水平呈上升趋势，居民的可支配收入增加，一批热衷特色旅游的高端消费人群快速成长起来，如企业高管、外企驻华代表、中产人士、商务人员，近年更有年轻化趋势，女性旅友的人数不断增加。这些都充分表明人们对旅游的需求正日益上升。

我国不断举办世界重大赛事对中国旅游业也起到了促进作用。2008 年北京奥运会期间，北京市旅游局副局长表示举办奥运会给北京甚至中国的旅游业带来了前所未有的发展机会。举办奥运会对各大旅游城市的形象宣传有着巨大的推动作用。全世界媒体记者运用镜头以最直观的方式将中国的良好形象展现在世人面前。毫无疑问，他们的镜头为北京乃至中国旅游业做了大规模的宣传工作。同时，奥运会的举办，给各大旅游城市的基础设施建设提供了很大的发展空间，为旅游接待也创造了非常好的条件。

随着我国经济的持续增长，中国高尔夫行业开始进入一个较快的发展期，投资结构开始向多元化发展。除最初的日方投资商外，美国、马来西亚、泰国、新加坡以及中国台湾地区和中国香港地区的投资商和企业开始向中国高尔夫行业投入大量的建设资金；国内的投资商也开始涉足高尔夫球场的建设，并且迅速成为重要的投资主体。国内的高尔夫球建造设计和管理也渐成气候，参与高尔夫运动的人数也迅速增加。截至 2010 年年底，除台湾地区、香港地区和澳门地区外，全国已建成并投入使用的高尔夫球场有 500 家，这些球场主要集中在北京、天津、上海、广东、江苏、山东、海南、云南等经济发达地区以及重点旅游地区。

1992年底经国家体委批准，中国高尔夫球协会开始试行运动员职业化制度，成为我国第一个迈出运动员职业化脚步的运动项目，通过十几年的探索和不断总结已经基本形成了一套既符合国际惯例又顺应我国国情的高尔夫运动职业化体系。自1995年起，中国高尔夫球协会开始举办VOVOL中国公开赛、欧米茄巡回赛等一系列国际赛事，吸引了世界各地的高水平职业选手参赛，有力地推动了我国高尔夫球运动水平的提高，之后亚洲巡回赛、欧洲巡回赛等高水平职业赛事相继在中国举办，目前国内外众多企业也一直在主办大量的主题赛事，大大地推动了高尔夫运动在中国的发展。

加入WTO之后，中国进一步融入国际社会，这也将进一步加速我国与各国在高尔夫运动领域的合作，使高尔夫球运动更加开放。目前我国已经成为世界上最大的高尔夫球用品生产基地，美国作为全世界最大的高尔夫球用品市场，有超过63%的高尔夫球服装、50%以上的高尔夫球鞋、65%以上的铁杆杆头在中国生产。国外资本在中国的投资正在进一步加大，作为长期投资项目的高尔夫产业也是如此，并且进一步呈现投资多元化的趋势。

随着我国及国外高尔夫球人口的增加，高尔夫球爱好者一直在寻求新的高尔夫旅游目的地。据不完全统计，我国高尔夫球人口每年以20%的速度上涨，广州、深圳、上海、北京地区的高尔夫球人口更以35%的速度上涨。全球范围内约有5000万高尔夫球客，北美有2700万，亚洲有1500万，欧洲有800万，73%的欧美高尔夫球手正在寻找全新的高尔夫体验，而中国是绝大多数球客的首选目的地。对高尔夫旅游业来说，如此客源规模十分诱人。

近年来我国高尔夫人口以每年20%的速度上涨，北京、广州、深圳、上海等地高尔夫球人口的增长速度更快。在全球范围上，中国也渐渐成为外国高尔夫球客首选的旅游目的地。对于从事高尔夫旅游的运营商来说国内市场前景良好。公众对高尔夫球运动的认知程度越来越高，社会各界逐渐形成高尔夫球意识，参与高尔夫球运动的人群从最初的以外籍人士为主向以本土人士为主转变。以北京最早建成的两家高尔夫俱乐部为例，2002年北京国际高尔夫球俱乐部的打球总人数中，中国人占42%；2003年该指标迅速增长，中国人打球人数占到总人数的58%，达到23 780人次。2004年北京鸿华高尔夫球俱乐部开业时登记的30多名会员中，只有两位外籍会员，其余全部是中国人。这些数据都充分表明了高尔夫运动在中国飞速发展的态势。有专家预测随着中国经济的不断发展，人民生活水平日益提高，中产阶层数量不断增加，中国高尔夫市场会出现越来越多的本土消费者。中国也将成为继日本、韩国之后亚洲最大的高尔夫球市场。

二、中国内地高尔夫旅游发展现状及存在的问题

1. 中国内地高尔夫旅游发展现状

高尔夫旅游在中国已经成为越来越普遍的现象，特别是进入秋冬，北方球场风大或封场的时候，南方的球场接待量增多。2003年非典肆虐，大家需要一个开放、通风的运动场所，这一需要使国内高尔夫人数增加了不少。再加上高尔夫本身的魅力，以及最近国家对高尔夫球场土地问题所作的批示，使高尔夫旅游越来越成为人们关注的焦点。

除了国内游客之外，接待日韩及欧洲等高尔夫游客也成为中国球场提高客流量和球场利用率的重要途径。由于旅游中介机构和球场的合作模式逐渐成熟，中国球场的高星级设施及服务和相对便宜的价格吸引了日韩众多高尔夫爱好者来华消费，国外高尔夫旅游者逐渐成为我国入境旅游市场中的新的客源。目前在我国，海南、云南等地已经把高尔夫旅游作为重要旅游产品来开发和推广。

郁小平等人的研究认为中国高尔夫球俱乐部发展较为成熟的各区域间存在竞争，主要表现为珠三角地区、长三角地区、环渤海地区、海南、云南、福建等之间的竞争。竞争的重点是争夺旅游市场，尤其是海外的高尔夫球旅游市场。表 6-8 是各竞争区域间的竞争情况，由表 6-8 可以看出，从竞争的优势来看，有旅游特色的区域竞争力强，反之则弱。而海南和珠三角地区、环渤海地区以及云南构成全方位竞争或者部分旅游市场的竞争，海南的竞争优势是自然、政策条件，而劣势是经济条件。

表 6-8　中国高尔夫区域旅游市场竞争分析

地区	珠三角	长三角	环渤海	福建	海南	云南
珠三角		大，商务旅游，经济优势	中，日韩旅游市场，地理优势	中，中国台湾旅游市场，地缘优势	大，港澳台地区旅游市场，自然、政策优势	小
长三角	大，商务旅游，自然优势		大，日韩旅游市场，地理置优势	大，中国台湾旅游市场，自然和地缘优势	小	小
环渤海	中，日韩旅游市场，经济优势	大，日韩旅游市场，经济自然优势		小	中，日韩旅游市场，自然、政策优势	小
福建	中，中国台湾旅游市场，经济自然优势	大，中国台湾旅游市场，经济	小		小	小
海南	大，港澳台地区旅游市场，经济	小	中，日韩旅游市场，经济优势	小		大，全方位竞争，优势不突出
云南	小	小	小	小	大，全方位竞争，自然优势	

注：表中 A 代表两区域间的竞争关系；B 代表竞争内容；C 代表本列的竞争优势

资料来源：郁小平 . 2005. 中国高尔夫球俱乐部发展战略研究 . 暨南大学研究生论文

2. 中国内地高尔夫旅游存在的问题

中国发展高尔夫旅游是具有战略意义的，但需要清晰认识到国内发展高尔夫旅游也存在着一些问题。

第一，提到高尔夫旅游，就不得不谈到提供高尔夫旅游行程的旅行社。国内的旅行机构同其他行业机构存在相似的问题，即效仿或照搬国外旅行机构的运营模式，缺乏创新精神；在具体管理措施方面，缺乏科学的管理方式，且旅行社从业人员缺乏高尔夫旅游专业知识和实践操作经验。笔者了解到有一些旅行社在接待高尔夫游客的过程中，盲目地按照常规旅游的组织方式来策划高尔夫旅游，最终导致客户的误解和客户满意度的下降。作为高尔夫游客和高尔夫旅游目的地的桥梁，旅行社的服务水平直接影响着高尔夫旅游行业的发展状况。

第二，中国高尔夫球场的未来发展数量。事实上中国高尔夫旅游目的地的核心场所就是高尔夫球场。中国虽然土地资源丰富，但球场建设可用地面积有限。在一定程度上中国高尔夫球场数量的发展也直接影响国内高尔夫旅游的可持续发展。

第三，国家政策及人们对高尔夫的误解。目前公众对高尔夫运动的认知度较低，此外高尔夫运动和高尔夫旅游已经作为高端品牌或奢侈品被外界宣传，使得公众在缺乏认知高尔夫的同时又产生了对高尔夫运动和高尔夫旅游的偏见和错误认识。

第四，缺乏对市场的深入调查，缺乏专业人才。高尔夫旅游是高尔夫运动和旅游的结合，目前开发和提供高尔夫旅游产品的企业比较复杂，包括旅行社、高尔夫俱乐部、高尔夫相关企业等。这些企业因为与高尔夫旅游有不同程度的接触或了解，成为市场的最早开发者，其中旅行社是主力军。但是，旅行社对高尔夫旅游者的了解较少，没有准确地把握到这一新产品的特性以及其独特的魅力，很难吸引那些真正的高尔夫爱好者。其实，高尔夫旅游作为集健身、休闲、娱乐、观光、竞技为一体的旅游产品，对其进行市场开发必须基于对市场的深入调查，以不同于传统旅游产品开发的模式开发其市场。

缺乏专业人才主要体现在两大方面，一是高尔夫俱乐部缺乏接待高尔夫旅游者的高素质的专业人才及员工。目前，很多俱乐部的高层领导人、市场高级营销者、俱乐部酒店高级管理者等主要靠高薪从国外聘请，要不就派遣员工到国外专业学校进行培训，而且很多员工都是从农村招聘过来的，素质较低，无法满足高层次消费者的需求。同时，这些人对旅游业的了解非常少，不清楚旅游业的运作模式，接待高尔夫旅游者有较大的困难。二是旅行社企业的人才熟悉旅游业的运作，但不懂高尔夫运动，不了解高尔夫旅游者的消费特征。比照国外高尔夫运动的普及率，结合我国自身经济、社会和体育发展的需要，未来10到20年，我国将需要高尔夫高级管理、教育、科研、产业人才10万～15万人。但是，目前我国培养高尔夫专业人才的高等院校比较少，相对于迅速发展的高尔夫运动而言如同杯水车薪。

三、中国内地高尔夫旅游发展建议

以上是目前阶段制约我国高尔夫旅游的一些问题。从实质上分析，改善硬件条件的同时，还要增强消费者对高尔夫旅游的认知度才能将高尔夫旅游有效地推广。

1. 提高高尔夫旅游服务水平

对于现有高尔夫旅游客源市场，我们提出了另一套发展战略，即“推拉并举”的措施。对于山东、广东、珠江三角洲、北京地区的球场来说，我们建议在巩固现有高尔夫旅游客源市场，引导大众消费群体正确认知的前提下，兼顾拓展潜在客源市场。拿韩国来说，每年利用各种机会携带球杆到海外打球的韩国游客超过数十万人次，因此，韩国市场的可开发空间仍然十分巨大。这部分客源一定要得到重视，即现有客源不能丢失。对于欧美国家来华进行高尔夫旅游的游客，我们更要充分调动这部分游客群体对我国特色球场的兴趣和好奇心，促使其再次光临国内球场，并将国内高尔夫球场作为今后高尔夫旅游目的地的首选。

中国大多数高尔夫球场目前在球场设施、草坪状况、景区环境、交通、服务等各个方面的整体水平上已经接近于国外先进的高尔夫球场，但是在外国，高尔夫爱好者对中国国内的高尔夫球场了解程度并不是很高，仅知道几家比较有名的高尔夫球会。这主要是因为相关高尔夫旅游的路线在国外的宣传力度有限，知名度不高。对于业界从业人员来说，针对高尔夫旅游产品在海外的渠道营销和品牌推广尤为重要。以山东地区高尔夫旅游发展的经验来说，该地区旅行社和高尔夫球场的目标人群定位于从韩国来华旅游的高尔夫入境游团体。因此，要促进同韩国旅游机构之间的沟通，在关键问题上达成共识，有效地打造有中国特色的高尔夫旅游品牌文化，拓展更多的韩国高尔夫旅游客源市场。

对于国内高尔夫球会来说，制定相应的品牌营销策略时应该针对不同消费人群的需求特征进行具体分析。在品牌策略定位中，寻找到消费者心目中的差异位置对于拓展目标人群是非常关键的。球场定位是基于消费人群的选择，球会首先应对客户的关键需求有深度的观察，通过对竞争对手的优劣势进行分析，结合球场自身的资源配置情况，制定能够激发目标消费人群潜在需求的产品与品牌差异化战略才是获得竞争优势的必然途径。

对于中国高尔夫球场来说，争夺亚洲客源市场最主要的竞争对手就是泰国。泰国以其低廉的打球费用和丰富的旅游资源每年都吸引了不少的海外游客，更重要的是其旅游从业人员的素质较高，提供服务的质量较好，因此泰国不仅吸引且还能留住大批的客人。对于国内高尔夫球场来说，提升竞争力就应积极提高高尔夫旅游相关从业人员的素质和服务质量，并努力改善周围环境和交通状况。

高尔夫旅游团体不同于一般的观光游客团体。对于参加高尔夫旅游的游客来说，更多的是希望得到优质的服务。酒店的地理位置、服务标准都是旅行社要为游客考虑到的。对于目前国内不少高尔夫球场来说都不同程度地存在这样的问题，即旅行社、酒店、球场、娱乐等服务机构没有形成紧密型的一体化产业链，球场的联合促销机制尚未建立。高尔夫旅游作为集健身、休闲、娱乐、观光、竞技于一体的朝阳旅游产品，市场的开发必须基于资源的有效整合。在以高尔夫旅游为主打产品的基础上，要开辟多种趣味组合的高尔夫旅游线路，以满足不同类型高尔夫游客的不同需要。

2. 高尔夫旅游专业人才的培养

高尔夫旅游行业越来越受到广大球友的欢迎。高尔夫旅游作为一项重要的新型休闲娱乐活动，其对专业人员的需求显得急迫。但纵观高尔夫行业，通常从业人员并非高尔夫专业人员。国内很多旅行社在运营高尔夫旅游的过程中，启用的操作人员并非高尔夫管理专业，甚至存在不懂高尔夫的从业人员在操作高尔夫旅游球团的情况。因此，国内相关部门有必要培养大批高素质、懂专业的高尔夫旅游管理人才。一方面要鼓励设立高尔夫专业的院校适当地扩招；另一方面也要鼓励相关院校及培训机构根据行业内的实际需求，科学制定高尔夫人才培养计划。通过多种渠道快速提升高尔夫从业人员的素质，满足国内对高尔夫人才的迫切需求。

3. 高尔夫旅游同其他行业的资源整合

联合欧美、东南亚以及国内深圳、昆明、上海、北京、大连等地的高档高尔夫球会，组成高尔夫俱乐部联盟，针对高端高尔夫旅游市场宣传推广高尔夫旅游行程，使高尔夫球爱好者有机会享受各个国家、各个地区、不同风格的高尔夫球场，同时使高尔夫游客也能领略到当地特色的文化和风景等。整合酒店、航空、旅行社、餐饮、风景区、展会、高尔夫赛事等多方资源。

目前非常流行整合营销，即 integrated marketing communication。如何将高尔夫旅游同其他行业、其他产品整合是业界人士需要考虑的问题之一。我国在高尔夫旅游市场营销方面的运作远不及欧美国家完善，国外高尔夫旅游从业人员重点考虑同奢侈品、汽车、房地产、金融、电信等行业有机地结合，共享资源，使高尔夫旅游产品向其他行业纵深发展，高尔夫旅游营销可进入房地产业、展会行业、高级健身俱乐部、企业家协会、高端汽车俱乐部、洋酒、金融行业等。而我国在此方面仅仅属于起步阶段，尚在进行向高尔夫消费群体单纯地销售高尔夫会籍、高尔夫房地产联合销售、企业冠名高尔夫球赛等一些基础层面的营销工作。在今后的高尔夫旅游营销推广中，应多多考虑更深层次的资源合作和共享，拓展深层次的商业理念。

4. 加大高尔夫旅游宣传推广力度，关注国内外高尔夫旅游需求

有针对性地向高尔夫游客受众进行高尔夫旅游营销。具体操作可依据高尔夫游客的性别、年龄、职业状况、教育背景、高尔夫经验等要素的不同而相应地作出调整。强化中国高尔夫旅游行程的品牌形象。中国幅员辽阔，近年来建成了众多中、高档次的高尔夫球场，逐渐缩小了与高尔夫运动发达国家的差距。在对外宣传推广中，应注意针对不同的细分市场采取不同的营销策略。

加强国内旅行社与境外旅行社的合作和沟通，建立并深化战略合作关系。在友好协商、利益共享等方面达成共识，通过国际的各种文化交流活动将中国高尔夫旅游巧妙切入。同时建议实施“走出来”的营销策略，鼓励中国的高尔夫球会、运营高尔夫旅游的旅行社在国外的高尔夫专业展会、高尔夫专业博览会中显露头角，直接接触高尔夫旅游消费人群，重点推介有中国特色的高尔夫球场和相关旅游行程，以吸引更多的高尔夫球迷来华打球、度假。

国内旅游局和高尔夫管理部门应多关注消费者对高尔夫旅游的需求，在高尔夫旅游规划中应该多学习欧美国家高尔夫旅游开发的宝贵经验，同时要结合中国实际的国情，制定合理的目标规划。

要在普通消费者中推广高尔夫旅游。中国高尔夫运动发展时间不长，人们对高尔夫运动、高尔夫旅游的认知程度不高，很多消费民众认为高尔夫运动是一项消费昂贵的贵族运动，甚至大多数消费者对于高尔夫旅游的概念一无所知。如果要在国内开展高尔夫旅游，那么应该在广大的消费者当中推广这些休闲旅游活动。随着国民经济的发展，逐年增多的中产阶层具备消费中高档产品的能力。为促进高尔夫旅游的可持续发展，业内人士应考虑中产阶层人士的参与，扩大高尔夫运动参与率，渐渐将高尔夫运动推广成一项全民健身运动。推广高尔夫运动，不仅要囊括高端消费人群，高尔夫平民化对加快高

尔夫旅游发展尤为重要。

要在全球范围内拓展高尔夫旅游客源。很多资料显示，我国高尔夫旅游客源主要集中在日本、韩国、中国香港、中国澳门、中国台湾等亚洲的一些国家和地区。以长远发展的眼光看，中国开展高尔夫旅游入境市场不仅要着眼于亚洲地区，也要瞄准欧洲、北美地区的高尔夫旅游客源市场。只有发展全球性高尔夫旅游营销战略，方可使中国的高尔夫旅游立于不败之地。一旦欧美地区的高尔夫旅游市场处于萧条时期，中国高尔夫旅游市场便可以迅速补位。另外，我国高尔夫旅游界同业内协会、企业、组织机构的联系不够广泛。在国际重大活动中，高端商务人士和政界领导可作为高尔夫旅游的重度消费群，需要引起业内人士的注意。

目前北京地区的中国旅行社、中国青年旅行社、宏洋高尔夫旅行社、凯撒国旅等多家旅行社已经组织了多条境内外高尔夫旅游线路。但是，我国高尔夫旅游与国外数十亿美元产值的旅游市场相比，仍然具有较大的发展空间。应扩大高尔夫旅游的需求程度，建立高尔夫球场和当地旅行社的合作关系。朋友之间的口碑相传对高尔夫旅游的营销推广具有重要的推动作用，同时不同地区的高尔夫俱乐部建立兄弟友好球场对于客源共享非常关键。旅行社在为高尔夫游客提供高尔夫旅游行程方案时，建议丰富行程的内容，使整个线路的日程更加多元化，将高尔夫旅游的综合吸引力最大化。目前某些地区的高尔夫俱乐部已经协议同国内众旅行机构密切合作，如中国国际旅行社、中国青年旅行社、中侨国际旅行社、中国金桥旅行社等。

针对国内消费者对高尔夫运动、高尔夫旅游的认知程度，行业相关部门应进行更加全面和深入的调查和探讨。同时结合不同社会特征、旅游特征、消费特征的民众对于高尔夫旅游的需求进一步讨论是否加大高尔夫旅游的开发力度等重要问题。参照 PGA、沃尔沃公开赛、美国公开赛、莱德杯等国际高尔夫大型赛事活动，联合中国企业及驻华外企举办一些专业高尔夫赛事和业余高尔夫赛事，同时邀请高尔夫球爱好者亲临现场观看赛事。为广大的球友和职业球员提供近距离交流的平台，甚至如果条件允许，建议赛事主办单位为广大的高尔夫球爱好者提供同世界知名球手同场竞技的机会。

主要参考文献

边秀举，李晓林，张福锁．2000．施氮后氨的挥发损失及其对草坪草生长的影响．草地学报，(8) 1：39-45

韩烈保．1996．高尔夫球场草坪．北京：中国林业出版社

黄承嘉．1998．高尔夫球场农药化肥对水环境的影响和对策，农村生态环境．14 (1)：35-63

金相灿，屠清英．1990．湖泊富营养化调查规范．北京：中国环境科学出版社

李相然．1995．试述我国国土规划的现状与发展趋势．国土与自然资源研究，(2)：6-8

李舟．2006．浅析高尔夫球运动特征与高尔夫旅游产品的开发．社会科学家，(6)：124-125

刘秉果．2005．捶丸——中国古代的高尔夫球．上海：上海古籍出版社

毛骏．2007．高尔夫休闲需求模型研究．天津体育学院学报，(6)：541-545

丘萍．2005．高尔夫球运动与旅游文化经济研究．经济研究，(9)：64-66

全为民，严力蛟．2002．农业面源污染对水体富营养化的影响及其防治措施．生态学报，22 (3)：291-299

石利利．2000．高尔夫球场土壤和水中毒死蜱农药残留的测定．农村生态环境，16 (3)：35-38

史秀华，阳承胜．2006．浮田正夫．高尔夫球场的氮磷环境及其流出特性．深圳大学学报（理工版)，23 (2)：170-173

宋永祥．2003．台湾高尔夫运动发展之研究．国民体育季刊，21 (4)：67-69

汪姜维，王晓耕，马晶．2002．高尔夫在中国3051个洞．新财富，17

王晓伟．2003．关于北京市高尔夫球场绿色经营问题的研究．中国博硕论文库

王志东，丁再献．2006．山东半岛开拓韩国高尔夫旅游市场研究．旅游学刊，(9)：45-47

严昭，张文娟，张自和．2007．高尔夫球场的水环境管理．草业科学，24 (6)：80

郁小平．2004．高尔夫球俱乐部对我国城镇化建设的促进作用探讨．江西社会科学，(9)：249-251

郁小平．2004．我国高尔夫旅游开发探讨．理论探讨，(04)：113-114

郁小平．2004．中国高尔夫球俱乐部发展战略研究．暨南大学博士论文

郁小平．2005．高尔夫旅游的产生因素及有效作用分析．开放导刊，4 (2)：108-109

袁华莹．2006．中国高尔夫球场用地现状与发展研究．北京林业大学硕士论文

Anderson L C. 2006. Likely Economic Impact to Ireland From the 2006 Ryder Cup. Michigan: Anderson Economic Group

Baird J H. 1996. Evaluation of best management practices to protect surface water quality from pesticides and fertilizers applied to bermudagrass fairways. //Kenna M. P. USGA 1995 Turfgrass and Environmental Research Summary. United States Golf Association, Far Hills, NJ: 64-65

Balogh J C, Walker W J. 1992. Golf course management & construction environmental issues. New York. Washington D C: Lewis Publishers

Beard J B, Green R L. 1994. The role of turfgrass in environmental protection and their benefits to humans. J. Environmental Quality, 23: 452-460

Beard J B. 2000. Turfgrass benefits and the golf environment. American Chemical Society Report. 37-43.

Borger C J, Roberts S M, Harbisonm R D et al. 1994. Assessing chemical hazards on golf course. USGA Green Section Record, 32 (2): 11-14

Bowman D C, Paul J L, Davis W B, et al. 1987. Reducing ammonia volatilization from Kentuchy bluegrass turf by irrigation. Hortic. Sci, 22: 84-87

Branham B E, Wehner D J. 1985. The fate of diazinon applied to thatched turf. J. Agron, 77 (1): 101-104

Branham B E, Miltner E D, Pieke P E, Zabik M J. 2000. Groundwater contamination potrntial of pesticides and fertilizers used on golf course. American Chemical Society Report, 66-77

Campbell M . 1994 . The Encyclopedia of Golf . London : Dorling Kindersley

Cisar J L , Snyder R H , Sartain J B , Borget C J . 2002 . Dislodgeable residues of chlorpyrifos and isazofos and implications for golfer exposure . USGA Turfgrass and Environmental Research Online , 1 (13): 1-10

Cisar J L , Synder R H , Startian J B . 2001 . Dislodgeable residues of chlorpyrifos and isazofos and implications for golfer exposure . Int . Turfgrass Soc . Res . J , 9 : 12-18

Cohen S Z , Thomas E . 1993 . Ground water and surface water risk assessments for proposed golf course . Int . Turfgrass Soc . Res . J , 7 : 162-169

Copper R J , Jenkins J J , Curtis A S . 1990 . Pendimethalin volatility following application to turfgrass . J . Environ . Qual , 19 (3): 508-513

Edwards W M . 1980 . A watershed study of glyphosate transport in runoff . Journal of Environmental Quality , 9 (4): 661-665

Erickson J E , Cisar J L , Volin C , et al . 2001 . Comparing Nitrogen Runoff and Leaching between Newly Established St . Augustinegrass Turf and an Alternative Residential Landscape . Crop Sci , 41 : 1889-1895 .

Ernst J W , Massey H F . 1960 . The effects of several factors on volatilization of ammonia formed urea in soil . Sci Soc . Am Proc , 24 : 87-97

Fred W . 1996 . Hawtree . Triple Bauge : Promenades in Medieval Golf . Oxford : Cambuc Archive

Gaudreau J E . Vietor D M , White R H , et al . 2002 . Respnse of turf and quality of water runoff to manure and fertilizer . J . Environ . Qual . 31 : 1316-1322

Glenn C . 2002 . Best Places to Vacation . Academic Search Premier , 31 (11): 65-66

Golf 20/20 . 2002 . The 2000 Golf Economy Research . US : National Golf Foundation : 12-13

Gross C M , Angle J S , Hill R L , et al . 1991 . Runoff and sediment loss from tall fescue under simulated rainfall . J . Environ . Qual , 20 (3): 604-607

Gross C M , Angle J S , Welterlen . M S . 1990 . Nutrient and sedi ment losses from turfgrass . J . Environ . Qual , 19 (4):663-668

Hamilton D . 1988 . Early Golf in Edinburgh and Leith . Glasgow

Hargrove W L , Kissel D E . 1979 . Ammonia volatilization from surface applications of urea in the field and laboratory . Sci Soc . Am . J , 43 : 359-363

Kenna M P , Snow J T . 2002 . Environmental Research : Past and Future . USGA Turfgrass and Environmental Research Online , 3 (1): 1-27

Lightner J W , Mengel D B , Rhykerd C L . 1990 . Ammonium volatilization from nitrogen fertilizer surface applied to orchardgrass sod . Soil Sci Soc . Am . J , 54 (6): 1478-1482

Linde D T , Watschke T L , Borger J A . 1995 . Transport of runoff and nutrients from fairway turf . USGA Green Section Record , 33 (1): 42-44

Linde D T . 1993 . Surface runoff and nutrient transport assessment on creeping bentgrass and perennial ryegrass turf , M . S . Thesis , Pennsylvania State university , The Graduate School College of Agricultural Sciences : 84

Markwick M C . 2000 . Golf Tourism Development , stakeholders , differing discourses and Alternative agendas-The case of Malta . Tourism Management , (21): 515-524

Morton T G , Gold A J , Sullivan W M . 1988 . Influence of over watering and fertilization on nitrogen losses from home lawns . J . Environ . Qual , 17 : 124-130

Murphy K C , Cooper R J , Clark J M . 1996 . Volatile and dislodgeable foliar residues following triadimefon and MCPP applications to turfgrassand implications for human exposure . CropSci , 36 : 1446-1461

National Golf Foundation . 2002 . The Golf Economy Report (December 22 , 2002). Jupiter . Florida : The National Golf Foundation

Nelson K E , Turgeon A J , Street J R . 1980 . Thatch influence on mobility and transformation of nitrogen carriers applied to turf . Agron . J ., 72 : 487-492

Peter M . 2007 . Golf as an Industry working together to meet the challenges ahead . Australia : Australian Golf Industry Council : 9

Petrick J F . 2002a . An examination of golf vacationers' novelty . Annals of Tourism Research , 29 (2) : 384-400

Petrick J F . 2002b . Experience us history as a segmentation tool to examine golf travelers' satisfaction , perceived value and repurchase intentions . Journal of Vacation Marketing , 8 (4) : 332-342

Raymond A P , Clark J M . 2004 . Managing pesticides exposure from turfgrass . USGA Turfgrass and Environmental Research Online , 1 (3) : 1-25

Rhodes R C , Long J D . 1974 . Run-off and mobility studies on benomyl in soilsand turf . Bull . Environ . Contam . Toxic , 12 (4) : 385-393

Samuel S K , Hejin C , James F , et al . 2005 . Positioning analysis of overseas golf tour destinations by Korean golf tourists . Tourism Management , (13) : 43-45

Sharpley A , et al . 2001 . The use of isotopic exchange kinetics to assess phosphorus availability in overland flow and subsurface drainage waters . Soil Science , 166 (6) : 365-373

Sheard R W , Bearchamp E G . 1985 . Aerodynamic measurement of ammonium volatilization fronurea applied to bluegrass-fescue turf . //Lemaire F L . Proc . 5th Int . Turfgrass Res . Conf . Avignon , France . INRA : 549-556

Shuman L M . 2000 . Potential movement of nutrients and pesticides following application to golf course . American Chemical Society Report , 79-93

Smith A E , Bridges D C . 1996 . Potential movement of certain pesticides following applications to golf courses . // Kenna M P , Snow J T . USGA Turfgrass and Environmental Research Summary . United States Golf Association , Far Hills , NJ : 72-75

Smith A E , Tilloston T R . 1993 . Potential leaching of herbicides applied to golf course greens . //Racke K D , Leslie A R . Pesticides in Urban Environments . ACS Symposium Series 522 , Washington D C : American Chemical Society : 168-181

Starrett S K , Christians N E . 1995 . Nitrogen and phosphorus fate when applied to turfgrass in golf course fairway condition . USGA Green Section Record . 33 (1) : 23-25

Starrett S , Starrett S , Hill J , et al . 1997 . KTURF : A Pesticide and Nitrogen Leaching Model . Green Section Record . United States Golf Association , 35 (1) : 10-12

Strik D . 1998 . Golf History & Tradition 1500-1945 . Ludlow : Excellent Press

Stubbs D . 1997 . Committed to green handbook for golf courses . European Golf Association Ecology Unit

Titko III , Street J R , Logan T J . 1987 . Volatilization of ammonia from granular and dissolved urea applied to turgrass . Agron . J , 79 : 535-540

Torello W A , Wehner K J , Turgeon A J . 1983 . Ammonia volatilization from fertilized turfgrass standsAgron . J , 75 : 746-749

Watschke T L , Mumma R O , Linde D T , et al . 2000 . Surface runoff of selected pesticides applied to turf . //Clark J M , Kenna M P . Fate and management of turfgrass chemicals . ACS Symp . Ser . 743 . Washington D C : Am . Chem . Soc : 94-105

Wauchope R D . 1978 . The pesticide content of surface water draining from agricultural fields . J . Environ . Qual , 459-472

Wong J W C , Chan C W Y , Cheung K C . 1998 . Nitrogen and phosphorus leaching from fertilizer applied on golf course : Lysimeter study . Water , Air , and Soil Pollut . , 107 : 335-345

致 谢

在本套丛书即将付梓之际，我要感谢本丛书的所有编写人员，是他们多年辛劳的工作，此套丛书才得以问世。感谢我所有在读和毕业的硕士生和博士生，尤其是参与工作的王玮、程思楠、李子超、黄志勇、桂焱、袁华莹等。要感谢我的夫人姜虹和儿子韩凌霄，是他们多年的理解和支持，才成就了我的今天。此外，还要感谢科学出版社，他们为这套书的出版提供了一切可能的方便，保证了本套丛书高质量的出版。

最后，对本书的出版，我还要特别感谢我所在的单位——北京林业大学高尔夫教育与研究中心，及中心的所有老师，包括卢欣石教授、苏德荣教授、尹淑霞副教授、曾会明副教授、常智慧副教授、宋桂龙副教授、梁小红实验师、王铁梅讲师、史小丽老师、王海艺老师和韩烈国老师等。是他们多年的支持、帮助和理解才成就我们这个团结、奋进的集体。北京林业大学高尔夫教育与研究中心成立于2003年，与1999年成立的北京林业大学草坪研究所和北京林业大学林学院草业科学系，属于一套人马，三块牌子。2001年开始招收“高尔夫草坪”方向本科生，2003年开始与美国密歇根州立大学联合招收“草坪管理”方向的本科生，现有在校本科生5个年级9个班，近300人。1999年和2000年分别开始招收硕士生和博士生，现有在校硕士生和博士生分别为40人和16人。所有的师生以高尔夫球场的设计、建造和草坪管理为己任，开展了一系列有关高尔夫与土地、高尔夫与环境、高尔夫与经济、高尔夫与房地产、高尔夫与旅游等课题研究，取得了大量标志性的成果，为本书的写作和出版提供了第一手资料。

网址：www.cccga.cn　　电子邮箱：hanliebao@163.com

电话：010-62337982　　传真：010—62322089

韩烈保

2011年6月

于北京林业大学